ILS ONT VOLÉ MON INNOCENCE

Paru dans Le Livre de Poche

ILS ONT LAISSÉ PAPA REVENIR

NE LE NE DIS PAS À MAMAN

En collaboration avec Jackie Holmes

POURQUOI PERSONNE NE M'A AIDÉE ?

En collaboration avec Robbie Garner

PERSONNE N'EST VENU

TONI MAGUIRE
avec Madeleine Vibert

Ils ont volé mon innocence

TRADUIT DE L'ANGLAIS (ROYAUME-UNI) PAR HÉLÈNE TORDO

CITY

Titre original :

THEY STOLE MY INNOCENCE

ISBN : 978-2-253-18563-5 – 1re publication LGF

PROLOGUE

Mes souvenirs sont confus et, lorsque j'essaie de les classer, ce sont les mauvais qui me viennent d'abord en tête, mais il y a des raisons à cela. De ce fait, dans ce qui suit, la chronologie des événements n'est pas toujours respectée, quand elle n'est pas inversée, ou les dates ne correspondent peut-être pas. Mais tout s'est déroulé comme je le raconte.

Je m'appelle Madeleine et voici mon histoire. Une histoire que je n'aurais jamais imaginé raconter. Pendant des années, je l'ai profondément enfouie en moi parce qu'elle ne m'appartient pas : d'autres personnes, des personnes qui vivent encore à Jersey, dans les îles Anglo-Normandes, ont été concernées par les horreurs qui continuent de me hanter.

Par un accord tacite, nous étions convenus de ne jamais dévoiler la vérité. Dans leur tentative d'éradiquer leurs souvenirs, certains se sont égarés dans l'alcool, les tranquillisants ou tout ce qui est imaginable pour ne plus voir le passé qu'à travers un voile flou, voire, lorsque rien ne suffisait, dans le suicide.

Quelques rares autres ont eu la chance de réussir à fermer la porte du placard obscur où ils avaient abandonné leurs souvenirs.

Ce n'est pas mon cas. Pendant des années, plus précisément la moitié de ma vie, j'ai cru que j'étais en sécurité, que ce qui était enterré resterait enterré. Et puis la police nous a retrouvés. Elle nous a interrogés un par un pour obtenir des noms et des dates précises. Elle réclamait la vérité. Du moins, c'est ce qu'elle affirmait.

Je pourrais commencer mon histoire lorsque, à trois mois, je quittai mes parents pour être placée dans une crèche, et évoquer mes premiers souvenirs de ces temps heureux de mon enfance où j'avais deux mamans.

Tout pourrait aussi partir de l'année où, âgée de cinq ans, je suis allée vivre dans l'énorme orphelinat gris et morne, digne d'un roman de Dickens, de Haut-de-la-Garenne. Peut-être devrais-je débuter par le jour où Colin Tilbrook m'envoya chercher et où la peur fit irruption dans mon existence ; ou encore lorsque je vis pour la première fois les hommes qui considéraient Haut-de-la-Garenne comme leur terrain de jeux personnel.

Non, mon histoire débute avant ma naissance, lorsqu'une jeune femme quitte l'Irlande en quête d'une vie meilleure et que, dans une autre bourgade du pays, un homme fait ses adieux à sa famille pour rejoindre lui aussi l'île de Jersey.

Des années plus tard, ma mère me raconta que, ce

jour-là, elle écoutait *Que Sera Sera*, la nouvelle chanson de Doris Day. Tout en se balançant au rythme de la musique, elle disposait soigneusement ses quelques vêtements dans une vieille valise marron cabossée, la tête pleine des rêves de l'avenir rose qu'elle était persuadée d'avoir devant elle. Les paroles de la chanson la faisaient sourire. Sans avoir besoin de poser la question à sa propre mère, elle savait déjà que, avec ses courbes généreuses, ses cheveux longs, noir aile de corbeau, et ses yeux bleus aux cils fournis, elle était plus que simplement jolie. Mais, comme dans la chanson, elle voulait également savoir si elle serait riche un jour. Vivrait-elle dans une grande demeure et porterait-elle les vêtements qu'elle avait vus sur les mannequins des magazines de papier glacé ? Pas si elle restait en Irlande, pensait-elle. C'était à Jersey qu'elle se rendait parce qu'elle avait entendu dire que, là-bas, les rêves d'une jeune Irlandaise pouvaient se réaliser.

Bien sûr, sa famille lui manquerait. La veille, ses tantes, ses oncles et ses cousins s'étaient serrés dans la maisonnette pour faire leurs adieux. Sa mère avait cuisiné son plat préféré, une énorme cocotte de ragoût de lapin qui avait nourri toute l'assemblée. L'arôme appétissant, se mêlant à l'odeur âcre de la tourbe qui persistait du feu de la veille au soir, flottait encore dans la pièce. C'était ce genre de soirée qui allait lui manquer le plus. Mais elle était déterminée à connaître un meilleur avenir et, pour cela, il lui fallait partir.

Si elle restait, elle savait bien ce que les prochaines années lui réservaient. Elle connaissait trop de jolies jeunes filles qui, sans voir au-delà de leur charme qui leur donnait l'impression d'être spéciales, dédaignaient les conseils maternels pour épouser de beaux mais mauvais garçons. En l'espace d'une année, comme leur mère avant elle, elles se métamorphosaient en bêtes de somme au teint blême qui, sauf lorsqu'elles allaient à l'église ou faisaient les courses, quittaient rarement leur logis.

Finis, les bals sous les chapiteaux blancs que l'on érigeait dans le champ d'un fermier de la région le samedi soir ! Une fois la bague au doigt, la vie d'une femme se réduisait à accoucher d'un braillard chaque année, à laver des couches puantes qui semblaient n'avoir jamais de fin et à travailler de l'aube au crépuscule à faire la cuisine et le ménage. Finie, la sensation d'être spéciale : elles n'étaient plus que des femmes au foyer aux mains gercées, aux cheveux gras et à la taille qui s'épaississait sans cesse.

En revanche, le mariage convenait aux hommes qui passaient leur temps et l'argent du ménage au pub de Seamus. Là, pendant que les épouses consacraient leurs soirées à raccommoder et à coudre, les hommes enfilaient des pintes de Guinness que ma grand-mère surnommait le « fléau de l'Irlande ». Ma mère comprenait parfaitement pourquoi ils étaient satisfaits : personne ne leur disait jamais ce qu'ils devaient faire. N'étaient-ils pas les maîtres de leur maison ? Leurs repas étaient toujours prêts, leurs vêtements, propres et repassés, et leurs enfants n'osaient pas leur répondre. Rien de plus que les esclaves des hommes ; c'est ainsi que ma mère considérait ces femmes.

Or, ce n'était pas la vie dont elle voulait. Elle se

disait que, une fois qu'elle aurait quitté ses parents, tout pouvait arriver.

— Pense à Marilyn Monroe qui est partie de rien, me disait-elle.

Ma mère n'avait-elle pas entendu dire par plusieurs garçons qu'elle était aussi sexy que Marilyn ? En fait, elle ressemblait plutôt à Elizabeth Taylor ; du moins, c'est ce que lui avait déclaré Patrick O'Malley lorsqu'il l'avait emmenée au Globe voir *La dernière fois que j'ai vu Paris*.

Non, ma mère avait choisi le bon endroit, une île plus au sud, où le travail ne manquait pas et où les gens vivaient dans de jolies maisons avec une salle de bains. Pas comme la petite chaumière en pierre de ses parents, son lavabo et son tub en fer à l'extérieur. Elle haïssait tellement le rituel hebdomadaire du bain, lorsqu'elle devait aider sa mère à soulever des casseroles et des casseroles d'eau bouillante pour remplir le tub ! Jamais plus n'aurait-elle à s'immerger dans l'eau souillée par les corps qui l'y avaient précédée ; bientôt, elle pourrait prendre un bain chaud tous les jours, acheter de jolis vêtements et, quand elle finirait par se marier, ce serait avec un homme fortuné qui satisferait le moindre de ses désirs.

Oui, ma mère était heureuse, ce jour-là. Je crois que ce fut la dernière fois.

Quand vint l'heure de partir, sa mère l'accompagna sur le pas de la porte, l'embrassa et, comme le font toutes les mères irlandaises dont les filles quittent le nid, lui recommanda d'écrire toutes les semaines, d'être sage et de ne pas « aller avec les garçons ».

Son père porta sa valise jusqu'à l'arrêt du bus. Lorsque l'autocar apparut à l'horizon, il ajouta d'un ton bourru qu'elle ne devait pas oublier que, si elle souhaitait rentrer, elle serait toujours chez elle. Puis, une boule dans la gorge, elle se retrouva à sa place, à regarder se rapetisser par la lunette arrière le village où elle était née.

C'était la saison où les pluies constantes de l'hiver avaient cessé, laissant derrière elles les haies qui débordaient de feuilles vert doré sous le soleil, l'herbe si haute qu'elle dissimulait presque les touffes de fleurs sauvages qui avaient pointé leur petit nez jaune ou rose à travers la terre. Tandis que le car brinquebalait sur la route tortueuse, ma mère aperçut un groupe de garçons au visage taché de son. La chemise pendant au-dessus de leur pantalon court, ils péchaient et, au passage du bus, ils levèrent les yeux et agitèrent la main. Ma mère leur rendit leur salut et ils disparurent, eux aussi.

1

Ce fut par un chaud matin d'été que ma mère et sept autres femmes arrivèrent en vue de Jersey. Le ciel était d'un bleu laiteux et le soleil, déjà haut dans le ciel, brillait sur l'îlot rocheux où se dressait déjà le château de pierre, transformant la mer scintillante en un tapis de diamants. La nausée qui l'avait accompagnée pendant la traversée céda la place à un frisson d'excitation. Tout était trop coloré, trop éblouissant pour être réel, mais c'était si beau !

L'une des femmes lui prit le bras :

— Regarde, Maureen, regarde là-bas ! Tu vois ? C'est la France !

Une par une, les autres femmes se tournèrent, la main sur les yeux et, en plissant les paupières pour se protéger du soleil éblouissant, elles laissèrent échapper des murmures d'enthousiasme.

— On pourra aller à Paris, les jours de congé ! s'écria ma mère qui ignorait que Paris était très loin des côtes normandes.

Puis, dans un dernier cahot, le ferry s'amarra, et l'on posa la passerelle. Leur valise à la main, les jeunes femmes descendirent à terre et, pour la première fois, posèrent le pied sur l'île de Jersey.

Elles cherchèrent des yeux ceux qui étaient censés les accueillir. On leur avait dit qu'un logement était prévu et elles étaient toutes impatientes de s'y rendre pour prendre le bain bien chaud dont elles rêvaient. Ensuite, elles étaient convenues d'aller explorer la ville.

Il ne s'agissait pas simplement d'un nouveau départ. L'Irlande était stricte avec ses filles : jamais d'alcool fort, et seule une femme aux mœurs légères s'aventurerait dans ce domaine masculin qu'était le pub.

Même lors des soirées dansantes où elles avaient le droit d'aller, elles ne buvaient que des boissons sans alcool. Ces soirs-là, un parent, voire les deux, ne se couchait pas avant d'être sûr que sa fille était directement rentrée à la maison et qu'elle ne sentait pas l'alcool que les hommes faisaient entrer en douce. À Jersey, elles n'auraient pas à subir toutes ces restrictions : pas de couvre-feu, pas de parents les yeux rivés à la pendule. Pour la première fois de leur existence, elles étaient libres.

— C'était une sensation grisante, me confia ma mère.

Tandis qu'elles bavardaient, elles virent approcher deux hommes. Le premier, dans la trentaine, était de corpulence trapue, avec un visage rouge, tanné par les intempéries, et des cheveux foncés et gras. Ma mère lui accorda à peine un regard ; elle réservait toute son admiration au second, qui était plus grand de plusieurs centimètres que son compagnon, avec des boucles châtain clair un peu longues qui donnent même à un trentenaire l'allure d'un jeune garçon, et un immense sourire aux dents bien blanches.

Si la nature avait été généreuse en lui donnant des traits réguliers, une petite fente au menton et des yeux d'un brun chaleureux, le soleil avait été tout aussi indulgent. Au lieu de la peau rougeaude de son camarade, il arborait sur les parties visibles de son corps, son visage, son cou et ses avant-bras, un hâle doré. C'était, m'avoua ma mère de nombreuses années plus tard, le plus bel homme qu'elle eût jamais vu.

— Vous êtes les Irlandaises, hein ? demanda-t-il.

Devant leurs hochements de tête enthousiastes, le sourire brilla à nouveau.

— Appelez-moi Jim, dit-il.

En indiquant du doigt son compagnon taciturne, il le présenta sous le nom de Bob. Ni l'un ni l'autre ne demanda leur nom aux femmes.

— Bien, les filles, c'est notre boulot de vous emmener à votre piaule. Je suppose que vous êtes toutes impatientes, alors, suivez-nous.

En quelques longues enjambées, il les conduisit jusqu'à une camionnette à plateau dotée de deux bancs en bois sur les côtés.

— Grimpez ! dit-il avant de s'installer à côté de l'homme plus âgé qui, toujours sans un mot, démarra le moteur.

La dernière étape de leur voyage avait commencé.

Je ne dispose que des souvenirs de ma mère pour savoir à quoi ressemblait Jersey en ce temps-là, mais je peux parfaitement imaginer ce jour aussi clairement que si j'y avais été. Le port, plutôt tourné vers la pêche, était très différent de ce qu'il est aujourd'hui.

Je connais le port de plaisance actuel, avec ses élégants voiliers et ses yachts où, dans la journée, des hommes en pantalon blanc impeccable et en teeshirt s'activent à confectionner de parfaites galettes de cordages et à graisser d'épaisses chaînes. La ville de Saint-Hélier elle-même devait également être très différente, sans les terrasses de café, ses restaurants vivement éclairés, ses boutiques de couturiers et ses majestueux hôtels.

Il me suffit de fermer les yeux pour voir le bleu de la mer qui se reflète dans le ciel et le groupe de jeunes filles aux vêtements froissés par le voyage, leurs cheveux volant dans la brise qui embaume l'été, leurs visages éclairés par l'impatience et la curiosité. Au centre du groupe, il y a ma mère, avec son rire perlé et ses yeux pétillants, la plus radieuse de toutes.

Je peux parfaitement imaginer ces enfants (après tout, elles n'étaient pas très âgées) qui lancent leurs valises dans le camion et y grimpent sans cesser de rire et de plaisanter. Sur le trajet, au lieu des grandes maisons claires d'aujourd'hui, aux pelouses manucurées, chacune avec son court de tennis et sa piscine, elles découvrent, à travers les fumées de diesel et les rafales d'embruns salés, des champs et des prés d'un côté, avec les troupeaux de vaches, et de longues plages désertes de sable doré le long de la mer.

Le camion s'engage dans un chemin creux et continue encore pendant un moment à travers la campagne jusqu'à ce que le chemin fasse place à la cour d'une ferme de grande taille.

— On y est presque, déclara le chauffeur.

— Presque où ? marmonna celle qui s'appelait Marie. Ne dites pas que c'est ici qu'on va travailler ?

Elle se tourna vers ma mère avant de continuer :

— Qu'est-ce qu'ils t'ont dit, Maureen, les gens qui t'ont proposé le boulot ?

— Que je commencerai par travailler dans une ferme et que, un peu plus tard, lorsque j'aurai remboursé mon voyage, je serai libre de chercher un autre travail. Dès que j'aurai mis un peu d'argent de côté pour pouvoir payer mon logement, en réalité.

En les entendant, le chauffeur se mit à rire.

— Ah ! faut voir ce qu'ils vous racontent comme histoires, les filles ! lança-t-il par-dessus son épaule.

Ma mère décida de l'ignorer parce qu'elle se souciait davantage de l'endroit où elle se trouvait.

— Nous avions l'intention de faire un tour en ville après notre installation, dit-elle. À combien de kilomètres se trouve-t-elle ?

— À Jersey, on peut toujours aller partout à pied, déclara Jim. Vous savez, l'île ne fait que quelques kilomètres de long.

— Et alors, ajouta son compagnon, on ne se déplace pas à pied en Irlande ? Quoi qu'il en soit, vous devez d'abord voir où vous allez habiter, non ?

Il y avait dans la voix des hommes quelque chose qui mit ma mère mal à l'aise. Ils avaient commencé à bavarder entre eux dans une langue qu'elle ne comprenait pas, mais elle sentait que les éclats de rire et les regards en coin révélaient que les femmes étaient la source de leurs plaisanteries. Les autres, qui semblaient aussi deviner qu'on se moquait d'elles, ne disaient mot.

Elles furent cependant soulagées lorsque Jim, avec son fameux sourire, se retourna pour leur faire un clin d'œil.

— Ne soyez pas tristes, les filles. Pas dès votre premier jour ! Nous vous taquinons. Si vous retrouvez votre bonne humeur, je pourrais me laisser convaincre de vous conduire en ville à la fin de la semaine. Et je vous ferais visiter Saint-Hélier.

Un chœur de remerciements accueillit la nouvelle et, quelques minutes plus tard, le camion se gara devant une rangée de cabanes oblongues.

— Vous y voici, mesdemoiselles. Voilà votre nouveau logis, annonça Bob sans un sourire tandis qu'il descendait du camion.

Ma mère décela un éclat sarcastique dans ses yeux lorsqu'il remarqua leur expression.

Les murs en parpaings et les tôles ondulées du toit n'évoquaient pas du tout une maison ! Les cabanes ressemblaient davantage à un poulailler avec ses fientes répugnantes.

— Allez, ce n'est pas si mal, les filles, insista Jim en voyant leur déception. Entrez et jetez un œil. Vous verrez que cela peut être très confortable. On y a apporté de la nourriture pour vous ; vous pourrez manger un morceau et vous reposer un peu. N'oubliez pas que vous devez vous lever tôt.

— Tôt comment ? demanda Marie.

— Six heures tapantes.

Avant qu'elles n'aient eu le temps de protester, Jim bondit dans le camion et, dans un rugissement, s'éloigna.

À l'intérieur, contrairement aux promesses de Jim, les choses ne se présentaient guère mieux. La porte s'ouvrait directement sur une pièce lugubre, peinte de ce que ma mère qualifia de « beige terne, plutôt sale ». Elle était piètrement meublée d'une table en bois foncé, de quatre chaises et d'un sofa avachi à deux places. Sous la seule fenêtre, qui était garnie de rideaux à fleurs, il y avait une cuisinière et un évier. Deux chambres s'ouvraient sur la pièce, mais elles étaient si petites qu'il y avait à peine de l'espace entre les deux lits à une place.

Le premier des rêves de ma mère, celui de disposer de sa propre chambre, s'évanouit sur-le-champ, de même que le deuxième lorsqu'elle aperçut sous l'évier un tub en fer-blanc : adieu le bain chaud et voluptueux !

Le lendemain matin, les jeunes femmes découvrirent précisément contre quoi elles avaient échangé la misère de l'Irlande : un travail à la ferme et pas dans la maison. Au fil des saisons, elles devraient planter des pommes de terre, ramasser des pommes de terre, brosser des pommes de terre ou emballer des pommes de terre. En hiver, avec les canalisations gelées et la glace qui craquait sous les pieds, elles enfilaient autant de couches de vêtements qu'elles le pouvaient pour aller travailler dans les hangars non chauffés. Leurs doigts raidis par le froid, elles emballaient les pommes de terre dans des caisses en bois pour les mettre de côté et ainsi les repiquer au printemps suivant.

— Tu sais, me raconta ma mère lorsqu'elle m'en parla, nous avions quitté l'Irlande pour échapper à tout ça. Nous étions si crédules ! Nous pensions que nous allions trouver un emploi dans une jolie boutique ou que nous apprendrions à travailler dans des bureaux. Mais ce n'était pas tout à fait notre faute parce qu'on nous avait demandé d'expliquer ce que nous savions faire, et la plupart d'entre nous avaient certaines compétences. Hélas, toutes celles qui débarquèrent avec moi ce jour-là furent affectées à s'occuper, de l'aube au crépuscule, de ce qu'ils appelaient leurs « royales patates ». La seule chose qui nous plaisait était de nous rendre à la ville le jour de paie. Mais là encore, Madeleine, dès la première fois, nous découvrîmes ce que les gens du coin pensaient de nous. De la lie, c'est ce que nous étions : de la lie irlandaise crasseuse. Ils nous montraient du doigt dans la rue, tu sais. Nous tous autant que nous étions, des immigrés qui se salissaient les mains pour faire un travail qu'eux étaient trop fiers de faire.

Ses yeux furent comme brouillés par un air lointain, presque rêveur, comme c'était toujours le cas lorsqu'elle évoquait cette époque.

— Ainsi, poursuivit-elle, ils ne voulaient pas se mêler à nous et nous ne voulions rien savoir d'eux. Nous finîmes par nous installer dans un quartier de Saint-Hélier, où nous transformâmes de petites tavernes en pubs irlandais. Les Français occupaient un autre quartier, que l'on appelait la « rue des Français ». C'était là que les fermiers allaient les jours de paie. Pas seulement les Français, mais aussi les Irlandais et, par la suite, des Portugais. C'était un vrai méli-mélo de langues. Les gens du coin gardaient leurs distances, je peux te le dire. Nous, les filles, nous nous trouvions si sophistiquées, assises dans les bars avec un panaché dans une main et une Gauloise dans l'autre…

— Est-ce là que tu as bu de l'alcool pour la première fois ? demandai-je.

— Oui, chérie, répondit-elle. Le premier verre, mais pas le dernier, ce qui est pire.

2

2008

La première fois que la police me demanda de l'aider dans son enquête, on ne me convoqua pas au poste de police de Jersey, mais dans des grands locaux qu'ils utilisaient à Broadcasting House, l'ancienne maison de la radio de l'île. Ils affirmèrent que, pour une rencontre aussi informelle que la nôtre, « ce serait plus détendu ».

À mon arrivée, je fus conduite dans ce qui ressemblait à un petit salon confortable avec son canapé, ses fauteuils et sa table basse. C'est alors que j'aperçus le magnétophone.

Deux personnes allaient m'interroger, un homme et une femme qui prirent place dans les fauteuils tandis que je m'installais sur le canapé.

Je me rappelle l'avoir trouvé inconfortable, plus bas que les autres sièges, avec une assise en pente qui ne me permettait guère de rester droite. D'épaisses tasses de thé firent leur apparition et, afin de repousser les questions aussi longtemps que possible, je remuai lentement le sucre et bus quelques gorgées.

Je fus soulagée de voir qu'il y avait un cendrier sur la table et, sans en demander l'autorisation, j'allumai une cigarette et tirai une longue bouffée, laissant l'âcreté de la fumée apaiser mes nerfs à vif. Je soufflai un nuage de fumée et rassemblai mon courage pour affronter la première question.

J'entendis le clic du magnétophone que l'on mettait en route. La femme me demanda si j'étais prête. Je tournai la tête vers elle, mais, comme j'étais incapable de croiser ses yeux, je baissai les miens. Une chaude rougeur d'embarras envahit mon visage lorsque je me rendis compte de ce que ma nervosité m'avait fait manquer : elle était enceinte, et pas qu'un peu si j'en jugeais par la manière dont son ventre tendait l'étoffe légère de sa robe.

— Seigneur, dis-je en écrasant ma cigarette d'une main tremblante. Je suis affreusement désolée, je n'avais pas remarqué !

À chaque mot bafouillé, mon assurance retrouvée avec la nicotine s'évaporait. La femme ne fit aucun commentaire pour atténuer mon malaise. Au contraire, je crois qu'elle en tira plaisir. Elle me demanda simplement une nouvelle fois si j'étais prête.

Je croyais qu'ils voulaient en apprendre un peu plus au sujet de Colin Tilbrook et de ces riches hommes d'affaires qui étaient venus à l'orphelinat. Pendant que j'attendais la première question, le silence me parut assourdissant. J'entendais battre mon cœur et je sentais la sueur sur mes mains.

Soudain, la pièce me parut insupportablement chaude. Je regrettais de ne pas avoir réclamé de l'eau.

J'aurais voulu appuyer un verre glacé contre mes joues qui me donnaient l'impression d'être en feu.

La première question vint, non de la femme comme je m'y étais attendue, mais de l'homme aux traits anguleux et aux yeux de la couleur des galets mouillés.

— Parlez-nous des Jordan, Madeleine, commença-t-il.

Les Jordan étaient arrivés à l'orphelinat pendant le règne de Tilbrook. Leur nom évoquait les cris et les coups, les os brisés, à peine plus épais que ceux des oiseaux, les sanglots désespérés de ceux qui savent que personne ne les aime, les enfants meurtris à tout jamais.

Ce qui ne m'empêcha pas de continuer à ne pas comprendre, du moins à ce moment-là, pourquoi ils me posaient des questions sur les Jordan. Ils étaient apparus dans ma vie bien plus tard que les gens qui auraient dû intéresser la police, pour autant que je le sache ; et, malgré leur perversité, les Jordan n'avaient certainement pas le rôle principal parmi tous ceux qui avaient infligé tant de peine et de souffrance.

— Nous voulons vérifier s'il y a suffisamment d'arguments pour les convoquer, dit la femme.

Elle avait peut-être décelé la perplexité sur mon visage.

— Pourquoi seulement eux ? insistai-je parce que je ne parvenais pas à le croire.

Je ne pus attendre la réponse, et mes remarques fusèrent. Je sentais la colère monter en moi à la vitesse d'un feu de paille. Ce n'était pas à leur sujet que j'aurais dû être convoquée. Si on nous avait écoutés, si quelqu'un avait fait ce qu'il fallait, je n'aurais jamais rencontré les Jordan. Avant de pouvoir m'en empêcher, je dis tout cela.

— Vous voulez dire que, si votre mère n'avait pas été déclarée inapte, vous n'auriez pas été placée pour votre propre sécurité ?

Cette fois, c'était la femme qui parlait. Je lui adressai un regard furieux. N'allait-elle pas devenir mère (si elle ne l'était pas déjà) ? Elle pouvait certainement comprendre ce que j'avais, ce que *nous* avions tous traversé. Mais je ne décelai aucune compassion ou empathie sur son visage, uniquement la détermination d'obtenir des réponses aux questions telles qu'elles m'étaient posées.

C'est à cet instant que je compris que ni la femme ni l'homme, dans son costume bleu foncé et sa chemise blanche étincelante, ne seraient satisfaits tant qu'ils n'auraient pas brisé la carapace que, au fil des années, j'avais réussi à ériger autour de moi, et qu'ils n'auraient pas extirpé le moindre de mes secrets. Ensuite, ils décideraient ce qu'ils allaient en faire. Eux, pas moi.

La voix de l'homme interrompit mes pensées. Le sourire qui montrait à peine ses dents avait disparu, et ses yeux durs arboraient une expression vide et impassible :

— Vos parents étaient des criminels, n'est-ce pas ? Ils ont fait de la prison. C'est pour cela que vous avez passé la majeure partie de votre enfance dans des foyers. Alors, n'essayez pas de rejeter la faute sur nous, Madeleine.

— Non, rétorquai-je avec emphase. Ma mère n'était pas une criminelle.

— Alors, quel était son problème ?

— Elle était triste, répondis-je.

3

Les souvenirs de ma mère, quand je finis par faire vraiment sa connaissance, m'appartenaient à moi seule, et je n'étais pas prête à les partager. Les souvenirs des sens, les sons et les odeurs, n'ont pas fané avec le temps et demeurent aussi vivaces.

Lorsqu'elle acheva d'essayer de m'expliquer pour quelle raison elle nous avait abandonnés, Marilyn Monroe était morte depuis longtemps, et plus personne ne comparait jamais ma mère à Elizabeth Taylor. Disparu, le corps souple et ferme de sa jeunesse et, alors qu'elle n'avait qu'une quarantaine d'années, elle était presque aussi décharnée qu'une petite vieille.

Sous son visage mou et légèrement bouffi, on discernait à peine les hautes pommettes qui avaient fait autrefois l'admiration de tous.

L'alcool, les hommes qui étaient passés dans sa vie et quatre grossesses lui avaient fait payer un lourd tribut, mais ses yeux étaient toujours du même bleu profond, et ses cheveux, qui ne tombaient plus en boucles brillantes, conservaient une altière teinte noire. Elle n'embaumait plus le savon et le muguet de Yardley. Ces parfums associés à ma plus tendre enfance appartenaient à une femme plus jeune, une femme au si beau sourire qui débordait de rêves. L'arôme du gin et du tabac, et l'odeur de la déception et du chagrin s'accrochaient désormais à la mère que j'avais réappris à connaître.

La mère de ma petite enfance entretenait peut-être le rêve de rencontrer un homme assez riche pour prendre soin d'elle, mais la femme qu'elle était devenue était par trop consciente que ce mélange de naïveté et de cupidité l'avait conduite à attirer l'œil aigu de la Tragédie. Seul l'alcool, dont elle se persuadait qu'il ne s'agissait que d'un écart provisoire, lui permettait de retrouver ses rêves d'un avenir radieux, jusqu'à ce que ce « meilleur ami » devienne son pire ennemi et lui reproche sa dépendance.

Un jour, je lui demandai, avec une part d'intérêt personnel, pourquoi elle n'était jamais retournée en Irlande. Ma vie aurait pu être si différente si cela avait été le cas ! L'autre question dont je cherchais la réponse était pourquoi, alors qu'elle avait fui un monde qu'elle considérait comme étriqué, elle avait épousé le premier homme qu'elle avait rencontré. Il devait être davantage que le plus beau garçon qu'elle ait jamais croisé !

Ce fut donc avec Jim qu'elle se rendit au bureau de l'état civil trois mois à peine après son arrivée à Jersey.

— C'était un type du coin, avait-elle dit de sa voix devenue rauque et profonde, pas un Irlandais. Je ne voulais rien avoir à faire avec eux, tu sais. Quand tu sortais avec un Irlandais, tu finissais par te retrouver à parler avec les autres femmes pendant que les hommes jouaient aux fléchettes ou au billard avec leurs copains. Mais pas Jim. Lui, il savait se conduire avec les dames. C'est comme ça qu'il m'appelait : une dame !

Lorsqu'on prononçait son nom, les yeux de ma mère se voilaient de ce regard lointain, brumeux, et sa bouche souriait, comme si elle traversait toutes les strates de ses souvenirs jusqu'à ce qu'elle retrouve ses dix-neuf ans.

— « Le travail des champs n'est pas fait pour toi », me disait-il. Quant à moi, je voulais mieux que ça. Oh ! Madeleine, tu aurais dû voir comment il était à cette époque. Il me tenait la porte, m'offrait des fleurs. D'ailleurs, il m'a dit qu'il avait été épris dès qu'il avait posé les yeux sur moi. Oui, il me promettait la lune. Il disait qu'il avait de l'avenir, que son patron pensait beaucoup de bien de lui et que, lorsque je serais sa femme, personne n'oserait me traiter de « lie irlandaise », déclara-t-elle fièrement.

— Et tu as cru tout ce qu'il t'a dit ?

— Mais oui. J'aurais peut-être pu me demander pourquoi nous ne passions pas par l'église, mais il n'était pas catholique. J'étais jeune et il était si beau !

Alors, ma mère avait fait exactement ce qui l'avait poussée à quitter l'Irlande : elle n'avait pas cherché à voir plus loin que le charme d'un voyou de belle allure, qui lui donnait l'impression d'être spéciale.

Ses parents ne vinrent pas au mariage, pas plus que les siens à lui. Cela aurait dû lui mettre la puce à l'oreille, mais elle se contenta de chasser résolument le moindre doute.

Moins d'un an plus tard, elle lavait les couches et faisait la cuisine et le ménage de l'aube au crépuscule. L'amour s'étiola pour, avec chaque grossesse, devenir toujours moins fort. Le samedi soir, au lieu d'aller danser dans la rue des Français, ma mère raccommodait et cousait pendant que son mari dépensait son argent en bière et en whisky.

Moins de cinq ans après leur «oui», l'homme qui lui avait promis la lune quitta l'île, en quête de nouveaux pâturages. Des pâturages où il n'y avait clairement pas de place pour une épouse et deux fils.

Sans lui, elle se retrouvait l'immigrée irlandaise qu'elle était.

Il n'y avait pas de parents, personne pour lui prêter de l'argent pour la nourriture et le logis et, surtout, personne pour lui apporter un soutien moral. Sa mère, ses tantes, ses cousins et ses frères et sœurs étaient en Irlande et, malgré le mal du pays qui la tenaillait, malgré sa solitude et son désespoir, elle ne pouvait rentrer. Vers la fin des années 1950, son mariage civil ne serait pas reconnu par l'Église catholique d'Irlande. Pour l'Église, elle vivait dans le péché et avait mis au monde deux bâtards. Dans son village natal, elle pouvait réciter autant de *Je vous salue, Marie* qu'elle voulait, rien ne lui aurait accordé le pardon.

Elle n'avait donc guère d'autre choix que de demeurer à Jersey et, si elle voulait manger, de retourner travailler. Elle fit placer ses deux garçons avec l'aide de ses beaux-parents. Toutefois, comme ils étaient les descendants d'un habitant de Jersey, ils ne furent pas envoyés à Haut-de-la-Garenne : l'établissement était réservé aux enfants à problèmes et aux fils et aux filles des familles d'immigrants. Leur père leur avait au moins donné ça.

4

Ma mère reprit le dur labeur à la ferme. Elle savait que sa seule issue était de trouver un autre mari, mais elle était tout aussi consciente qu'il lui était impossible d'épouser un habitant de Jersey. Il lui fallait donc dénicher un Irlandais fraîchement débarqué du pays, un homme qui ignorerait pratiquement tout de son passé.

Après un printemps passé à planter des pommes de terre « royales » de Jersey, ma mère savait qu'elle avait belle allure. Les corvées dans les champs avaient musclé son corps, et le soleil avait joliment doré ses joues. Contrairement aux autres jeunes femmes qui travaillaient à ses côtés, elle avait pris soin de sa peau et de ses mains. Lorsque la terre incrustait ses ongles, elle les brossait longuement avec du savon et du jus de citron, de même qu'elle recouvrait le moindre centimètre de peau avec de copieuses quantités de cold-cream Pont avant de sortir au soleil.

Un soir, elle se rendit au bal qui était donné dans le centre irlandais. Elle me raconta qu'elle se sentait alors comme neuve. Elle portait une robe en tissu écossais rouge et bleu, avec un décolleté carré assez profond et, sur plusieurs jupons bien amidonnés, une grande jupe qui virevoltait. En riant, elle avait entraîné une autre jeune fille sur la piste de danse.

— Tu sais, Madeleine, m'avait-elle dit, si j'étais restée assise sagement sur une chaise en bois en attendant qu'on m'invite, personne ne m'aurait remarquée.

Cela fonctionna. Lorsqu'une main lui tapota l'épaule, elle se tourna pour plonger son regard dans les yeux verts de l'homme qui deviendrait mon père. Sous les lueurs argentées de la boule scintillante qui éclairait la salle, elle sourit, fit une petite moue et balança ses hanches en rythme. Lorsque les lumières baissèrent et que le groupe entama un slow, le dernier tube de Paul Anka, elle sourit à l'homme aux yeux verts, posa la tête sur son épaule et se nicha dans ses bras.

Lorsque le divorce fut accordé à ma mère, l'homme aux yeux verts lui fit sa demande en mariage, qu'elle accepta sans hésiter. Son curé, qui connaissait les souhaits de ma mère, demanda une dérogation afin qu'elle puisse se marier à l'église. Sa requête fut acceptée : l'Église catholique n'avait pas validé le premier mariage puisqu'il n'avait été enregistré que par le bureau de l'état civil. Comme Jim, son nouveau mari lui promit un bel avenir, jurant qu'il ne serait pas paysan et qu'un jour il lui offrirait un foyer digne de ce nom. Il suffisait qu'ils mettent un peu d'argent de côté. Très facile, non ?

Ils commencèrent par vivre dans un petit appartement en location qui se trouvait au deuxième étage d'un immeuble imprégné de l'odeur du chou bouilli et des oignons frits des immigrés irlandais. Par la suite, lorsque les Portugais arrivèrent, l'arôme de l'ail sauté, de l'huile d'olive et du café serré vinrent embaumer dans toute la cage d'escalier. Un linoléum minable, fissuré par endroits, recouvrait le sol du vestibule, et on ne voyait plus le motif de la moquette qui tapissait les marches de l'escalier. Au premier palier, il y avait un téléphone que tout le monde partageait, avec des numéros griffonnés sur le mur comme autant de décorations, et, en face, la salle de bains commune avec son compteur avide de pièces.

Sur le palier suivant, une porte ouvrait sur leur appartement, en fait une seule pièce tout en longueur, avec des meubles en bois éraflé et un sofa avachi ; derrière un rideau se cachait un lit à deux places et, sous la fenêtre, il y avait une plaque électrique Baby Belling et un évier.

Il ne fallut pas longtemps à ma mère pour réaliser que, une fois de plus, elle avait épousé un bon à rien qui mettait les pieds sous la table et ne supportait aucune question quant à ses allées et venues lorsqu'il rentrait en trébuchant à la maison bien après la nuit tombée.

Ce n'était pas la vie qu'elle voulait, décida-t-elle, et elle refusait de lâcher son travail ou de lui donner ses gages. Le jour de paie, il ne résistait pas à l'appel des bars, mais, cette fois, ma mère refusait de rester dans ce petit appartement sans joie. La jeune fille bien élevée, qui n'avait jamais touché une goutte d'alcool fort, était restée en Irlande avec ses rêves. Ma mère se mit à fréquenter, comme son mari, les troquets où la boisson était bon marché, et la compagnie, tapageuse.

C'est par l'une de ces nuits de boisson que je fus conçue. Je suis sûre que ma mère m'aima au moment où elle me prit dans ses bras parce que c'est ce qu'elle m'a affirmé. Hélas, l'arrivée d'un bébé dans un logement qui était déjà trop petit pour un couple et le manque constant d'argent s'avérèrent trop lourds pour mes parents.

Ils buvaient, ils se querellaient, ils hurlaient et juraient, jusqu'à ce qu'un voisin qui craignait pour la sécurité du bébé de trois mois prévienne la police. Face à deux adultes ivres et un enfant qui gémissait sans cesse dans son berceau de fortune, ils arrêtèrent mes parents et les accusèrent d'ivresse et de trouble de l'ordre public.

Un mois plus tard, la sentence du juge tomba : je devais être placée. Tenait-elle compte réellement de mon bien-être ?

À sa sortie de prison, ma mère supplia qu'on me rende à elle. Pas tant qu'elle ne m'offrirait pas un foyer digne de ce nom, déclara l'État.

Bien entendu, personne n'expliqua comment, avec leurs faibles revenus, mon père et ma mère pouvaient m'offrir une telle merveille ! À l'époque, les logements sociaux étaient réservés aux résidents de plus de dix ans, et les appartements étaient trop chers pour mes parents. C'est ainsi que je demeurai à la crèche Westaway.

5

2008

— Eh bien, Madeleine, si les autorités ne considéraient pas votre mère comme une criminelle, elles avaient certainement jugé qu'elle était incapable d'assumer son rôle de mère. Tous ses autres enfants lui ont été retirés. Vous pouvez peut-être penser que c'est le système qui est à blâmer, que ce qui vous est arrivé est la faute des autorités… Qu'importe, essayons de récapituler ce qui s'est réellement passé. Vous avez été placée à la crèche Westaway alors que vous n'aviez que trois mois. Savez-vous pourquoi, Madeleine ? Ce n'était pas parce que Jim l'avait abandonnée, n'est-ce pas ? Après tout, ce n'était pas votre père ! Cela pouvait expliquer pourquoi on lui avait enlevé ses fils, mais pas vous. Elle s'était remariée, et vos parents étaient encore ensemble à votre naissance.

C'est la femme qui parlait, et ses paroles déchiraient mes oreilles comme autant de barbelés. Chacune atteignait sa cible en plein cœur, chacune était si douloureuse que les larmes vinrent piquer mes paupières closes. Je les ravalai. J'étais déterminée à ce que ces gens ne me voient pas pleurer. « Mais pourquoi me placer à Haut-de-la-Garenne ? voulus-je demander. Je n'avais rien fait de mal. Je n'avais que cinq ans ! »

— Écoutez, Madeleine, je pense qu'on a bien pris soin de vous à Westaway, n'est-ce pas ?

Elle avait raison. Les souvenirs de mes premières années étaient peut-être extrêmement flous, enfouis sous les strates de ce qu'il advint par la suite, mais ses questions firent remonter des images de cette période à mon esprit. Les jeunes nounous qui allaient et venaient étaient gentilles ; elles nous lisaient des histoires tirées de gros livres de contes, jouaient à des jeux, bâtissaient des châteaux de sable sur la plage, tressaient des colliers de pâquerettes autour de notre cou, bandaient nos genoux lorsque nous nous coupions, essuyaient nos larmes et notre petit nez, et nous bordaient dans notre lit avant de poser un baiser sur nos joues roses pour nous souhaiter une bonne nuit.

Dans notre vie, il y avait toujours Mme Peacock, ou « maman Peacock », comme je l'appelais. Elle était la plus sévère, mais aussi celle qui nous laissait jouer avec ses chiens et détournait le regard lorsqu'un plus jeune membre du personnel nous donnait trop de bonbons. Nous avions des tas de jouets, dont bon nombre étaient issus de dons, de même que les vêtements et les livres. Avec une trentaine d'enfants dans la crèche, il y avait aussi un anniversaire pratiquement toutes les semaines. On disposait alors de la gelée, des gâteaux et des glaces, et on demandait aux enfants de souffler les bougies malgré leur très jeune âge.

Sauf au moment de Noël, lorsque des résidents généreux de Jersey venaient nous rendre visite les bras chargés de cadeaux pour chacun d'entre nous, nous étions obligés de partager nos jouets. À la fin de la journée, nous les déposions dans le grand coffre qui trônait dans un coin de la salle de jeux. Les plus petits, qui n'avaient pas encore appris à partager, les arrachaient et vous bousculaient ou pleuraient lorsqu'on leur disait d'attendre leur tour.

Le pire était leurs cris de protestation lorsqu'ils voulaient monter sur le cheval à bascule qu'un bienfaiteur avait apporté. J'adorais ce cheval, et je souris encore en me rappelant la petite fille que j'étais qui se mettait à hurler lorsqu'on lui disait qu'elle devait céder sa place à un autre enfant. Je me souviens qu'une nounou avait dû me prendre dans ses bras pour m'éloigner du cheval. Je pense que la présence du cheval avait traduit l'intention d'instiller un peu de générosité chez les tout-petits avant l'entrée à l'école. Dans tous les cas, ce cheval provoqua nombre de larmes et de disputes.

— Non, dis-je en prononçant les mots qu'ils voulaient entendre. Nous ne manquions jamais de rien. J'étais heureuse à la crèche.

Il y avait eu toutefois quelque chose qui m'avait manqué, mais je n'avais pas envie d'en parler à la police. J'aurais voulu un foyer, avec une mère et un père, où j'aurais eu ma chambre à moi, mon propre cheval à bascule pour grimper dessus quand je voulais, et des jouets que je n'aurais pas à partager. Je savais que d'autres enfants bénéficiaient de tout cela lorsqu'ils étaient adoptés. Je savais ce que le mot signifiait. Tous les enfants de mon âge le savaient. L'adoption, c'était lorsqu'un couple bien habillé venait à la crèche, nous examinait, nous donnait des bonbons et prenait les plus petits dans ses bras pour les câliner. Quelques semaines plus tard, on expliquait à l'enfant (s'il était assez grand pour comprendre) qu'il allait vivre avec sa nouvelle maman et son nouveau papa. Il disposerait alors de tout ce dont je rêvais : quelqu'un qui l'aimait, lui seul, et dont il n'aurait pas à partager l'attention avec trente autres petites âmes exigeantes.

Même les chiens de Mme Peacock, deux labradors plutôt potelés que j'adorais, laissaient toutes les petites mains les caresser ! Alors, quand ces couples souriants nous rendaient visite, je souhaitais de toutes mes forces qu'ils me choisissent. Mais ils ne le faisaient jamais. « Qu'est-ce qui ne va pas chez moi ? me demandais-je. Pourquoi personne ne veut de moi ? »

Toutes les semaines, j'avais quand même la visite d'une femme. Elle avait les cheveux très foncés, les lèvres très rouges, et elle voulait toujours me serrer contre elle. Elle me disait qu'elle était ma vraie maman et que je reviendrais bientôt vivre avec elle, mais qu'elle devait d'abord trouver une maison assez grande pour nous deux. Je ne la croyais pas : elle n'était pas bien habillée, et Mme Peacock ne m'avait pas dit que j'allais vivre avec une nouvelle maman et un nouveau papa.

Des années plus tard, je découvris que ma mère avait refusé de signer les papiers nécessaires pour que je puisse être adoptée : selon les travailleurs sociaux, elle voulait récupérer ses enfants.

— Bien, dit le policier, vous admettez que vous étiez heureuse là-bas. Pendant que l'État s'assurait que l'on prenait soin de vous, votre mère a disposé de cinq ans pour se remettre en selle. Voulez-vous que je vous lise le rapport des services sociaux ?

Je secouai la tête. Je savais parfaitement ce que contenait la liasse qu'il tenait devant lui : logement inadapté, alcoolisme, violence domestique, voilà quels étaient les arguments pour que l'État refuse de me rendre à ma mère. Mais je savais aussi ce que le rapport ne précisait pas. Il ne disait rien sur le fait que, très vite après l'arrestation, mon père était parti et, sans personne vers qui se tourner, ma mère s'était retrouvée pratiquement sans ressources. Après tout, ce n'est pas d'elle qu'ils se souciaient. Ils lui retirèrent donc son dernier enfant.

Ma mère avait perdu tous ceux qu'elle aimait. Mais je savais que cela ne les intéressait pas.

6

L'année 2008 fut celle où mes cauchemars réapparurent.

Nuit après nuit, je me réveille, le corps trempé de sueur, la bouche ouverte sur mon dernier hurlement, les draps entortillés autour de moi. Le passé et le présent sont entrés en collision.

— Que se passe-t-il, Madeleine ? demande mon mari.

— Que se passe-t-il, maman ? demande mon fils.

— Qu'est-ce qui t'arrive ? demande ma fille de treize ans d'un air perplexe.

Je leur raconte tout par fragments, au fur et à mesure.

La colère qu'ils expriment devant ce qui m'est arrivé est mêlée de déception parce que je les ai exclus de mes secrets. Je comprends que, au-delà de leur colère, il y a un chagrin si éprouvant qu'il sape l'inquiétude de mon mari et l'amour de ma fille.

C'est mon fils qui me tient la main et qui m'accompagne au poste de police. C'est mon fils qui entendra chacun des mots qui s'échapperont de mes lèvres.

La police et surtout ceux qui se sentent trahis par mes années de silence me posent des questions qui me martèlent incessamment la tête. Aujourd'hui, je n'arrive pas à me souvenir qui les a posées.

Oui, la police en posera suffisamment pour faire resurgir le passé, mais, pis encore, elle exprimera, comme d'autres des années plus tôt, ses doutes quant à la véracité et la précision de mon histoire.

Les policiers insisteront pour savoir ce qui m'est arrivé à Haut-de-la-Garenne. Je les regarderai alors un par un, en face, jusqu'à ce qu'ils disparaissent au point que le passé devienne bientôt plus vivace que le présent. Ce qu'aucun d'eux ne pouvait comprendre, c'est ce que j'éprouvais le jour où je fus emmenée dans cet ignoble endroit.

Moi, je m'en souvenais soudain comme si c'était la veille.

La journée avait commencé comme toutes les autres. J'étais dans le jardin en train de sauter à la corde en fredonnant une petite chanson lorsque Mme Peacock me demanda de rentrer. Elle me conduisit à son bureau, et c'est là, assise dans un fauteuil et impatiente de retourner auprès de mes camarades, que j'appris qu'il était temps pour moi de quitter la crèche.

— Madeleine, dit-elle doucement, tu te souviens que nous avons fêté ton anniversaire cette semaine… Quel âge as-tu ?

— Cinq ans, répondis-je.

Je me souvenais du gâteau avec son glaçage rose et des bougies que j'avais éteintes en un seul grand souffle, ainsi que du cadeau que j'avais eu le droit de garder pour moi toute seule : une poupée aux cheveux blonds qui s'appelait Barbie. « Toutes les petites filles rêvent d'avoir une poupée comme ça », m'avait expliqué la femme qui m'avait dit un jour de l'appeler « maman ».

— Cinq ans, répéta Mme Peacock. Et que se passe-t-il, Madeleine, quand on a cinq ans ?

— On va à l'école ?

— Exact, on va à l'école. Et tu n'es plus un bébé, n'est-ce pas ?

— Non, je suis une grande fille maintenant, dis-je fièrement en me redressant du mieux que je pouvais.

— C'est vrai, Madeleine. Tu sais que la crèche est pour les petits enfants. Alors, nous t'avons trouvé un autre endroit, une nouvelle maison où tu seras heureuse.

— Avec une nouvelle maman et un nouveau papa ? demandai-je avec enthousiasme.

— Non, Madeleine, pas encore. C'est un autre endroit comme ici, mais pour les enfants plus grands.

Je la fixai sans comprendre. Ma maison, c'était la crèche. C'est là qu'étaient mes amis. Je connaissais le nom de tous ceux qui s'occupaient de nous. N'étais-je pas la favorite de Mme Peacock ? J'avais entendu une nounou le dire. Elle avait dit que ce n'était pas étonnant parce que nous avions la même couleur de cheveux (le blond roux que j'avais hérité de mon père) et que je lui ressemblais davantage qu'à la femme qui me rendait visite toutes les semaines.

— Non ! m'écriai-je. Je n'irai pas !

Bien entendu, je ne comprenais pas qu'elle n'y pouvait absolument rien. Elle m'affirma que je m'y ferais de nouveaux amis et que j'adorerais l'école, mais aucun de ses arguments ne parvint à me calmer.

— Puisque tu ne veux pas de moi, je veux aller vivre avec mon autre maman ! hurlai-je.

Le visage rouge de colère et de peine, les joues brillantes de larmes, je serrai les poings et les plaçai sur mes petites hanches en lui adressant un regard furieux. Au lieu de se mettre en colère à son tour, elle tendit les bras vers moi et me serra contre sa douce chaleur. Je continuai à pleurer encore et encore, et ce n'est que lorsque mes sanglots furent réduits à des reniflements qu'elle me relâcha.

— Ta maman ne peut pas encore te prendre avec elle, dit Mme Peacock, mais elle est en train de chercher une plus grande maison. Et elle continuera à te rendre visite toutes les semaines.

À l'époque déjà, aucune de nous deux ne croyait que ma mère serait un jour capable de trouver une maison pour ses enfants.

Le lendemain, les mains agrippées à ma nouvelle poupée, je grimpai à l'arrière de la Morris Minor verte de Mme Peacock. Je laissais tout derrière moi, tous ceux que j'aimais. J'appuyai le visage contre la vitre et je contemplai le paysage qui se déroulait devant mes yeux. Nous ralentîmes, tournâmes dans une allée, et je découvris l'endroit qui allait devenir mon nouveau foyer : une gigantesque et lugubre bâtisse en granit gris. La voiture stoppa, et Mme Peacock m'aida à en sortir.

— Prends-moi la main, Madeleine, dit-elle.

Comme je lui faisais confiance, j'enroulai mes doigts autour des siens, et nous nous dirigeâmes vers la porte.

7

C'est un homme grand et mince, avec un bloc-notes dans la main, qui nous fit entrer. Derrière lui se tenait une surveillante (c'est ainsi qu'on les appelait), une femme de petite taille, ni jeune ni vieille, avec des cheveux fins gris souris ramenés en chignon sur la nuque. L'homme expliqua que la femme s'occuperait de moi. Je remarquai qu'elle avait un grain de beauté foncé juste au-dessous du nez et que son rouge à lèvres avait débordé dans les fines rides de fumeuse qu'elle avait autour de la bouche. Je trouvais qu'elle ressemblait à une sorcière et je me rapprochai de Mme Peacock. L'homme sourit et se présenta comme l'adjoint de M. Tilbrook en ajoutant que j'allais rencontrer ce dernier sur-le-champ.

— Voici les affaires de Madeleine, dit Mme Peacock en posant une petite valise par terre.

Je savais parfaitement ce qu'elle contenait parce que j'avais aidé à la remplir. Il y avait les vêtements que je devrais porter pour l'école, mes rubans préférés et ma poupée. Je l'avais tenue contre moi pendant tout le trajet, mais, juste avant notre arrivée,

Mme Peacock avait dit qu'il était plus sûr de la mettre dans la valise.

— Ce n'est que pour un moment, Madeleine, avait-elle ajouté d'un ton rassurant.

Alors, je l'avais enveloppée avec mon pull-over neuf, un joli modèle en jacquard, après avoir déposé un baiser sur le haut de sa tête et lui avoir dit qu'elle ne resterait pas comme ça dans le noir trop longtemps.

— Je vais la prendre. Elle la récupérera plus tard, dit l'homme avant de faire signe à la femme au grain de beauté sombre. Il vaut mieux qu'elle adopte nos règles tout de suite, dit-il à Mme Peacock. Mademoiselle Potts va la conduire chez le directeur. Une fois que M. Tilbrook l'aura vue, on lui fera visiter les lieux et rencontrer certains des autres enfants. Je suis sûr qu'elle se fera rapidement des amis. Bien, Madeleine, dis au revoir à madame Peacock.

La bouche tremblante, je levai les yeux vers le doux visage que je connaissais si bien. Avant même que je n'aie eu le temps de serrer dans mes bras la femme qui s'était occupée de moi depuis que j'étais bébé et la supplier de ne pas me laisser là, une main ferme m'avait attrapé l'épaule et m'avait entraînée. La femme qui me guida dans les longs couloirs sombres, aux sols d'ardoise gris et aux murs nus et durs, imprégnés de l'odeur des établissements institutionnels que je finirais par haïr (ce mélange de désinfectant, de savon bon marché, de sueur et de désespoir) précisa que, puisque j'avais cinq ans, je n'étais plus un bébé. Elle ajouta que je devais comprendre que le foyer n'était pas un endroit où l'on dorlotait les enfants, qu'il y avait des règles qu'il fallait suivre et que je devrais les apprendre. La première était que je ne devais répondre que lorsqu'on m'adressait la parole.

Il fallait appeler les surveillantes « mademoiselle ».

Je devais toujours appeler M. Tilbrook « monsieur ».

— Tu comprends, Madeleine ?

— Oui, murmurai-je tandis que les papillons s'agitaient dans mon ventre.

— Oui, mademoiselle, corrigea-t-elle.

Nous nous arrêtâmes devant une porte. Elle frappa et une voix d'homme nous dit d'entrer. C'était le bureau du directeur, une grande pièce aérée et lumineuse, avec deux fenêtres qui ouvraient sur le devant du bâtiment, et une cheminée imposante au fond. Près d'une fenêtre se dressait sa grande table de travail en bois. Contrairement au bureau de Mme Peacock, avec ses classeurs de couleurs vives, ses photos encadrées et une plante à fleurs en pot, c'était une pièce entièrement vide si ce n'est qu'elle contenait une longue canne mince dont j'appris bien vite l'usage. L'homme qui était assis derrière la table ne souriait pas. Il avait une barbe et était entièrement vêtu de noir. Cette première vision de Colin Tilbrook, dont le nom hantera mon esprit longtemps après sa mort, est imprimée dans ma mémoire. Ce jour-là, il ne me dit pas grand-chose, si ce n'est qu'il répéta ce que la surveillante m'avait expliqué. Sans sourire ni chaleur, il déclara que j'allais commencer l'école et que je devrais me plier à la discipline. Ce fut mon premier pas vers l'âge adulte. Il attendait de moi que j'obéisse aux règles et il répéta également les instructions : je devais l'appeler « monsieur » et donner du « mademoiselle » aux surveillantes.

— As-tu bien compris ?

— Oui, bafouillai-je.

Je levai les yeux vers lui et décelai une froideur sinistre qui me fit frissonner.

— Oui, qui, Madeleine ?

— Oui, monsieur.

Ce fut ma première leçon.

Il me congédia en disant qu'il me reverrait dans quelques jours, lorsque je me serais installée, et ordonna à la surveillante de me montrer les lieux.

Mlle Potts me conduisit d'un pas déterminé jusqu'à une pièce où on entreposait le linge. À l'intérieur, les rayonnages ployaient sous les vêtements, les serviettes de toilette et les draps. Elle ajouta que la pièce était toujours verrouillée et que seuls les surveillants en possédaient la clé.

Je ne comprenais pas pourquoi elle m'expliquait cela et pourquoi nous nous trouvions là. Après tout, j'avais apporté tout ce dont j'avais besoin. Je tentai de le lui dire, mais elle ignora mes paroles hésitantes, me dit de me taire et qu'elle était trop occupée pour écouter une petite fille jacasser. Sans ajouter un mot, elle tira article après article des étagères et les empila dans mes bras : une robe chasuble grise, des sous-vêtements gris et deux chemises de nuit. C'était si lourd que j'en eus les muscles douloureux. Je la suivis ensuite jusqu'au dortoir, avec ses deux rangées de lits blancs au cadre métallique et ses petits casiers éraflés.

Elle me dit de poser une chemise de nuit au pied du lit qu'elle me désigna, et tout le reste, dans le casier. Elle me montra aussi la salle de bains avec son rang de lavabos, me tendit une brosse à dents, une boîte de pâte dentifrice rose, un gant et un peigne. J'étais trop apeurée pour lui dire que je possédais déjà ces articles et je les plaçai donc docilement dans le sac de toilette qu'elle me tendait et que je dus suspendre à un crochet prévu à cet effet.

Le reste de la journée est plutôt flou : la salle à manger avec de longues tables, où les enfants étaient assis dans un silence appliqué, la nourriture grasse qui me donnait la nausée… Toutefois, le pire surgit à l'heure du coucher, sous la houlette de la femme aux cheveux gris souris.

— Où sont mes affaires ? Ma valise ? Où est ma poupée ?

— Tu porteras uniquement les vêtements qu'on t'a donnés ! aboya-t-elle.

— Ma poupée ! suppliai-je.

— Les poupées, dit-elle d'un ton ferme, sont pour les bébés et tu n'es plus un bébé.

Le cœur gros, je réalisai que je ne reverrais plus ma poupée, ou que je ne porterais plus mon joli pull en jacquard, ou que je ne pourrais plus nouer mes boucles avec mes jolis rubans. La valise, et tous mes chers petits trésors avec, avait disparu. Une fois couchée, je remontai mes genoux jusqu'à mon menton, glissai mon pouce dans ma bouche et sanglotai jusqu'à ce que le sommeil m'emporte.

8

C'était toujours un garçon qui venait me prévenir.

— Monsieur Tilbrook veut te voir, Madeleine, disait-il seulement chaque fois.

La gorge serrée de terreur, les poings fermés, je voulais mettre mes doigts dans mes oreilles pour ne pas entendre la voix du garçon. Chaque fois, les mêmes pensées me traversaient l'esprit, et une surveillante tournait les yeux vers moi.

— Pourquoi restes-tu assise sans bouger, Madeleine ? Tu as entendu ce qu'on t'a dit ? Alors, file. Tu ne dois pas laisser monsieur attendre, n'est-ce pas ?

J'ignorais les regards qui se posaient sur moi ; ceux, empreints de pitié, de certains enfants ; d'autres soulagés que, cette fois, ils ne soient pas ceux que l'on envoyait chercher. Sans compter les quelques regards qui jubilaient parce qu'ils étaient ravis de déceler la peur sur le visage d'un plus jeune.

La première fois qu'il me convoqua, je pensai aussitôt que j'avais fait une bêtise et qu'il allait me punir. À ma grande surprise, lorsque j'entrai dans son bureau, il n'avait pas l'air furieux. Le froncement de sourcils qu'il arborait quand il patrouillait dans les couloirs avait été remplacé par un sourire.

— Ce sera tout, annonça-t-il au garçon qui m'accompagnait.

Il me fit signe de m'approcher de l'autre côté de sa table de travail, du côté où il était assis.

— Eh bien, Madeleine, es-tu bien installée ? demanda-t-il dès que la porte se fut refermée derrière le garçon.

J'ouvris la bouche, mais les mots étaient bloqués dans ma gorge. J'avais les jambes qui tremblaient, et les papillons dans mon ventre s'étaient mis à battre des ailes.

— Allons, Madeleine, regarde-moi quand je te parle. Ne baisse pas les yeux vers le sol.

Il glissa un doigt sous mon menton.

Je n'aimais pas son visage avec tous ces poils et ses yeux si sombres qu'ils étaient comme des miroirs où je percevais mon reflet. Il me caressa les cheveux d'une main, fit apparaître un bonbon, et un peu de ma peur s'effaça.

— Viens là, dit-il.

En se reculant dans son siège, il me souleva et me fit asseoir sur ses genoux.

— Eh bien, Madeleine, nous allons être de bons amis, n'est-ce pas ?

Je hochai la tête. Je voulais lui faire plaisir.

Sa main se mit à me caresser la jambe, et ses doigts se glissèrent autour de ma cheville avant de remonter peu à peu. Elle était couverte de poils noirs et drus et, tandis que je la regardais avec une horreur grandissante, elle sembla se transformer en énorme araignée qui rampait sur moi.

Je mourais d'envie de sauter de ses genoux et de courir vers la porte, mais je n'avais nulle part où aller. Pas de gentille nounou de la crèche qui me réconforterait en me prenant dans ses bras. Il n'y avait que lui et les surveillantes au visage dur. L'araignée ne cessait de grimper jusqu'en haut de mon entrejambe, et un doigt glissa sous l'élastique de ma culotte. Je n'avais que cinq ans, mais je savais que c'était un endroit intime ! C'était là que sortait le pipi et je ne voulais pas qu'on y touche. Mais la peur me tétanisait. Bien sûr, lorsque je devins adulte, j'appris que, pendant des siècles, il y avait toujours eu des hommes qui avaient violé, torturé et tué des femmes et des petites filles parce qu'elles étaient des butins de guerre, parce qu'ils considéraient qu'elles leur appartenaient, ou simplement parce qu'ils pouvaient le faire. Et, comme j'allais le découvrir, il y avait aussi des femmes dans le monde qui n'étaient pas les figures maternelles, chaleureuses et attentionnées que j'avais rencontrées au cours de mes jeunes années. Mais, à cette époque, je croyais encore que les adultes étaient là pour nous protéger, pour bander nos genoux blessés et nous lire des histoires avant l'heure du coucher. J'avais aussi appris, d'aussi loin que je me souvienne, qu'il fallait obéir aux adultes. Alors, lorsqu'il me plaça sur son siège et me dit de fermer les yeux et de ne pas les ouvrir avant qu'il ne me le dise, je lui obéis.

Lorsqu'il me força à ouvrir la bouche pour y pousser quelque chose de chaud et d'amer, je ne bougeai pas. Et lorsque j'eus le visage couvert de quelque chose de chaud et de gluant, je continuai de rester assise aussi raide qu'un piquet. Sa voix, plus rauque à présent, me dit que j'étais une bonne fille et que je pouvais ouvrir les yeux. Il essuya mon visage avec son mouchoir, mais l'odeur acre, associée à l'horreur de ce qu'il avait fait, me souleva l'estomac et, sans prévenir, je me mis à vomir. Je mis mes doigts sur ma bouche tandis que le flux brûlant jaillissait de mes lèvres.

Avec une exclamation de dégoût, il poussa la corbeille à papier vers moi et me dit de ne pas la manquer. À cet instant, j'étais parvenue à un stade qui ne craignait plus sa colère et, les yeux larmoyants, je me penchai au-dessus de la corbeille pour vomir et vomir encore. Je ne me souviens pas du tout de mon retour à la salle où se trouvaient tous les autres enfants. Bien plus tard, je demeurai allongée dans mon lit dur et froid, les bras serrés autour de mes genoux, comme pour essayer de me faire aussi petite que possible tandis que les larmes dégringolaient sur mon visage.

Le jour suivant, je commençai l'école.

9

Une voix forte et acerbe pénétra mes rêves et me fit ouvrir les yeux tandis que tout mon corps se tendait sous la peur. Au-dessus de moi, je vis le visage de la surveillante qui était à la porte à mon arrivée. Celle qui m'avait pris ma poupée et toutes mes jolies affaires. Cette fois, le sourire conciliant avait cédé la place à une expression que je compris, tout en clignant des yeux pour chasser les restes d'un sommeil agité, comme étant beaucoup moins amicale.

— Lève-toi tout de suite, disait-elle. Sept heures et encore en train de dormir, Madeleine ! Pour ton premier jour d'école !

Elle attrapa les couvertures et les draps qu'elle jeta au sol. Je tentai de lui expliquer que j'étais désolée, mais, avant que je puisse prononcer un seul mot, elle m'agrippa le bras pour m'arracher du matelas et me jeta par terre à côté de mon lit.

— Je croyais que tu serais la première debout. Cela ne devrait-il pas être un bon jour pour toi ?

Je n'étais pas joyeuse, seulement terrifiée. Ces papillons perfides grouillaient dans mon ventre, et ma langue me paraissait collée à mon palais. Je déglutis avant de me souvenir ce qu'on m'avait inculqué et je marmonnai aussitôt un « Oui, mademoiselle ».

— Bien, je suis sûre que tu sais ce que cela veut dire « aller à l'école », n'est-ce pas ?

Sans attendre de réponse, elle me lança un sourire moqueur.

— Cela signifie que tu es assez grande. Que font les grandes filles, Madeleine ?

Comme je ne savais pas ce qu'elle attendait comme réponse, je me contentai de déglutir en continuant à la fixer.

— Elles font leur lit, Madeleine. Et, lorsque le lit est bien fait, elles ont le droit d'aller prendre leur petit-déjeuner. Là, j'ai fait la moitié du travail en retirant tes draps et tes couvertures, n'est-ce pas ? Alors, qu'en dis-tu ?

Je sentais les yeux de toutes les filles du dortoir rivés sur moi. J'avais les jambes en coton et j'avais envie de faire pipi, mais, plus que tout, je voulais Mme Peacock.

— Merci, mademoiselle, souffla une fille aux cheveux foncés qui se tenait au pied du lit voisin du mien.

Elle avait l'air d'avoir treize ans environ.

— Merci, mademoiselle, répétai-je.

La surveillante lança un regard furieux à ma bienfaitrice.

— Frances, puisque tu es si bonne pour parler à la place de Madeleine, tu n'as qu'à lui montrer comment faire son lit. N'oublie pas aussi de faire le tien. Et ne perds pas de temps ! Tu sais ce qui arrive aux filles qui arrivent en retard au petit-déjeuner, n'est-ce pas ?

— Elles n'ont rien à manger, mademoiselle.

— Exact, Frances. Rien du tout. Alors, tu devrais t'y mettre tout de suite.

Elle se dirigea d'un pas résolu vers la porte et, après avoir lancé un regard par-dessus son épaule, elle ajouta :

— Je reviendrai dès que j'aurai pris ma première tasse de thé. Alors, mettez-vous-y, les filles.

Ce n'est que lorsque le bruit de ses pas eut disparu que Frances prit la parole :

— Courage, Madeleine, aide-moi. Nous n'allons pas lui faire plaisir, non ? Cette sale vache adore faire en sorte que les filles commencent la journée sans rien dans le ventre. Faisons de notre mieux pour que cela ne nous arrive pas.

À mon grand soulagement, son sourire espiègle compensait toute l'irritation qu'elle aurait dû éprouver à faire le double de sa corvée.

— D'abord les draps, dit-elle en lançant celui du dessous en l'air pour le laisser retomber sur le lit. Ce sont eux que nous devons mettre d'abord, tu vois ?

Elle me montra comment glisser les coins au bout du lit.

— Comme ça, tes pieds ne dépasseront pas, hein ? ajouta-t-elle tandis qu'elle poussait fermement les pans sous le matelas. Tu sais pourquoi c'est important ?

Je secouai la tête.

— Si la surveillante de nuit voit un pied, elle donne dessus un coup avec sa lampe. Alors, sauf si tu veux boiter pendant une semaine, il faut que tu veilles à ce que les draps soient bien bloqués. Le secret, c'est de les tendre à fond parce qu'il suffit d'un pli pour que cette vache nous fasse tout refaire.

Avec habileté, elle tira les draps et les couvertures, et les tendit jusqu'à ce que les deux lits soient impeccables.

— Maintenant, nous devons attendre l'inspection, dit-elle.

Nous venions à peine de nous mettre au garde-à-vous à côté de notre lit que la surveillante était de retour. Elle passa et repassa devant les rangs, laissant certaines filles partir et s'arrêtant souvent devant d'autres. Elle exprimait son mécontentement tout en arrachant les draps.

— Recommence et, cette fois, veille à ce que ton lit soit correctement fait, décrétait-elle avant de passer au suivant.

Trois filles durent refaire leur lit. Lorsqu'elles entendirent l'ordre, leurs épaules s'affaissèrent : elles savaient qu'elles n'auraient pas de petit-déjeuner.

« Je vous en prie, dites que les nôtres sont bien faits », répétais-je dans ma tête tandis que j'observais la surveillante passer d'un lit à l'autre.

J'avais faim, et l'idée de ne rien manger avant midi me donnait le vertige.

— Mmm, finit par dire la surveillante lorsqu'elle arriva à notre hauteur. Tu apprends vite, mais je suppose que tu as eu un peu d'aide. Peut-être que demain je ferais mieux de rester là afin de m'assurer que tu fais tout toi-même, ajouta-t-elle avec un petit sourire narquois. Maintenant, allez faire votre toilette et vous habiller. Filez !

Nous n'eûmes pas besoin de nous le faire dire deux fois pour nous précipiter dans la salle de bains, nous laver le visage et nous brosser les dents avec l'horrible pâte rose avant de revenir en courant vers notre casier pour enfiler nos vêtements.

C'étaient mes cheveux qui me posaient le plus de difficultés. Ils étaient encore longs, et on m'avait dit qu'il fallait que je les noue pour l'école. En voyant mes efforts inutiles, Frances s'empara de la brosse et la passa dans mes boucles avant de m'attacher les mèches en queue de cheval.

— Parfait, Madeleine, dit-elle.

Mais son grand sourire n'effaçait pas l'image du bureau de Colin Tilbrook et de ce qui s'y était passé. La chaleur me brûlait les joues lorsque le souvenir m'en traversa l'esprit. Si Frances se demanda la raison de mon brusque désarroi, elle ne fit aucun commentaire.

— Pas le temps de faire des nattes, dit-elle. Espérons juste que personne ne décide que c'est ce que tu dois porter. Viens ! Tu manqueras souvent le petit-déjeuner, mais pas pour ton premier jour d'école, ma cocotte.

Elle me serra la main et m'entraîna avec elle dans l'escalier qui descendait avant que nous en empruntions un autre montant vers une pièce qui faisait penser à une église, un grand hall meublé de tables et de bancs en bois.

C'était mon premier vrai matin.

Avant cela, j'avais pris mes repas à Haut-de-la-Garenne avec les autres enfants qui n'allaient pas encore à l'école dans une pièce beaucoup plus petite. En entrant dans le réfectoire occupé par d'innombrables garçons et filles de tous les âges, je fus frappée par le silence étouffant. Personne ne parlait. Les élèves faisaient la queue sans mot dire pour aller chercher leur plateau, revenaient avec leur nourriture vers les tables et, les yeux baissés, avalaient leur petit-déjeuner. Pas de bavardages pendant les repas, m'avait-on dit, mais c'était la première fois que j'en faisais l'expérience.

Cette fois, contrairement aux autres jours où j'avais regretté les œufs pochés que nous mangions à la crèche, j'engloutis les céréales grumeleuses et les toasts froids. De savoir que j'avais failli ne pas pouvoir les manger me les rendait plus appétissants. J'avais à peine avalé ma dernière bouchée que la cloche sonnait, annonçant qu'il était l'heure de gagner le grand hall pour partir dans nos écoles respectives.

Une surveillante que je n'avais pas encore vue accompagnait les plus jeunes. Contrairement aux autres, elle paraissait plus douce. Les années ont effacé son nom, mais je me souviens qu'elle me demanda le mien, se présenta, sourit chaleureusement et me dit que j'allais aimer l'école. Apparemment, elle était chargée des plus jeunes enfants.

— Je reviens de congés, expliqua-t-elle. C'est pourquoi nous ne nous sommes pas encore vues.

C'était la première personne de l'établissement qui avait l'air gentille, et je me pris à espérer qu'elle serait celle qui inspecterait nos lits. J'étais sûre qu'elle comprendrait que j'avais de trop petites mains pour faire le mien toute seule.

— Bien, Madeleine, dit-elle tandis que nous marchions vers l'école. Je sais que tu es la seule qui commence aujourd'hui, mais il y a les jumelles qui n'ont qu'une année de plus que toi.

Elle appela deux petites filles.

— Mandy et Ann, dit-elle, voici Madeleine, et je veux que vous vous occupiez d'elle pendant les récréations. Vous vous souvenez de votre premier jour, n'est-ce pas ? Je suis sûre que Madeleine se fera rapidement des amis, mais j'espère que vous ferez ça pour moi, hein ?

— Oui, mademoiselle, pépièrent-elles.

Deux paires d'yeux bruns dans un visage rond taché de son me regardèrent, et deux bouches en bouton de rose m'adressèrent un sourire. Je me demandai pourquoi je ne les avais pas croisées plus tôt.

Par la suite, j'appris qu'elles avaient été choisies pour être adoptées et que, dès que les formalités seraient achevées, elles quitteraient Haut-de-la-Garenne. En attendant d'aller dans leur nouvelle maison, elles avaient été maintenues dans la section des plus jeunes enfants.

— Bien, comme ça tu ne seras pas seule à la récréation, Madeleine.

Je me souvins que Mme Peacock m'avait dit que c'était à l'école que je me ferais de nouveaux amis.

Lorsque nous arrivâmes dans le grand bâtiment gris, on me confia à un enseignant qui paraissait plus soucieux d'accueillir les parents que de s'occuper de moi. Tout autour, il y avait des jeunes mères bien vêtues et des petits enfants qui ne lâchaient pas leur main.

Des petits visages levés pour recevoir une nuée de baisers, des « Passe une bonne journée, chéri ! » et des doux signes de la main. Un dernier mot aux professeurs et l'assurance que les mères seraient au portail pour retrouver leurs enfants dès la dernière sonnerie, voilà ce dont je me souviens pendant que je demeurais là. Seule.

Lorsque les parents partirent, certains essuyant une larme, la maîtresse nous fit entrer dans la salle de classe, une pièce claire et spacieuse, dont les murs étaient ornés de bonshommes bâtons qui portaient des vêtements de couleurs vives. J'ai oublié ce que nous fîmes ce premier matin, mais je me souviens parfaitement du garçon au nez retroussé à côté duquel je dus m'asseoir.

— Maîtresse, s'il te plaît, dit-il. Je ne veux pas m'asseoir à côté d'elle. Ma maman m'a dit de ne pas m'approcher des vilains enfants.

La maîtresse le regarda par-dessus ses lunettes.

— Eh bien, Alan, dit-elle, il n'y a pas d'autre place, et Madeleine n'est pas vilaine. Elle n'a pas autant de chance que toi, c'est tout. Ne dis pas de bêtises ! Le jour de la rentrée, en plus !

Je perçus des rires étouffés, je sentis les regards se tourner vers moi et, les joues en feu, j'examinai le dessus de mon pupitre en me demandant tristement si elle aurait été aussi ferme s'il y avait eu un autre siège libre.

Lorsque vint la récréation, je regardai les autres enfants jouer. On m'avait dit que c'était à l'école que les grandes filles se faisaient des amis, mais aucune petite fille ne vint vers moi. Où étaient Mandy et Ann ? Je découvris plus tard qu'elles avaient été consignées en classe : quelqu'un avait jeté une boule de papier.

— C'est toujours nous qu'on punit, me dirent-elles.

En fait, comme je devais l'apprendre, c'était toujours la faute de ceux qui venaient de Haut-de-la-Garenne.

— Vilaine fille ! Tu es une vilaine fille ! hurlaient mes camarades pendant les récréations.

J'observai Alan et ses amis. Il paraissait plus grand que les autres enfants. Vêtu d'un pantalon court gris et d'un blazer bleu sur une chemise blanche amidonnée, il sifflait devant moi :

— Vilaine fille, vilaine fille.

Moi, je baissai les yeux vers le sol.

Mme Peacock avait eu tort : l'école n'était pas l'endroit où les grandes filles se font des amis.

10

2008

J'étais dans une pièce entièrement vide, sans aucun meuble. Contre les murs de verre, les branches tordues d'un arbre nu tapotaient leur message codé : « Sors de là, Madeleine ! » disaient-elles. Mais où était la porte ? Il fallait que je la trouve. Il fallait que je m'échappe. Je sentais la présence du mal, d'une force invisible à l'intérieur de moi.

J'appuyai les mains sur le verre glacé, et c'est alors que je vis, là sous l'arbre, en bas, des gens se regrouper. Des visages levés, des volutes de vapeur qui trahissaient le souffle des bouches en train de parler.

Je n'entendais pas les mots, mais je sentais les vagues de fureur dirigées contre moi. « Bouge, me dis-je. Bouge où ils ne pourront te voir. » Mais un brouillard froid et humide semblait envelopper mes membres et me figer sur place.

En apercevant ma petite silhouette, un homme leva le poing et se mit à l'agiter. Comme si c'était le signal que tout le monde attendait, la foule d'hommes, de femmes et d'enfants se précipita en avant, les poings levés en signe de haine. Le bruit de la respiration derrière moi me fit frissonner de terreur. Quelqu'un avait réussi à entrer. Il était trop tard.

Je me retournai lentement et je me mis à pleurer.

Un museau humide vint se nicher contre moi. C'était Joey, l'un des labradors de Mme Peacock. Quand ma main se tendit pour le caresser, il se transforma devant mes yeux emplis de terreur : mon vieil ami aux yeux chaleureux et attendrissants céda la place à une créature démoniaque aux lèvres retroussées sur des dents jaunes et qui débordaient d'écume ; il avait les poils dressés, la gorge pleine d'un rugissement sourd, les yeux teintés de rouge et, entre ses jambes, pendait une énorme chose rouge.

Seigneur, il allait m'attaquer avec ça !

— Non, non, non, me mis-je à gémir en reculant contre la vitre.

Dehors, je vis que les gens grimpaient aux arbres sans quitter du regard la fenêtre. Folle de terreur, je compris d'emblée que, dès qu'ils atteindraient la fenêtre, ils en briseraient le verre pour pénétrer dans la pièce où je me trouvais. Je tournai la tête dans tous les sens pour trouver une issue, mais je n'avais aucun endroit où me cacher. Puis, lorsque je perçus le bruit de verre qui se brisait, Joey bondit.

Je hurlais, mes bras battaient l'air, mes pieds donnaient des coups quand une douleur intolérable me traversa.

— Maman, que se passe-t-il ?

Une main douce se posa sur mon épaule.

— Réveille-toi, maman. Ce n'est qu'un cauchemar.

J'ouvris les yeux. Mes deux enfants étaient là, l'inquiétude masquant leur visage. On me donna une boisson chaude, on lissa mes draps et on tapota mes oreillers.

— Ce n'était qu'un rêve, maman, dit ma fille.

C'était faux : ce n'était pas « un » rêve, mais celui que je croyais avoir oublié.

Celui que je faisais quand j'avais cinq ans.

Le souvenir de cette première fois déferla en moi. La petite fille de cinq ans, la gorge serrée par la terreur, qui s'agrippait à ses couvertures, les yeux levés vers le regard glacial de la surveillante. La petite fille de cinq ans n'avait pas été réveillée par des mains douces, et personne ne lui avait donné une boisson chaude avant de la border dans son lit. L'adulte en moi avait envie de pleurer pour cette petite fille.

— Tu te prends pour qui, Madeleine, de déranger tout le monde ? demanda une voix de femme.

Encore pleine de mes terreurs nocturnes, je me réveillai en tremblant et je clignai des yeux vers la lumière éblouissante de la torche blanche. C'était la surveillante qui la tenait, et la douleur que j'avais éprouvée dans mon pied était le coup de torche qu'elle avait donné à la fillette de cinq ans.

— Lève-toi, Madeleine, ordonna-t-elle. Tu sais ce qui attend les enfants qui dérangent tout le monde.

Je descendis d'un pas tremblant de mon lit. Je savais parfaitement quelle était la punition lorsqu'on faisait du bruit après l'extinction des lumières : il fallait rester debout dans le couloir tant que la surveillante ne nous disait pas d'aller nous coucher.

Je sentis l'humidité de ma chemise de nuit au moment même où la surveillante aperçut la tache.

— Regarde-moi ce que tu as fait, petite cochonne. Tu t'es mouillée. Bon, tu devras laver tes draps demain matin. Je ne vais pas en chercher des propres maintenant. Et tu devras garder cette chemise puante sur toi aussi. Allez, file. Reste dans le couloir jusqu'à ce que je te dise de retourner au lit.

Elle me prit le bras, juste à l'endroit le plus sensible au-dessus de mon coude, et ses doigts pressèrent jusqu'à me pincer tout en me tirant hors du dortoir dans le couloir à peine éclairé.

— Tu restes là jusqu'à ce que je revienne te chercher. Tu n'as pas besoin de t'asseoir sur le sol ou de t'appuyer sur le mur. Tu as compris, Madeleine ?

— Oui, mademoiselle, murmurai-je.

Le couloir était sombre. La faible lumière qui provenait de la salle du personnel projetait des ombres qui, dans mon esprit stupéfait, se transformèrent en monstres qui rampaient vers moi. La douleur martelant mon pied, je restai là, à frissonner dans ma chemise de nuit humide qui collait à mon corps. Je laissai aller ma tête, mes yeux se clore… Puis, dans un sursaut, je me réveillai. Au moment où je pensais que je ne pourrais pas en supporter davantage, que je ne pouvais pas m'empêcher de me laisser glisser à terre, elle revint.

— Bien, Madeleine. Tu peux retourner te coucher dans ton lit répugnant maintenant.

Je me glissai dans le dortoir, me recroquevillai pour m'éloigner de la tache humide. Il me semblait que je venais à peine de me rendormir lorsqu'on me secoua. Cette fois, lorsque j'ouvris les yeux, au lieu du visage de la surveillante, je vis celui de Frances.

— Viens, Madeleine, dit-elle doucement. Nous allons te laver et nettoyer tes draps. Cette saleté m'a dit que, puisque je t'avais aidée la première fois, je pouvais recommencer.

Les larmes jaillirent de mes yeux. C'était la gentillesse qui perçait sous son ton un peu bourru qui me donnait envie de pleurer. Elle m'essuya le visage.

— Ne pleure pas, Madeleine, nous n'avons pas le temps. Tu vas devoir te montrer courageuse un peu plus longtemps.

Dehors, la lune avait perdu de sa lumière pour devenir un croissant jaune citron clair tandis que les filets de rouge s'installaient dans le ciel encore noir.

Dans la faible lueur de l'heure qui sépare la nuit de l'aurore, nous nous rendîmes à tâtons dans la buanderie. Là, nous frottâmes les draps à la main et les suspendîmes sur le sèche-linge en bois que Frances fit descendre du plafond par la poulie.

— Lève les bras, me dit-elle après avoir remonté le fil à linge.

Elle m'aida à retirer ma chemise de nuit par-dessus la tête, et je demeurai là, docile, pendant qu'elle m'aidait à enfiler une chemise de nuit propre et me coiffait les cheveux. Puis, elle mit son bras autour de moi et me donna une petite pression.

— Pourquoi es-tu là ? me demanda-t-elle. J'ai vu

que tu avais de la visite. N'y a-t-il personne dehors qui pourrait te prendre ?

— C'est ma maman, dis-je. J'attends juste qu'elle nous trouve une maison.

— C'est bien. Je suis sûre qu'elle en trouvera une.

11

Une semaine plus tard, la bonne conduite dont j'avais fait preuve jusqu'alors à l'école disparut. C'était juste après le lundi où je faillis manquer le dîner. Alors que j'étais assise dans la salle commune, un garçon entra.

— Madeleine, dit-il sans aucun effort pour baisser la voix, monsieur Tilbrook veut te voir dans son bureau.

Je sentis que tout le monde me regardait. Le visage brûlant de honte, je compris qu'ils savaient. Ils étaient au courant de cette horrible chose qu'il avait dans son pantalon. Ils savaient tous ce qu'il me faisait faire avec.

Mes doigts serrèrent les bords de ma chaise. Je ne voulais pas y aller.

— Dépêche-toi, Madeleine, dit une voix d'adulte.

Je n'avais pas besoin de lever les yeux pour savoir de qui il s'agissait : la surveillante qui souriait d'un air narquois chaque fois que l'on m'envoyait chercher. Je relâchai ma prise. Je savais que je n'avais pas le choix. Je me levai et suivis le garçon jusqu'au bureau de M. Tilbrook.

Un sourire concupiscent, une brève caresse sur mon bras, sa main qui s'empare de mes doigts, un « Bonne petite fille » soufflé d'une voix rauque, et Colin Tilbrook était prêt pour moi.

C'est peut-être à cause de ce que M. Tilbrook m'avait dit que je décidai que je ne voulais plus être une bonne petite fille. Peut-être était-ce parce que j'étais si lasse. Peut-être était-ce parce que mes cauchemars ne survenaient pas uniquement pendant mon sommeil.

Quoi qu'il en soit, ce moment marqua le début de ma période de rébellion contre ma maîtresse. À l'école, j'avais du mal à garder les yeux ouverts.

— Madeleine, sois attentive ! ne cessait de répéter la maîtresse, une note d'exaspération teintant sa voix.

Lorsqu'elle demanda à la classe de réciter une comptine, une que j'avais souvent entendue, je fus la seule qui fut incapable de la dire correctement.

— Oh ! Madeleine, tu l'as entendue tellement de fois, dit-elle. Je ne crois pas que tu fasses assez d'efforts aujourd'hui. Alors, dit-elle gaiement, quelqu'un peut me rappeler l'histoire que je vous ai lue hier ?

Alan fut le premier à lever la main, aussitôt suivi par le reste de la classe. Moi, je restai seule, la main sur mes genoux.

— C'était l'histoire de Jack et Jill, mademoiselle.

— En effet, Alan. C'est très bien.

Alan sourit, sans doute davantage devant mon malaise que pour ses louanges, je le savais.

On nous montra des images. « A » pour « abricot »,

mais la lettre était floue, de même que la suivante : « B » pour « banane ».

— « D » ? dis-je avec un soupçon d'espoir lorsque la maîtresse posa la question, et je vis un soupir s'échapper de sa bouche.

— Madeleine, il s'agit de la lettre qui vient après le « A ».

L'arithmétique n'était pas meilleure.

— Deux fois deux, Madeleine ?

Tout ce que je voyais dans ma tête était un fatras de chiffres.

— Idiote, siffla Alan.

Les larmes jaillirent de mes yeux.

C'est au moment de la récréation que la colère fit soudain place à la terreur.

— Espèce d'idiote, chantonnait la petite brute avec son groupe d'admirateurs autour de moi.

Je ne pus empêcher mes mains de se laisser aller et de lui pincer l'épaule. Il se baissa et hurla, davantage parce qu'il était furieux que pour la douleur, et ses hurlements attirèrent l'attention de la maîtresse.

— Madeleine, c'était vraiment méchant, dit-elle.

Je devins l'enfant méchant, et on me mit sur la chaise du méchant pour le montrer.

Le lendemain matin, j'entendis la mère d'Alan qui parlait avec une autre maîtresse pendant la récréation. Elle avait l'air beaucoup plus sévère que celle qui s'occupait de notre classe.

— Il n'est tout simplement pas normal que nos enfants soient obligés de côtoyer ces enfants-là, disait-elle en montrant notre petit groupe.

— Je suis d'accord avec vous, mais nous n'avons pas le choix. C'est la seule école à proximité de l'orphelinat. Je leur ai dit de laisser les autres enfants tranquilles. Ils peuvent jouer ensemble pendant la récréation.

— Oui, oui, j'ai dit à mon fils de rester loin d'elle après ce qui s'est passé hier. Mais, euh..., s'ils sont là-bas, c'est pour une raison, non ? Je veux dire, cette gamine qui a attaqué mon fils, ajouta-t-elle en faisant un signe dans ma direction. Elle a l'air si gentille, non ? Une véritable image !

— Oui, mais quel caractère ! J'ai cru qu'elle allait me frapper lorsque je les ai séparés. Aucune provocation, en outre. Non, elle pose vraiment des problèmes. J'ai dit à sa maîtresse qu'il fallait la surveiller.

— Je suis rassurée que vous ayez été là. Cette maîtresse qui s'occupe de leur classe me paraît plutôt laxiste.

Elles durent sentir que je les regardais parce qu'elles cessèrent de parler et se mirent à me dévisager. Ce que je décelai dans leurs yeux me donna envie de disparaître et de me recroqueviller, mais je me repris et les fixai du regard à mon tour.

— Elle n'a aucune pudeur, dit la mère.

Elles avaient tort.

Ce fut ce jour-là que je commençai à penser que la seule raison qui expliquait mon placement à Haut-de-la-Garenne était que j'avais fait quelque chose de mal. Le seul problème était simplement que je ne savais pas quoi.

12

Chaque jour, à la sortie de l'école, c'était la gentille surveillante qui venait nous chercher. Le meilleur moment de ma journée était lorsque nous marchions jusqu'au foyer tout en bavardant. Si l'école m'ennuyait, voire m'attristait, c'était pire à Haut-de-la-Garenne.

J'avais été habituée à disposer d'un grand jardin où jouer, avec de gentilles nounous qui nous essuyaient doucement les mains avant l'heure du dîner, des bains chauds et des histoires avant le coucher, avant que l'on éteigne les lampes et, de ce fait, je trouvais le régime de l'orphelinat particulièrement oppressant.

C'était un régime que Colin Tilbrook dirigeait avec une précision militaire que lui et les surveillants appliquaient à force de réprimandes et de brimades. Nous n'osions pas leur désobéir, ou oublier les sonneries, même si nous en avions envie. La peur déferlait en nous au moment précis où nous franchissions les portes. Pire, au-delà de la peur, c'est l'apathie qui faisait que nous acceptions le comportement de ceux qui nous dirigeaient. Il suffisait de quelques jours pour que la plupart des plus jeunes deviennent pétrifiés de timidité, comme de petites créatures sans cesse sur le qui-vive qui savaient que, à tout moment, quelqu'un pouvait leur faire du mal. Malgré céla, il y avait aussi quelque chose en moi qui refusait de renoncer. J'arrachais des instants de bonheur chaque fois que je le pouvais et je ne cessais de rêver de quitter cet endroit.

Au foyer, la routine ne variait jamais.

À notre retour de l'école, nous suspendions notre manteau, nous rangions notre sac dans notre casier et nous étions libres de jouer. Très vite, à cinq heures, la sonnerie retentissait pour nous convoquer pour le dîner dans le réfectoire. Un repas peu appétissant, mais le seul depuis le petit-déjeuner, et nous n'en laissions pas une miette. Une fois que nous avions débarrassé les tables et obtenu l'autorisation de quitter le réfectoire, nous retournions dans la salle commune.

Là, nous avions le droit de nous divertir à notre guise pendant moins d'une heure et, à dix-huit heures, les surveillantes qui avaient envie de terminer leur journée de travail nous emmenaient tambour battant, du moins pour les plus jeunes d'entre nous, jusqu'à la salle de bains. Appuyées contre le mur, elles nous observaient pendant que nous nous brossions les dents, nous nous lavions les mains et le visage, et enfilions nos vêtements de nuit. Dès que nous étions prêtes, elles nous conduisaient au dortoir et nous ordonnaient de grimper dans notre lit. Les lumières s'éteignaient à dix-huit heures trente tapantes, sauf pour une petite lampe qui restait éclairée dans le couloir.

Les enfants plus âgés, qui avaient à faire leurs

devoirs, restaient à l'étude et, souvent, lorsqu'ils venaient se coucher, nous étions déjà endormis.

— Pas de bavardages ! aboyaient les surveillantes au visage sévère. Vous savez ce qui vous attend si nous devons venir, n'est-ce pas ? Dérangez-nous une seule fois et vous vous retrouverez debout dans ce couloir pendant si longtemps que vous en viendrez à souhaiter vous être endormies.

Face à cette menace, nous restions raides dans notre lit, le drap remonté jusque sur la poitrine. Bien sûr, puisque nous n'avions pas sommeil, nous avions du mal à ne pas résister à la tentation de chuchoter, mais, chaque fois que cela arrivait, la coupable était prise sur le fait. Ces surveillantes devaient se faufiler le long des couloirs, regarder dans un miroir le dortoir ou posséder une perception extrasensorielle, car elles apparaissaient brusquement en affirmant qu'elles nous avaient entendues parler.

Quand je me mettais au lit, le chagrin m'engloutissait, et mon pouce se dirigeait automatiquement vers ma bouche. On m'avait dit que seuls les bébés suçaient leur pouce, mais j'avais besoin de réconfort. Tous les soirs, je me recroquevillais le plus possible et retenais mon souffle, l'oreille aux aguets. Lorsque j'entendais les pas de la surveillante de nuit, je priais pour que rien n'attire son attention sur moi.

J'essayais de rester éveillée, mais je ne pouvais m'empêcher de m'inquiéter. Si, en dormant, je sortais les pieds du drap ? J'éprouverais à nouveau cette terrible douleur. Si, en faisant un nouveau cauchemar, je me mettais encore à crier dans mon sommeil ? Je devrais rester debout sur ce palier sombre et glacé. Si mes rêves me tourmentaient au point que je mouillais encore mon lit ?

Non, je ne pourrais pas le supporter.

L'air autour de moi bruissait de sons. Le souffle profond de celles qui avaient la chance de dormir paisiblement et les petits gémissements de celles qui ne l'avaient pas.

Il y avait d'autres sons que, à l'époque, je ne déchiffrais pas : des pas qui entraient sur la pointe des pieds dans le dortoir, un cri surpris de protestation, une voix, plus profonde que celle des surveillantes, qui prononçait des mots indistincts. Le ton était menaçant et les cris étaient teintés de détresse. Lorsque je les entendais, je glissais ma tête sous la couverture. Je ne voulais pas voir l'ombre effrayante qui, un oreiller à la main, passait devant mon lit. Je savais qui c'était, mais pas encore ce qu'elle voulait.

Allongée dans l'obscurité, j'essayais d'imaginer quelque chose de gai, une image dans laquelle je pourrais me perdre pour tout oublier. N'importe quoi qui me transporterait loin de cet affreux endroit. Je fermais les yeux le plus fort que je pouvais et je remontais le temps jusqu'aux jours où le soleil brillait, où les enfants riaient et où j'étais heureuse.

Derrière mes paupières, je distinguais des visages souriants..., des visages qui, comme de vieilles photographies qui se fanent, devenaient de plus en plus flous au fil des semaines et de mes souvenirs. Il y en avait un, cependant, que je refusais de perdre, et je le faisais flotter dans ma tête jusqu'à ce que j'aie presque l'impression d'y être.

C'était mon grand jour. J'avais été choisie pour offrir un bouquet de fleurs à une dame importante. Je ne me souviens pas de qui, mais je me rappelle parfaitement que c'était pour un spectacle qui avait lieu à l'opéra. Le plus important pour moi, c'est que j'avais des vêtements neufs, une robe rose et des souliers assortis. Toute la matinée, au bord de la nausée tant j'étais enchantée, je m'étais entraînée encore et encore à faire ma révérence.

— Tu marcheras à côté de moi, Madeleine, m'avait dit Mme Peacock. Puis, tu continueras toute seule pendant quelques pas avant de plier les genoux pour faire ta révérence et, lorsque tu te redresseras, c'est là que tu remettras les fleurs à la dame.

Ce jour-là, je laissai mes amis en train de jouer et m'apprêtai. D'abord, le bain, puis, enveloppée dans une épaisse serviette éponge sur les genoux de Mme Peacock, on me sécha les cheveux et on les brossa. J'étais si heureuse de m'appuyer contre elle et de sentir ses bras autour de moi ! Je voulais juste me nicher dans ses bras, humer son odeur familière de savon et de poudre de riz, et écouter sa voix. J'aurais aimé, comme je l'avais fait si souvent, qu'elle soit ma mère et que je puisse vivre avec elle et ses gros chiens si gentils.

Dans ces rêves éveillés, je jouais toujours avec mes amis à la crèche, je sentais le museau humide des chiens, mais, le soir, je rentrais dans une vraie maison, avec ma chambre et mes jouets à moi seule. Et, dans la maison de Mme Peacock, son temps n'appartenait qu'à moi.

— Allons, ne t'endors pas ! avait-elle dit en riant et en me reposant à terre. Il est temps d'enfiler cette adorable nouvelle robe, Madeleine.

Elle m'aida à mettre mes sous-vêtements. Je sentis la robe rose couler sur mes épaules et les doigts de Mme Peacock la boutonner.

En tortillant les orteils, j'enfilai aussi de nouvelles chaussettes, des souliers à boucle et, après avoir un peu tiré sur mon ourlet, lissé mon col, elle parut satisfaite.

— Tu es si jolie, non ? dit-elle tandis que, d'une main sur mon épaule, elle me poussa vers le miroir.

Je scrutai le reflet d'une petite fille fluette, aux yeux bleus et aux cheveux blond vénitien, au nez criblé de taches de rousseur. Je souris. Elle avait raison : j'avais l'air d'être jolie.

— Contente ? demanda-t-elle.

Je murmurais un oui.

L'image suivante de cette journée est celle où je suis sur la scène. J'avance aux côtés de Mme Peacock, elle me lâche la main et je parcours les derniers pas seule, les doigts serrés autour du bouquet, et les mots « plier les genoux pour faire ta révérence et, lorsque tu te redresseras, c'est là que tu remettras les fleurs à la dame » résonnent inlassablement dans ma tête.

Lorsqu'elle se pencha pour prendre les fleurs dans sa main gantée, la dame m'adressa un grand sourire et posa un baiser sur ma joue.

— Merci, Madeleine, dit-elle comme si ma présence devant elle était une énorme surprise.

Le meilleur, c'est qu'elle connaissait mon prénom ! Chaque fois que j'invoquais ces images, la nostalgie de la crèche se faisait plus prégnante mais, au fil des semaines, d'autres sentiments se manifestèrent. Le ressentiment pour ceux qui détenaient le pouvoir, le chagrin pour ce que j'avais perdu et une immense sensation de médiocrité.

Je ne comprenais pas pourquoi les enfants devaient quitter la crèche à cinq ans, pas plus que je ne savais que ma mère ne voulait pas qu'on m'adopte. À cette époque, je commençais à croire que personne ne voulait de moi.

13

2008

J'avais dit à la police que je n'allais pas seulement parler des Jordan. Il y avait autre chose, beaucoup d'autres choses.

Avec leurs questions, ils avaient ouvert la boîte où n'importe quel thérapeute conseille à ses patients abîmés de ranger ses mauvais souvenirs. Celle qui, dans le placard de leur esprit, reste enfermée à clef dans un coin. Dans la mienne, les fantômes de l'enfance assassinée s'étaient assoupis pendant près de quarante ans.

J'avais vingt ans lorsque je refermai le couvercle sur les visions de souffrance pour ne plus jamais les regarder, une décision que je pris lorsque je commençai ma nouvelle vie – une vie dans laquelle mon passé avait été effacé. À présent, elles venaient labourer mon esprit, s'insinuaient dans mes rêves, rampaient dans mon subconscient et hantaient jusqu'à mes heures de veille. C'était comme si toutes ces années passées à me forger un nouveau moi, toutes ces années de silence n'avaient servi à rien.

Ainsi, par étapes, je racontai mon histoire à mon fils. Il la consigna et la fit parvenir à la police qui m'envoya chercher, mit son magnétophone en marche et lança ses questions orientées. Je veillais à leur dire que c'était toute l'histoire que je voulais raconter, pas seulement un fragment.

Ils avaient l'intention, croyais-je, de faire revenir deux personnes d'Écosse pour les punir de leurs crimes. Deux personnes qui étaient le mal incarné. Mais la police n'allait-elle pas aussi enquêter au sujet des autres ? Bien sûr, certains étaient morts, mais quelle différence cela pouvait-il faire ? Moi et les autres, nous voulions que leur nom soit exposé, et leur mémoire, humiliée.

Nous commençâmes à demander :

— Et ceux qui venaient de Jersey ? Leur nom doit-il rester sans tache ? Leurs actes doivent-ils être dissimulés afin que l'île conserve son image de paradis de millionnaires ?

Non. Ce serait toute l'histoire ou rien.

Une autre déposition : le même policier, une autre femme.

— Bien, Madeleine, vous nous avez confié qu'en juillet 1966, vous avez découvert un garçon pendu à un arbre. Qu'il s'agissait d'un suicide. Et que vous saviez pourquoi il s'était donné la mort. Est-ce exact ?

— Oui, je me souviens très clairement d'avoir vu son corps se balancer à cet arbre.

— Et, à l'âge de six ans, vous saviez pourquoi il avait fait cela ?

— Non, pas à ce moment-là. Plus tard, si.

— D'accord, nous reviendrons sur ce qui vous a persuadée que c'était un suicide et pas seulement une farce de gamins qui a mal tourné. D'abord, je voudrais vous poser encore quelques questions. J'ai beaucoup de difficultés à croire cette partie de votre déposition. Oh ! je ne veux pas dire que vous nous avez délibérément fourni de fausses informations. Je pense que vous êtes convaincue que vous nous dites la vérité, mais, en toute honnêteté, ce n'est pas notre cas. Je veux dire, c'était… Quoi ? Il y a quarante et un ans ? Alors que vous n'aviez que six ans ?

Il s'empara de ses notes, y jeta un regard et les replaça soigneusement sur son bureau avant de continuer.

— En fait, ce qui me préoccupe à propos de la validité de cette déposition en particulier est que, d'après ce que nous savons, vous ne saviez ni lire ni écrire. Alors, vous n'avez pas pu consigner ces événements dans un petit journal intime, n'est-ce pas ?

Je fixai ses yeux gris et durs, et fis de mon mieux pour ne pas leur laisser voir ma colère.

— Non, mais une chose aussi choquante s'imprime dans votre esprit, non ? Je n'avais jamais vu un mort auparavant.

— Oui, je comprends ça, mais, Madeleine, soyons francs. Il y a d'autres éléments à prendre en compte, par exemple que votre mémoire pourrait ne pas être aussi fiable que vous ne le pensez.

— Ce n'est pas une chose que je pourrais oublier, dis-je avant qu'il ait le temps d'évoquer les autres éléments. Le nombre d'années qui s'est écoulé ne fait aucune différence. Après tout, ce sont mes amies et moi qui l'avons découvert.

— Vous dites que c'était en juillet 1966. Le trente pour être exact, dit-il en me lançant un autre de ses regards pénétrants. Vous êtes si sûre de la date que je trouve ça stupéfiant, pour dire le moins. Vous n'étiez pas encore capable de lire l'heure, et encore moins un calendrier. C'est la vérité, n'est-ce pas ? continua-t-il en se rencognant dans son siège.

Je souris, sachant qu'il pensait qu'il avait marqué assez de points pour discréditer mon témoignage. Alors, je ne dis rien et j'attendis la question suivante, celle qui allait venir à coup sûr.

— Dans ce cas, Madeleine, dites-nous ce qui vous rend si sûre non seulement de l'année, mais du mois et du jour ?

— C'est l'année où l'Angleterre a remporté la Coupe du monde, dis-je sans pouvoir réprimer un certain triomphe dans ma voix. C'est pour cela que je sais quand ça s'est passé. J'ai vérifié bien plus tard afin de mettre une date précise sur ce jour-là.

Je regardai le policier, qui baissa les yeux pour réfléchir à un nouvel angle d'attaque.

— Vous vous souvenez de la Coupe du monde ? s'étonna-t-il avec un sourire narquois. Vous suiviez les matches de foot ? À l'époque ?

— Non, ce qui m'intéressait, c'est que, pour une fois, les surveillants ne s'occupaient pas de nous.

— D'accord. Bien, revenons à la manière dont vous l'avez découvert. Je croyais que vous étiez toujours sous étroite surveillance dans cet endroit, que vous n'aviez pas vraiment de liberté. C'est du moins ce que vous m'avez expliqué.

— Comme je viens de le dire, les surveillants ne s'occupaient pas de nous. C'était la finale et, avec les garçons les plus âgés, ils étaient collés à la télévision. Notre petit groupe alla voir ce qui les intéressait tant, et on nous dit de filer. Ils ont dit que nous étions trop jeunes et que de toute façon il n'y avait pas de place pour nous. C'est ce qui explique que nous nous sommes retrouvées libres d'aller jouer dans le parc, expliquai-je avec un sentiment croissant d'irritation tandis que mon esprit remontait à travers les dizaines d'années jusqu'à ce jour-là.

L'une des filles avait trouvé une corde à sauter et, grisées par cette liberté inattendue, nous l'empruntâmes et nous précipitâmes à l'extérieur en riant. Deux camarades faisaient tourner la corde pendant que moi je commençais à sauter par-dessus.

— Vous savez, ajoutai-je en levant les yeux vers le policier, ce qui était vraiment triste, c'est que, pour une fois, nous n'étions que des petites filles en train de jouer, sans aucune autre pensée que de profiter de notre liberté.

Brusquement, tout fut bouleversé. Sarah, qui venait d'arriver à Haut-de-la-Garenne, laissa soudain échapper un cri perçant.

Je fus de retour sur le terre-plein, avec ce frisson de peur, les yeux tournés dans la direction qu'elle indiquait.

— Qu'est-ce qu'il y a ? demandâmes-nous en regardant vers l'extrémité du champ.

— Il y a quelque chose qui est pendu dans cet arbre. C'est quoi ?

Le soleil me fit plisser les yeux.

— C'est un garçon, répondis-je.

— Qu'est-ce qu'il fait ?

Nous échangeâmes toutes trois un regard, et je sentis les poils de mes bras se dresser pendant que nous approchions lentement de l'arbre.

— Quand nous sommes arrivées au pied de l'arbre, expliquai-je au policier, nous sommes restées figées à contempler cette chose qu'on allait nous dire par la suite qu'elle n'avait jamais été là. Êtes-vous capable d'imaginer à quel point nous étions terrifiées, toutes les trois ?

Il choisit de ne pas répondre à ma question pendant que mon esprit rejouait la scène.

Avant d'arriver sous l'arbre, nous avions essayé de nous persuader que ce n'était qu'un jeu, un garçon qui s'amusait à nous faire peur. Ils ne cessaient de faire des farces aux plus jeunes, après tout. Mais là, juste en dessous de lui, nous comprîmes qu'une chose épouvantable venait de se produire. Sa tête était penchée sur le côté, mais c'étaient ses yeux que nous ne pouvions cesser de fixer. Ils étaient rouges, si rouges qu'on avait l'impression qu'ils débordaient de son sang.

Malgré notre jeunesse, nous avions compris qu'il n'allait pas retirer la corde de son cou, sauter sur la branche en s'écriant « Je vous ai bien eues ! » avant d'éclater d'un rire sauvage.

Tandis que je racontais l'épisode à la police, d'autres détails vinrent compléter l'image. J'avais remarqué que l'entrejambe de son pantalon était taché d'urine, et mon nez se fronça à l'odeur qui émanait de lui. En mourant, il s'était souillé. Ce garçon n'avait que dix ans.

Aujourd'hui, je réalise à quel point il devait être terrifié de sa vie au foyer pour vouloir partir de cette manière.

— Si nous avons essayé de le soulever par les jambes ? J'aimerais le croire, mais ma mémoire reste vide quant à ce qui se passa ensuite. Je n'ai aucun souvenir d'avoir quitté le champ. Simplement d'avoir été de retour dans le bâtiment en hurlant et en pleurant tout à la fois.

— Que s'est-il passé à ce moment-là ?

Je leur dis que les surveillants s'étaient arrachés à l'image en noir et blanc de l'écran pour se précipiter dehors. Quant à nous trois, on nous emmena illico dans une autre pièce avant que nous puissions raconter à qui que ce soit ce que nous avions vu. C'est l'une des surveillantes qui nous fit asseoir et se mit à nous parler. Pour une fois, elle nous adressa des mots gentils, à nous qui étions là, en larmes, devant elle.

Je me souviens qu'elle a dit qu'elle allait nous chercher à boire pour nous aider à nous calmer et qu'on nous donna un verre à moitié rempli d'un liquide foncé qu'on nous dit d'avaler d'un trait. Cela me brûla la gorge et me fit tousser, mais je sentis mon corps se détendre dès que la chaleur de la boisson atteignit mon estomac.

— Écoutez, je sais que vous avez vu quelque chose

de triste, déclara la surveillante, mais il vaut mieux ne plus en parler. Vous comprenez ?

Nous n'avions peut-être pas compris la raison, mais nous savions reconnaître un ordre lorsqu'on nous en donnait un, et nous hochâmes la tête.

— Il a bien dû se passer quelque chose par la suite ?

Cette fois, c'était la femme qui avait parlé.

— Enfin, on vous a certainement donné une explication si ce que vous dites est exact, non ?

— La seule évocation de tout l'incident dont je peux me souvenir est que nous fumes tous convoqués dans le réfectoire, répondis-je. « Un triste accident », voilà ce que dit Colin Tilbrook à propos de la mort du garçon avant de nous demander de prier. Et ce fut tout. Les adultes ne mentionnèrent plus jamais rien.

— Donc, un garçon se pend, dit le policier, et son corps est emporté. Vous savez, cela arrive chez certains enfants perturbés. Après tout, les jeunes placés à Haut-de-la-Garenne n'étaient pas toujours très équilibrés, n'est-ce pas ?

Je pris sur moi pour paraître calme et attendis qu'il développe son commentaire.

— Il aurait pu y avoir toutes sortes de raisons pour expliquer son geste, poursuivit-il. Cela aurait pu, comme je l'ai déjà dit, être une blague qui a mal tourné. Je ne vois pas comment une petite fille de six ans pourrait comprendre les motivations d'autrui.

— J'ai un autre souvenir à propos de ce garçon, intervins-je. Un souvenir très net. Il y avait un homme qui venait souvent au foyer. Un homme qui aimait les petits garçons. C'était un ami de Colin Tilbrook, et j'ai vu le garçon avec lui.

— Et quoi ? dit-il avec impatience.

— Nous savions tous, même nous, les plus jeunes, ce que les hommes qui venaient au foyer voulaient, répondis-je.

L'image de ce que j'avais vu me vint en tête. Pas floue et fanée comme les vieux clichés, mais aussi claire et précise que si elle venait d'être prise. Les yeux mi-clos, je l'observais avec soin pour décrire chaque détail exactement comme je l'avais vu ce jour-là.

L'homme se tenait de dos. Sa ceinture était défaite, et son pantalon, descendu sur ses genoux. Je voyais ses fesses pâles, flasques, qui tremblaient. Il avait posé une main contre le mur pour se retenir et, entre ses jambes écartées, j'aperçus une autre paire de jambes. Des jambes fluettes avec un pantalon court.

Je vis ensuite que l'homme serrait quelque chose de son autre main : la tête du garçon. Il faisait aller et venir cette petite tête d'avant en arrière, d'avant en arrière, de plus en plus, tout en frémissant et en grognant avant de laisser échapper un cri, non pas de douleur mais de satisfaction.

Je savais ce qu'il faisait. Cette chose qu'il avait dans son pantalon avait gonflé et était dans la bouche du garçon, elle l'étouffait, le faisait larmoyer et lui donnait la nausée. Je vis le corps de l'homme se secouer, puis il referma son pantalon et repoussa le garçon.

Il pleurait, ce garçon. Il avait le visage rouge et il le frottait avec le dos de sa manche tout en sortant en courant de la pièce.

Lorsque j'eus terminé de décrire ce que j'avais vu, le policier leva les yeux.

— Qui était cet homme, Madeleine ?

— Je l'ignore.

Voilà ce que je racontai à ces policiers et, pendant quelques secondes, la pièce demeura silencieuse.

— Comment se fait-il que vous sachiez cela, Madeleine ? demanda le policier.

Parce qu'une certaine douceur venait, pour la première fois, de se glisser dans sa voix, je compris qu'il connaissait déjà la réponse et qu'il n'avait aucune envie de l'entendre.

— Comment pouvez-vous vous souvenir de tous ces détails ?

— Parce que, dis-je, c'était ce que Colin Tilbrook me faisait faire toutes les semaines lorsqu'il m'envoyait chercher.

J'entendis mon fils qui reprenait sa respiration.

— N'aviez-vous pas peur, Madeleine ? Pourquoi ne vous êtes-vous pas enfuie de la pièce ? D'ailleurs, de quelle pièce s'agissait-il ? Je veux dire qu'il ne devait pas avoir envie qu'on le surprenne.

— Je ne m'en souviens pas, répondis-je.

En l'évoquant, l'image s'était évanouie, mais je ne parvenais à songer à rien d'autre.

Le policier s'agita pour montrer que l'entretien était terminé et, lorsqu'il se redressa de son siège, il me lança un autre regard pénétrant.

— Juste une dernière question pour aujourd'hui. En avez-vous parlé à votre mère ? Vous avez quitté le foyer peu après, mais pas pour longtemps. Par conséquent, lorsque vous êtes revenue vivre avec votre mère, ne lui avez-vous jamais parlé de ce qui se passait là-bas ?

— Non, dis-je.

Je mentais.

14

Je le lui en avais parlé. Pas au moment où j'avais quitté l'orphelinat, mais lors de l'une de ces visites que j'avais de temps en temps le droit de lui rendre.

À travers le filtre des années, je vois la petite fille de six ans que j'étais, avec des vêtements de seconde main trop grands pour sa petite taille, debout dans une pièce où une femme aux yeux cernés de fatigue semble clairement sous le choc.

Tout ce que ma mère souhaitait ce jour-là, c'était de rendre ma visite aussi exceptionnelle que possible. Le matin, elle était venue me chercher à Haut-de-la-Garenne. L'une des surveillantes m'avait dit que j'allais passer la journée avec elle et je l'attendais dans le hall. Depuis plusieurs semaines, m'avait-elle expliqué précédemment, elle vivait avec un homme qu'elle déclara être mon nouveau beau-père. Frank, un Irlandais trapu, aux mains de travailleur manuel et au sourire généreux, avait fait de son mieux pour que nous fassions connaissance, mais, à chacune de mes visites, j'étais pétrifiée par un mélange de crainte et de timidité. Il alla jusqu'à m'assurer que le meublé sordide ne demeurerait pas leur maison longtemps.

— Ta maman et moi, nous voulons trouver quelque chose de mieux, avait-il annoncé la première fois que je l'avais rencontré. Une maison avec assez de chambres pour que tu puisses venir vivre avec nous. Tu aimerais ça, non, Madeleine ?

Si j'aimerais ça ? Dormir sur le sol du meublé aurait été préférable à l'endroit où je vivais !

Mais j'avais trop souvent entendu ces promesses mirobolantes pour continuer à les croire. Sous les grands sourires de ma mère et ses fanfaronnades, je sentais le découragement. Les mots étaient faciles à prononcer, et je ne pense pas qu'ils croyaient vraiment à ce qu'ils disaient, pas plus que je ne le croyais.

Je me demandais simplement pourquoi ma mère se donnait le mal de déménager alors que chaque endroit qu'elle appelait « maison » était totalement identique à tous les autres : une pièce minable de plus, avec l'odeur écœurante des légumes bouillis, les bas morceaux de viande, la poussière et le désespoir qui s'accrochaient aux murs. Oh ! elle tentait manifestement de rendre chaque endroit plus agréable avec un coussin de couleur vive, un vase de fleurs sauvages, une gravure encadrée de blanc, mais rien ne pouvait faire oublier à quel point ces pièces étaient cafardeuses.

Celle où je leur racontai ce que je subissais à Haut-de-la-Garenne était comme toutes les autres, si ce n'est qu'elle était au rez-de-chaussée. Ils partageaient la cuisine avec les voisins de l'autre côté du vestibule, et la salle de bains, avec sa chaudière qui gargouillait et son compteur à pièces, servait à toute la maisonnée.

À l'époque, je n'avais pas conscience de la difficulté de louer un appartement convenable. Le salaire de Frank était trop faible pour qu'ils puissent s'installer dans un endroit décent, mais, comme j'ignorais tout de leurs démêlés (et que j'étais trop jeune pour les comprendre), j'étais irritée et déçue par leurs continuelles promesses vaines.

Cette visite, le jour où je racontai ce que me voulait M. Tilbrook, ce qu'il me forçait à faire dans son bureau, avait commencé comme toutes les autres, avec des sourires joyeux et la perspective d'une belle journée. Le trajet en bus passait devant la plage où je rêvais d'aller. J'aurais tant aimé qu'il s'arrête pour que nous puissions en descendre et passer, ma mère et moi, la journée au bord de l'eau. Je voulais patauger dans la mer, courir sur le sable, lancer un cerf-volant et l'entraîner derrière moi. Au contraire, je savais qu'on m'enverrait jouer sur un trottoir dur et poussiéreux dans le quartier pendant que ma mère préparerait ce qu'elle appelait notre « repas spécial ».

Chaque fois, elle cuisinait la même chose : du poulet rôti, soigneusement découpé de manière à en laisser pour Frank et elle le lendemain, des pommes de terre dans leur peau, des légumes trop cuits, le tout copieusement recouvert de sauce épaisse et foncée. Ensuite, après avoir remercié ma mère pour son excellente cuisine, Frank aidait à débarrasser, et ma mère nous servait des pêches en boîte avec de la crème anglaise. Il n'y avait peut-être pas beaucoup de diversité et je me lassais peut-être du poulet, mais, si on comparait avec la nourriture de Haut-de-la-Garenne, Frank avait raison de faire des compliments.

C'est après le repas, alors que j'aurais aimé qu'on allume la télévision, que je racontai tout à ma mère et à Frank. Tout commença non pas par des mots mais par des actes. Après avoir refusé l'offre de Frank de l'aider, ma mère était partie dans la cuisine en disant :

— Non, Frank, reste avec Madeleine et parle-lui. Regarde s'il y a quelque chose à la télévision qu'elle aimerait voir.

Si seulement il s'était contenté de faire ce qu'elle disait ! J'adorais regarder tout ce qui passait à l'écran.

Alors, ce qui est arrivé ne serait jamais arrivé.

Mais ce ne fut pas le cas.

Seul avec moi, il se creusait la tête pour trouver quelque chose à dire pendant que j'écoutais le bruit domestique des assiettes que l'on gratte, de l'eau qui coule et ma mère qui chantonnait un air que je ne reconnaissais pas. De la manière maladroite dont les hommes parlent souvent aux petites filles qui ne sont pas les leurs, il tenta de faire la conversation. Les questions qu'il me posa sur ce que j'aimais à l'école ou quelles étaient mes émissions préférées furent accueillies par un regard vide. Il se mit alors à me dire que j'étais vraiment une bonne petite fille et que je viendrais bientôt vivre avec eux.

— Madeleine, je veux que tu me considères comme un père. Tu es une bonne petite fille, dit-il en caressant le haut de ma tête avec ses gros doigts calleux. Qu'est-ce que tu en penses ?

Là, je comprenais ce qu'il voulait. Je savais ce que signifiait « bonne petite fille ». Pendant un instant, je fus comme engourdie, mais la peur de le voir se mettre en colère me dicta de lui obéir.

Comme je l'avais appris, je lui souris. Sûre qu'il voulait la même chose que M. Tilbrook, je me penchai vers lui et glissai ma petite main sur son ventre jusqu'à ce que je sente la boucle de sa ceinture sous mes doigts. Elle était plus raide que celle que portait Colin Tilbrook, et j'étais encore en train de me débattre avec les crochets lorsque Frank se mit à crier :

— Hé ! mais qu'est-ce que tu fabriques ?

Il attrapa mes mains et les plaqua contre mes hanches. Surprise et perplexe, je levai les yeux pour découvrir que son visage avait viré au rouge et que son expression conjuguait la fureur et quelque chose qui ressemblait bien à de la peur.

— Je..., je défais ta ceinture, bafouillai-je.

Il me repoussa vertement sur le côté. Le dégoût qu'il manifesta alors me donna l'envie de rentrer sous terre, et je sentis mes joues prendre feu sous la vague de honte. J'ignorais totalement ce que j'avais fait de mal.

— Maureen ! Maureen, viens ici tout de suite ! cria-t-il.

Inquiète, ma mère se précipita.

— Qu'est-ce qu'il y a donc, Frank ?

— Ta fille, voilà ce qu'il y a ! Madeleine, tu vas expliquer à ta mère ce que tu viens de faire.

— Mais je...

— Elle n'a pas pu faire grand-chose de mal, Frank, coupa ma mère.

En voyant mes yeux se gonfler de larmes, elle ajouta très doucement :

— Raconte-moi ce qui ne va pas, Madeleine.

Je détournai la tête pour ne plus voir le visage rouge et horrifié de Frank, ni entendre le ton anxieux de ma mère. Je ne trouvais pas les mots pour expliquer ce que j'avais fait et, sachant qu'ils attendaient une explication, j'étais encore plus désorientée et plus effrayée. Plus que tout, je voulais qu'on m'étreigne, que l'on me dise que tout allait s'arranger. Je voulais qu'ils me disent qu'ils n'étaient pas fâchés contre moi.

Mais je n'avais que six ans et j'étais incapable de formuler tout cela. À la place, je regardai par la fenêtre, comme si le panorama qui s'étendait au-delà des carreaux était le plus extraordinaire qui m'ait été donné de voir de toute mon existence. Derrière moi, j'entendais leurs voix, mais je ne bougeais pas. Les yeux rivés sur le linge suspendu aux fils, sur un morceau de ciel bleu et sur le chat roux des voisins qui se dorait au soleil, je me souvins que l'animal s'appelait Marmaduke et que ma mère avait dit que c'était un nom idiot.

Dehors, rien n'avait changé, mais je sentais l'air derrière moi se faire plus suffocant alors que ma mère redemandait à Frank ce qui n'allait pas.

Puis, à ma grande honte, je l'entendis d'une voix écœurée raconter que j'avais essayé de défaire sa ceinture, et la réaction choquée de ma mère.

— Mais non, tu dois te tromper, Frank. Bon sang, elle n'a que six ans.

— Je ne me trompe pas, Maureen. Je sais ce qu'elle

a fait. Regarde-la, elle le sait aussi. Laisse-moi te poser une question ! Est-ce que c'est à cause de toi ? Est-ce qu'elle a appris ça en te voyant avec d'autres hommes ? Est-ce donc la raison pour laquelle elle n'est pas autorisée à vivre avec toi ?

— Bien sûr que non ! Ne sois pas stupide. Elle a peut-être vu quelque chose au foyer. Tu sais, il y a des enfants plus âgés là-bas, et certains d'entre eux y ont peut-être été placés parce qu'ils posent ce genre de problème. C'est ce qui s'est passé, Madeleine ? As-tu vu quelqu'un faire ça ? Ou est-ce que les grandes filles t'ont dit de le faire ?

— Non, chuchotai-je, c'est ce que monsieur Tilbrook me dit de faire quand il m'envoie chercher.

Le visage de ma mère blêmit sous le coup de ce qui me semblait du chagrin, celui d'avoir failli vis-à-vis de son enfant et d'en constater à présent le résultat palpable. Elle mit son bras autour de mes épaules.

— Oh ! Madeleine ! C'est bien la vérité ? Ce n'est pas juste une histoire que tu as entendue auprès des autres filles ?

Pour toute réponse, je fondis en larmes. Mes épaules se soulevèrent, mon nez se mit à couler, et tout mon corps fut secoué de hoquets et de sanglots.

— Oh ! Madeleine ! l'entendis-je dire.

Enfin, ma mère fit ce que j'attendais et, en murmurant des mots de réconfort, elle me fit asseoir sur ses genoux, m'entoura de ses bras et se mit à me bercer. Peu à peu, mes larmes cédèrent la place à des reniflements, elle m'essuya le visage et, comme je refusais de bouger, je m'appuyai sur son épaule.

Devant ma détresse, Frank devint pratiquement fou de rage. Ma mère tenta de le convaincre de patienter parce que j'étais encore perturbée, mais, les dents serrées, le visage dur, les yeux comme du silex, il pesta contre Colin Tilbrook.

— Je vais m'occuper de ce salaud, Maureen, tu vas voir ça ! dit-il, les poings serrés. On verra s'il aura autant de courage en face d'un homme, hein ? Je vais le fracasser jusqu'à ce qu'il dise la vérité, c'est sûr.

Non, Frank ! s'écria ma mère. Ne sois pas bête ! Ils ne nous croiront pas. Ils me l'enlèveront pour toujours. Ils vont nous accuser d'inventer des histoires et de mettre de mauvaises pensées dans sa tête. Je les connais, moi ! Pas toi.

— Mais tout sera différent quand on racontera ce qui se passe là-bas.

— Tu ignores de quoi ils sont capables, Frank. Ils nous considèrent comme de la merde ! Crois-tu qu'ils vont croire une petite fille ? Ils vont affirmer que c'est notre faute, que c'est nous qui l'avons incitée à raconter une chose pareille. Et je ne pourrai même plus lui rendre visite ; alors, la reprendre avec nous ! Frank, j'ai perdu mes fils parce que je n'arrivais pas à gagner assez pour mettre un toit digne de ce nom au-dessus de leur tête. Je ne peux pas perdre aussi ma fille. Ils sauront faire en sorte que je ne la voie plus jamais.

Elle affichait une telle expression de défaite en disant cela que Frank se reprit. Il alluma une cigarette, tira quelques bouffées furieuses avant de se tourner vers nous.

— Nous allons décider d'un plan. Il faut que nous

trouvions un endroit où elle aura le droit de venir vivre. Bien, Madeleine, continua-t-il en claquant des doigts juste devant mes yeux. Je suis sérieux. Nous disposerons bientôt d'un logement. Je veux que tu en sois sûre. Et, si ce sale pervers s'approche encore de toi, tu n'as qu'à lui dire que tu vas tout raconter. Tu pourras faire ça, Madeleine ?

Je hochai la tête tout en sachant que je ne dirais jamais rien à Colin Tilbrook. Il avait sa manière de punir les petites filles. Néanmoins, assise sur le sofa tout contre ma mère, je leur dis tout ce qu'ils voulaient entendre.

Une fois de plus, ils promirent qu'ils dénicheraient un logement qui recevrait l'approbation des autorités.

— Je vais chercher du travail, affirma ma mère. Même si je dois retourner dans les fermes, je vais trouver un emploi.

Cette fois, cependant, ses paroles semblaient sincères et, pendant ces brefs instants, je sentis qu'elle était entièrement tournée vers l'avenir, notre avenir. Je sentis qu'elle était déterminée à ce que nous formions une famille.

— Tu seras avec nous très bientôt, répéta-t-elle.

Il était l'heure de rentrer à Haut-de-la-Garenne.

Ma mère m'accompagna et me confia à l'homme mince qui se disait être l'adjoint de M. Tilbrook. Je la regardai s'éloigner, les épaules en arrière, la posture droite. Il y avait quelque chose dans sa raideur, dans le fait qu'elle ne se retournait pas, qui me disait qu'elle pleurait.

Ce soir-là, Colin Tilbrook m'envoya chercher.

La voix du policier interrompit le fil de mes pensées.

— Vous êtes quand même rentrée chez vous finalement ? insista-t-il.

— Oui, mais pas pour longtemps, répondis-je.

— Et ce n'était pas la faute de l'État, non ?

Je n'avais aucune réponse à lui donner.

Il rassembla ses notes et coupa le magnétophone avant de me congédier.

Je sortis du bureau la tête haute, le visage impassible, l'estomac noué en boule dure et le pouls qui battait à une vitesse sidérale. Allaient-ils aussi me dépouiller de mes bons souvenirs ?

— J'ai besoin d'un verre, dis-je à mon fils.

15

J'avais entre six et sept ans lorsque ma mère et Frank m'annoncèrent qu'ils avaient trouvé un endroit assez grand pour nous tous et que les services sociaux avaient accepté que j'aille vivre avec eux. Ils s'y installeraient à peine une semaine plus tard, avait ajouté ma mère avec l'un de ses beaux sourires. N'était-ce pas merveilleux ? J'admis que cela l'était. Cela devait être le plus beau cadeau de toute ma petite vie.

Cette semaine-là, les visions de ma nouvelle existence tourbillonnaient dans ma tête. Le soir, lorsqu'on baissait les lampes, il y avait dans mon ventre un frisson d'excitation qui remplaçait la peur. C'était comme si le fait de savoir que j'allais partir m'avait enveloppé d'une couverture protectrice. Pendant toute la semaine, Colin Tilbrook ne m'envoya pas chercher, et les surveillantes me laissèrent en paix. Aujourd'hui, je pense qu'elles ne voulaient pas que j'aie des souvenirs trop nets ou des bleus trop récents.

Je rêvais de ce que serait la vie dans une maison, d'appartenir à une famille. Je me souvins d'avoir entendu dire à des enfants de la crèche comment ce serait lorsqu'on leur aurait trouvé une maman et un papa. Les petits visages perdaient leur expression inquiète lorsqu'on décrivait la nouvelle vie. Mme Peacock leur disait qu'ils allaient dans une vraie maison, où ils auraient leur propre chambre et où les jouets ne seraient qu'à eux. Tous ces détails envahissaient mon esprit, ainsi qu'une certitude : je serais en sécurité. Plus jamais ne devrais-je me rendre dans le bureau de Colin Tilbrook. Plus jamais, lorsque je me coucherais, je ne resterais éveillée, tourmentée par la terreur, l'anxiété de faire un cauchemar ou que l'on frappe mes pieds. Je ne serais plus jamais tirée du lit pour demeurer debout à frissonner dans le couloir, où les ombres me terrorisaient.

Me rappelant qu'une fillette m'avait dit que sa nouvelle maman allait lui donner un chiot, je demandai si je pouvais en avoir un, moi aussi. Un labrador comme celui de Mme Peacock.

— Je m'en occuperai, dis-je en plaidant ma cause. Je le promènerai, je le brosserai et je ne le laisserai pas gêner tout le monde.

— Pas tout de suite, ma chérie.

Ma mère n'avait pas dit non et, malgré ma déception, je m'accrochai à cet espoir. Ce qu'elle m'annonça ensuite me rendit ma bonne humeur.

— Au fait, Madeleine, dit-elle, le front plissé, j'allais oublier de te dire que tu vas devoir aller à une nouvelle école.

Elle s'attendait sans nul doute à ce que je proteste de devoir me séparer de mes amies, mais elle ignorait que, depuis le départ de Mandy et Ann, je n'avais aucune amie. Seulement, comme je me sentais fautive de l'aversion de mes camarades de classe, je ne m'en étais jamais ouverte à elle. Voyant que je n'étais pas triste, elle poursuivit en m'expliquant qu'au lieu d'être à trente minutes à pied, ma nouvelle école était juste en bas de la rue où nous allions habiter. Je me sentis plus qu'heureuse. Je me disais que, dans cette école, personne ne prétendrait que j'étais une mauvaise fille parce que je venais de Haut-de-la-Garenne. Non, j'y serais comme les autres enfants : une petite fille qui vivait avec sa maman et son papa (Frank m'avait dit qu'il me considérait comme sa propre fille). Le dernier jour, Frances me brossa les cheveux. Même alors, je sentais qu'il y avait quelque chose de profondément triste en elle. Au cours des dernières semaines, elle avait changé, et les étincelles dans ses yeux et son sourire espiègle avaient disparu.

— Est-ce que monsieur Tilbrook t'envoie chercher, toi aussi ? lui avais-je demandé une fois.

— Non, avait-elle répondu, c'est lui qui vient.

J'aurais aimé qu'elle puisse partir, elle aussi, et je le lui dis.

— Cela viendra, Madeleine. Dès que j'aurai seize ans, je serai libre.

Elle m'attira près d'elle et je sentis son souffle sur ma joue.

— Tu vas être très heureuse dans ta nouvelle vie, dit-elle. Mets tout ce qui s'est passé ici derrière toi, Madeleine. Promis ?

— Promis.

Puis, dans mon souvenir, elle n'est plus là et je suis dans le salon à attendre ma mère.

Comme par miracle, ma valise apparut avec tout son contenu ce matin-là. Ma jolie robe était désormais trop petite, mais c'était ma poupée que je voulais et, en la prenant, je fus soulagée de voir qu'elle était intacte.

— Je croyais que tu m'avais dit qu'ils avaient tout pris, remarqua ma mère.

— Mais oui, répondis-je.

Je vis un éclair de doute traverser ses yeux.

— Madeleine, tu sais ce que je pense des mensonges. Mais n'en parlons plus. Tu as récupéré tes affaires, à présent.

Je compris alors qu'elle se demandait si tout ce que je lui avais raconté était faux. En tout cas, je suis sûre qu'elle l'espérait.

16

Je n'avais pas réfléchi au-delà de l'idée que j'allais vivre dans une vraie maison et je ne posai pas de questions sur le nombre de chambres ou l'allure de mon nouveau foyer. Mon imagination avait dessiné un endroit comme ceux que j'avais vus dans les albums : une maison dans un grand jardin verdoyant, une maman souriante devant le portail et des enfants joyeux qui couraient vers elle.

La réalité était très différente. Le matin où ma mère vint me chercher, nous prîmes un car jusqu'à Val-Plaisant, et, après un court trajet à pied, je découvris la maison : c'était un petit bâtiment avec un toit en tôle, qui se tenait au beau milieu d'un jardin envahi par les plantes sauvages ; à quelques mètres de la porte de derrière, il y avait un cabinet avec une porte sombre et à la peinture écaillée.

— Le petit coin, me dit ma mère avec une légère grimace.

Bien plus tard, je réalisai qu'elle aussi avait rêvé d'une jolie maison en brique avec un toit de tuiles et une salle de bains.

— Elle a besoin d'un coup de peinture, me dit-elle à toute allure, mais ton père va s'en occuper. Il va en faire une vraie maison. Dans quelques semaines, tu ne la reconnaîtras pas. Tu verras. Il a déjà commencé dans le jardin. Tu sais, c'était une véritable jungle avec plein de mauvaises herbes. Il a taillé les arbustes et la haie, et il a déjà planté des légumes. Des pommes de terre ! Ah ça ! nous savons comment les cultiver, n'est-ce pas ?

Elle eut un petit rire amer avant de continuer :

— Des carottes et des choux, aussi. Comme ça, nous pourrons toujours faire de bons ragoûts. Viens voir l'intérieur, maintenant.

Elle ouvrit la porte qui donnait directement sur le séjour. Ce n'était pas tant la peinture ancienne des murs ou la petite taille de l'endroit (deux pièces et une minuscule cuisine) qui me fit reculer ; c'était l'odeur tenace de la crasse, de la poussière et de la moisissure qui s'accrochait aux murs. Comme je le comprendrai par la suite, bien des années plus tard, c'était l'odeur de la misère.

Ma mère ouvrit grand les fenêtres.

— Ça manque un peu d'air frais, non ?

— Où est ma chambre ? demandai-je.

Elle me répondit avec un sourire forcé :

— J'ai bien peur que tu sois obligée de la partager avec nous, m'annonça-t-elle.

Dans la chambre, il y avait un lit à deux places poussé contre un mur et un lit pour une personne contre l'autre. Il n'y avait pas d'armoire, pas plus d'espace pour ranger les vêtements, sauf sur les quelques crochets fixés au dos de la porte, qui, à en juger par ceux qui s'y trouvaient déjà, ne me seraient guère utiles.

Je ravalai la petite boule de déception qui m'était montée à la gorge. Après tout, j'étais libérée de Haut-de-la-Garenne, libérée de Colin Tilbrook et j'allais vivre avec deux personnes qui voulaient bien de moi. Quelle importance si ma nouvelle maison était différente de ce que j'avais espéré ?

En voyant l'expression presque contrite sur le visage de ma mère, je lui adressai mon plus grand sourire et je la suivis dans le séjour.

— Je pense que nous méritons toutes deux une part de gâteau, non ? dit-elle.

J'acceptai.

Pendant que ma mère s'affairait, je balayai la pièce du regard : dans un coin, il y avait un petit poêle noir avec une pile de bûches à côté. Les meubles se composaient d'un sofa à deux places recouvert d'un tissu à fleurs, d'une petite table carrée, de deux chaises droites et, sur une caisse en bois, d'un téléviseur.

— C'est la paroisse qui nous a donné tout ça, expliqua ma mère. Une sorte de cadeau de bienvenue, ajouta-t-elle fièrement. Je sais que cela n'a pas l'air d'être grand-chose pour le moment…

Encore et encore des promesses ! Elle avait déjà dit qu'il suffirait d'un coup de peinture et ajouta qu'ils avaient l'intention de remplacer le linoléum craquelé par une belle moquette, de suspendre de jolis rideaux aux fenêtres pour que tout soit propre et sente le neuf.

— Nous aurions voulu que tout soit terminé avant ton arrivée, mais…

Elle me sourit alors avec une telle chaleur, une telle joie sur son visage !

— Oh ! Madeleine ! C'est juste que je ne supportais pas de passer une minute de plus sans toi !

Elle me prit dans ses bras et m'attira tout contre elle. J'inspirai profondément pour humer son parfum fait d'un mélange de poudre de riz et de tabac. Tout ce qui importait alors, c'était la sensation de douceur et de chaleur que me procurait son amour.

— Bien, parce que c'est un jour spécial. Après le dîner, tu pourras rester un peu pour regarder la télévision avec Frank et moi. Sais-tu ce qu'ils passent ce soir ?

Je secouai la tête. La télévision était une chose qui nous était rarement autorisée à Haut-de-la-Garenne.

— *Chapeau melon et bottes de cuir !* s'écria-t-elle, avec cette jolie Diana Rigg. C'est l'un de mes feuilletons préférés. Tu vas adorer ça ! Oh ! Madeleine ! Nous allons tellement nous amuser. Nous formerons une vraie famille, et personne ne t'enlèvera plus à moi.

Ce jour-là, je la crus.

Je crus que c'était le début d'une nouvelle vie.

Bien sûr, elle aussi le croyait.

17

Je me réveillai au bruit de beuglements puissants, terrorisés, qui évoquaient des animaux en détresse, des animaux dont tous les instincts hurlaient au danger. D'où venaient-ils ?

Leurs respirations profondes et leurs légers ronflements m'indiquaient que mes parents dormaient encore. Je sortis de mon lit et je me rendis dans le séjour sur la pointe des pieds. Je m'étais accoutumée à l'odeur de désinfectant qui régnait souvent dans la maison, mais mon nez se fronça sous les relents acres de bière éventée et de tabac.

La vie avec ma mère ne correspondait pas exactement à ce que j'imaginais. Contrairement à ce qu'on m'avait dit à la crèche, on ne m'avait pas lu une histoire avant l'heure du coucher. À la place, nous avions regardé la télévision pendant que je suçais les bonbons que Frank avait rapportés à la maison et qu'il ouvrait des bouteilles et des bouteilles de bière.

Lorsque la fatigue me fit fermer les paupières, ma mère en était arrivée au stade où elle avait du mal à articuler, son rire s'était fait plus strident et ses joues étaient ornées de deux taches rouges toutes rondes. Leur métamorphose me plongeait dans l'embarras. J'aurais tant aimé qu'ils cessent de boire. Cette chose qu'ils ingurgitaient les rendait si différents ! Mais j'étais quand même heureuse de rester là, assise tout contre eux sur le sofa, à regarder l'héroïne vêtue de cuir dominer des hommes qui faisaient deux fois sa taille.

Dans mon lit, le lendemain matin, j'étais encore en train d'imaginer que, quand je serais grande, je serais capable d'être aussi habile qu'Emma Peel, de frapper et de maîtriser des hommes comme Colin Tilbrook, quand je sentis que j'avais envie de faire pipi. Je fis glisser le verrou de la porte de derrière et je sortis. Les beuglements étaient plus forts.

Les cabinets, avec les parois marquées de crasse qui ne cédait pas malgré les litres d'eau de Javel, n'étaient pas un endroit où je voulais rester plus d'une seconde que nécessaire. En retenant ma respiration, je m'installai sur la lunette en bois et, dès que j'eus terminé, j'ouvris la porte et filai dans le fond du jardin.

Je n'étais pas assez grande pour regarder par-dessus la haie afin de voir d'où provenaient les cris des animaux. Un seau en métal rouillé, que Frank utilisait lorsqu'il jardinait, répondit à mes attentes, décidai-je. Je le soulevai pour le poser contre la haie et, debout sur la pointe des pieds, je glissai un œil.

De l'autre côté, dans la cour, il y avait un camion avec plusieurs vaches dedans. On avait abaissé une petite rampe pour que les vaches puissent descendre, et c'étaient elles qui émettaient ces beuglements terrorisés.

J'entendis des pas, me tournai pour voir Frank s'approcher.

— Tu es déjà levée ? demanda-t-il sans faire un seul mouvement vers moi.

Depuis le jour où je leur avais raconté ce que je subissais à l'orphelinat, il avait tendance à garder ses distances lorsque ma mère n'était pas là.

Aujourd'hui, je comprends qu'il ne voulait pas m'effrayer ou, ce qui était pire, me faire imaginer qu'il attendait de moi la même chose que Colin Tilbrook.

— Qu'est-ce qu'elles font là ? demandai-je.

Pour moi, les vaches devaient rester dans les pâturages et non pas dans ce long bâtiment en tôle avec ses enclos extérieurs en métal.

Frank s'arrêta un moment, mit ses mains en coupe autour de son briquet et alluma sa première clope (comme il le disait) de la journée. Il tira une profonde bouffée.

— Eh bien, en fait, c'est une sorte de secret, Madeleine, expliqua-t-il. Tu vois, c'est ici qu'on les amène pour leur tirer le lait. Il n'y a pas beaucoup de gens qui sont au courant, ce qui n'est pas si mal.

— Pourquoi ?

— Tu le découvriras plus tard, répliqua-t-il en tapotant son nez et en me faisant un clin d'œil. Allez, viens. Je vais te préparer le petit-déjeuner.

Ce fut ma mère qui m'expliqua en détail comment on les trayait. Elle ajouta que, si nous le leur demandions gentiment, les fermiers étaient généreux et n'hésitaient pas à nous donner un peu de lait. Ce qu'elle ne dit pas, c'était que ce bâtiment était la dernière étape des vaches avant l'abattoir, qu'une fois que l'on avait tiré la dernière goutte de lait, on tirait avec un pistolet spécial dans leur tête. Une information que ma mère eut la sagesse de garder pour elle.

Ce jour-là, après le petit-déjeuner, elle m'annonça cependant que je pouvais aller chercher du lait. La fenêtre de la chambre donnait directement sur le mur qui nous séparait de la cour voisine.

Tout ce que j'avais à faire, c'était monter sur une chaise avec mon seau, me tortiller pour sortir et descendre par la fenêtre. Elle m'avait proposé de faire le tour pour passer par la porte, mais je n'en vis pas l'utilité. D'autant que, pour moi, approcher les fermiers de cette manière tenait plus de l'aventure.

La première fois que je me retrouvai face à l'un d'entre eux, un homme au visage buriné par les intempéries, dont les vieux vêtements et la casquette démentaient la valeur de sa terre, je me mis à pouffer. Il avait l'air tellement surpris de voir un enfant atterrir à ses pieds qu'il en lâcha presque sa pipe.

— Eh bien, qu'est-ce que nous avons là ? demanda-t-il en souriant. Je crois bien qu'il s'agit d'une petite laitière. Bon, et d'où viens-tu, ma belle ?

J'indiquai notre maison.

Il lui suffit sans doute d'un regard à notre bâtisse de plain-pied délabrée pour comprendre à quel point nous étions pauvres.

— C'est ta mère qui t'envoie ? demanda-t-il avec un

sourire qui révéla un trou où il lui manquait plusieurs dents.

Il appela quelqu'un dans une langue que je ne compris pas. En fait, il s'agissait de jersiais, le dialecte normand de Jersey, et un garçon s'approcha.

— Je pense que cette petite laitière veut qu'on remplisse son seau, dit-il. Alors, emmène-la. Oh ! et si tu trouves une ou deux bouteilles, remplis-les aussi et montre-lui comment rentrer. Tu ne peux pas grimper le mur avec les mains pleines, n'est-ce pas ?

En riant sous cape, il s'éloigna.

Nous allâmes jusqu'à une vache à l'air placide que le garçon était en train de traire, et il remplit mon seau d'un liquide crémeux, encore fumant, directement pris au pis. Ensuite, le seau plein à ras bord, une bouteille sous le bras, je retournai vers la porte d'entrée de notre maison en veillant à ne pas en laisser tomber une seule goutte.

Je n'étais pas encore arrivée que la tentation de goûter le lait se fit irrésistible. Une gorgée en entraîna une autre, jusqu'à ce que le tiers de la bouteille eût disparu.

— En aurais-tu bu, Madeleine ? demanda ma mère.

Les yeux droit dans les siens, je niai.

— Je pense alors que tu ferais mieux de laver la moustache qui a l'air d'avoir poussé autour de tes lèvres si tu veux que je te croie, dit-elle en riant et en me prenant le seau. Et, à l'avenir, Madeleine, ne me mens plus jamais. « Dis la vérité et fais honte au démon », comme me disait toujours ma mère, ajouta-t-elle d'une voix qui résonnait encore de son rire.

Ces premiers jours avec ma mère et Frank regorgent de bons souvenirs qui m'empoignent le cœur. Je me souviens de ces soirées où nous étions tous les trois ensemble sur le sofa, à regarder la télévision. Les rires quand je franchis le mur pour aller voir les fermiers, et les louanges à mon retour à la maison avec un seau plein. Le jardinage avec Frank et les grosses pommes de terre que nous récoltions pour notre souper. Voilà les bons souvenirs.

Et il y avait les autres.

18

Le premier jour, ma mère m'accompagna à ma nouvelle école. Il était si agréable de l'avoir à mes côtés, cette fois, et pas une surveillante. La semaine précédente, nous nous étions rendues dans des boutiques caritatives, où elle m'avait trouvé une jupe et un blazer, et j'avais l'impression d'avoir l'air chic. La petite école primaire locale était située à côté de l'église catholique française qui, avec ses étranges gargouilles, ressemblait à une cathédrale. Lorsque ma mère m'avait montré où se trouvait l'école, j'avais admiré les magnifiques créatures de pierre en imaginant qu'elles allaient prendre vie et descendre du mur.

Depuis le portail, j'entrevis une petite cour et, en entrant, j'eus une bouffée d'allégresse. Ici, me dis-je, ce serait différent. Personne ne connaissait le foyer de Haut-de-la-Garenne, et j'étais comme tous les autres enfants.

Ce en quoi je me trompais. Les élèves ne savaient peut-être pas que je ne vivais pas chez mes parents, mais ils sentaient parfaitement que je n'étais pas comme eux, ce qui les transforma en meute bien déterminée à rendre ma vie impossible.

Le chef de bande était une petite blonde décharnée, de deux ans de plus que moi. Paula, s'appelait-elle, et, la première fois que nous nous croisâmes dans la cour, je sus qu'elle allait m'attirer des ennuis. Des yeux durs comme des berlingots me dévisagèrent, et elle laissa échapper un ricanement.

— Joli blazer, commenta-t-elle.

Je sentis d'emblée qu'elle savait qu'il sortait d'une boutique d'occasion.

— Alors, comment tu t'appelles, toi ?

— Madeleine, répondis-je en espérant me tromper et qu'elle essayait d'être gentille.

— C'est quoi, ce nom ?

— C'est irlandais.

— Ma mère dit que ce sont de sales gens ; alors, ne t'approche pas de moi.

Elle s'éloigna, suivie de sa bande de lèche-bottes qui ne cessaient de glousser sottement.

Tous les jours, elle imaginait de nouvelles provocations. Je tentais de ne pas les écouter et de ne pas montrer qu'elles me blessaient. « Si les bâtons et les pierres peuvent me faire mal, les mots ne me blesseront pas », me répétais-je.

Bien sûr qu'ils me blessaient !

En constatant que ses provocations ne me transformaient pas en loque chancelante, elle prit cela comme un défi et, au bout d'une semaine, changea de tactique. Un jour, en remarquant qu'elle regardait dans ma direction avant de murmurer quelque chose à ses courtisanes qui hochaient la tête et riaient, je me demandai quelles nouvelles insultes elle avait imaginées.

Puis, elle regarda à droite et à gauche, sans doute pour vérifier où se tenaient les maîtresses, et se précipita vers moi. Pas pour me bousculer, comme je l'avais cru, mais pour me pincer si fort que les larmes jaillirent au point de m'aveugler momentanément avant de glisser sur mes joues.

— Ouh ! le bébé qui pleure, le bébé qui pleure ! fredonna-t-elle en dansant presque de joie et en me montrant du doigt.

Après cet épisode, j'essayai de l'éviter, mais elle savait toujours où me trouver dans la cour. Une fois qu'elle était sûre que les maîtresses ne la regardaient pas, elle s'élançait vers moi et me pinçait en tordant ma peau jusqu'à ce que je pleure. Puis, elle me montrait du doigt, et son refrain reprenait.

Chaque fois que je la voyais arriver, je me figeais de terreur au point d'être incapable de penser. Au lieu de « Ouh ! le bébé qui pleure », j'entendais « Vilaine fille, vilaine fille » dans ma tête, et la peur cédait progressivement la place à la fureur qui devenait chaque jour plus véhémente.

Je ne pensais qu'à me venger. Allongée dans mon lit, je rêvais de modifier les rôles. Il fallait que je la fasse pleurer, que je la montre du doigt et qu'elle soit morte de peur. Je commençai à élaborer un plan.

Un matin, je traînais devant le portail de l'école. Je voulais la surprendre avant qu'elle rejoigne son groupe. Lorsqu'elle m'aperçut, elle sourit de son sourire moqueur.

— Alors, on se cache, petit chat trouillard ? siffla-t-elle en grimaçant.

J'attendis qu'elle fasse le premier geste. Je savais que, même sans spectateur, elle ne pourrait pas résister à l'envie de me faire mal. Je m'efforçai d'avoir l'air terrorisée. Elle sourit et tendit aussitôt le bras pour me pincer la hanche. Cette fois, malgré la douleur intense, je n'éclatai pas en sanglots. Non, je lui attrapai le bras et je plongeai mes dents dans sa chair. Elle hurla et tenta de me frapper, mais je filai sans demander mon reste en riant de toutes mes forces.

Ma joie fut de courte durée. Ses cris attirèrent l'attention d'une maîtresse. On examina son bras, on s'étonna des marques de dents et on me montra du doigt. La maîtresse me lança un regard courroucé tout en éloignant mon bourreau en pleurs.

Je fus convoquée dans le bureau du directeur. On ne me demanda pas pourquoi j'avais fait une chose pareille (il m'aurait suffi de relever mon pull-over pour montrer mes bleus). Si le directeur avait été une femme, je l'aurais peut-être fait, mais, face à la fureur qui grondait de l'autre côté du bureau, je ne pus que demeurer assise sans parler. J'aurais voulu déchiffrer l'expression de son visage, mais, parce que le directeur demeura le dos à la fenêtre, je ne le voyais pas.

On envoya chercher ma mère, et des mots comme « inacceptable » et « une agressivité intolérable » résonnèrent dans la pièce pendant qu'elle, dans ses vêtements chiffonnés, restait pétrifiée sur sa chaise en face de l'homme aux cheveux gris.

— Je suis tellement désolée, ne cessait-elle de répéter tandis qu'on lui fournissait la liste de mes péchés. Je suis tellement désolée.

Je décelai une étincelle de crainte dans ses yeux.

— Vous n'allez pas la renvoyer, n'est-ce pas ? demanda-t-elle d'une voix presque brisée par l'angoisse.

L'expression sévère du directeur fit place à une certaine empathie.

— Non, dit-il, pas cette fois.

Il paraissait moins furieux.

— Je suis au courant de ses problèmes… Enfin, de tous vos problèmes. Peut-être que son comportement vient de ce foyer où elle était. Je sais qu'il y a beaucoup d'enfants en difficulté là-bas. En outre, Madeleine est encore très jeune. Et je reste persuadé qu'un enfant doit demeurer avec sa famille. Nous savons parfaitement tous les deux ce qui se passerait si je la renvoyais, n'est-ce pas ?

— Oui, bien sûr.

— Votre devoir, madame Ferguson, est de veiller à ce qu'elle comprenne quelles seront les conséquences si elle recommence.

Ma mère le remercia avec profusion parce qu'ils me donnaient une seconde chance. Il lui annonça que je serais exclue pendant une semaine, de manière à ce qu'elle dispose de suffisamment de temps pour veiller à ce que je comprenne ce que j'avais fait et les conséquences éventuelles.

— Cela permettra aussi d'apaiser la situation ici, dit-il.

Ma mère m'entraîna par la main pour longer, sans parler et sans traîner, le couloir jusqu'à la sortie. Ce n'est que lorsque nous eûmes franchi le portail qu'elle s'arrêta.

— Madeleine, pourquoi as-tu fait une chose pareille ? demanda-t-elle. Ne sais-tu pas que c'était mal ?

— C'est elle qui a commencé, protestai-je. Elle me pince tout le temps.

— Mais elle ne t'a jamais mordue. C'est très vilain, Madeleine. Tu dois me promettre de ne jamais recommencer.

Bien entendu, je recommençai. Plusieurs fois.

Toutefois, je n'arrivais pas à comprendre pourquoi le fait que Paula me pince ne lui valait pas autant d'ennuis que lorsque je l'avais mordue.

— C'est injuste, ne cessais-je de répéter tandis que les larmes de frustration me piquaient les yeux.

Des larmes que, pour une fois, ma mère ne releva pas.

— Madeleine, dit Frank, plus tard le même soir, ce n'est pas une manière de traiter les petites brutes. Tu dois les affronter, oui, et leur rendre coup pour coup, mais jamais laisser ce genre de marques. Promets-moi de ne jamais recommencer, d'accord ?

Alors, je promis encore.

Après cette semaine d'exclusion que je passai avec ma mère, je retournai à l'école. Elle m'avait dit ce qui arriverait si j'étais renvoyée :

— Ils t'emmèneront loin de moi encore une fois.

— C'est vrai, ma chérie, avait confirmé Frank.

Comment pouvais-je l'empêcher, elle, de recommencer ? Voilà tout ce que j'avais à l'esprit, et j'étais triste à l'idée de retourner à l'école.

Je n'aurais pas dû m'inquiéter. Lorsque je revins, Paula et ses amies se tinrent loin de moi. Je pense qu'elle avait été interrogée par le directeur. Après tout, pourquoi aurais-je attaqué une grande fille si je n'avais pas été provoquée ?

Mon soulagement fut de courte durée.

Elle fut remplacée par quelqu'un de pire. De bien pire.

Cette fois, c'était un garçon maussade, aux cheveux foncés, qui était plus grand et plus corpulent que moi. La première fois que je posai les yeux sur lui, j'eus envie de m'éloigner le plus rapidement possible. Ses yeux étaient sombres et sans expression, et je sentis clairement qu'il représentait un danger.

C'était un regard que j'avais vu à Haut-de-la-Garenne.

Il s'appelait George, et ses tourments ne s'arrêtaient pas à la cour de récréation. Comme je ne faisais partie d'aucun groupe, j'étais encore plus vulnérable. En outre, il avait remarqué que Frank me donnait de l'argent chaque fois qu'il m'accompagnait à l'école.

— Un petit quelque chose pour t'acheter une friandise en rentrant, disait-il chaque fois qu'il me glissait quelques pièces dans la main.

George me suivait lorsque j'allais faire des courses pour mes parents et il traînait dans le quartier où nous habitions. L'argent qu'on me donnait, il le voulait toujours. « Salut, Madeleine, tu sais que je t'ai à l'œil » fut tout ce qu'il dit la première fois qu'il m'adressa la parole, mais cela suffit à me faire peur.

Le lendemain, il me suivit après l'école jusqu'à ce que nous soyons hors de vue des enseignants et des élèves.

— Donne-le-moi, dit-il d'un ton plat. Je sais que tu as de l'argent. J'ai vu ton père t'en donner.

— Non, c'est le mien ! Laisse-moi tranquille ! m'écriai-je.

Avant que je puisse prendre mes jambes à mon cou, un coup de poing me tordit l'estomac. Je tentai de reprendre mon souffle.

— Donne-moi cet argent, maintenant, dit-il.

Je le lui donnai.

Le jour suivant et le jour d'après, George était devant l'école à m'attendre, et, lorsque Frank s'éloigna après m'avoir confié quelques pièces, il s'approcha, la main tendue, sans un mot. Le troisième jour, j'avais compris qu'il aimait me frapper. J'avais vu trop de gens à Haut-de-la-Garenne, des adultes et des enfants, qui aimaient infliger des souffrances aux plus faibles qu'eux pour ne pas reconnaître l'étincelle révélatrice dans ses yeux perpétuellement furibonds. Ses yeux globuleux qui brillaient d'un rire réprimé lorsque je lui tendais l'argent.

Dès le premier jour, il avait compris qu'il me faisait suffisamment peur et que, après avoir éprouvé la douleur de son coup de poing, je lui aurais donné l'argent même s'il s'était contenté de me menacer. Mais cela aurait gâché son plaisir parce qu'il aimait voir mon visage blêmir et, quelques secondes plus tard, constater que son coup de poing me coupait le souffle.

Pour ma part, je compris qu'il ne me laisserait jamais tranquille et je décidai d'en parler à mon beau-père. J'avais peur de George, lui dis-je. Pouvait-il faire quelque chose ? Parler au garçon dont j'avais si peur ?

— Que veux-tu exactement que je fasse, Madeleine ?

— Lui faire peur comme il me fait peur ? répondis-je d'un ton plein d'espoir.

— Quoi ? Tu veux que je frappe un gamin qui n'a même pas dix ans ? Non, ça, c'est impossible. Et ne crois pas non plus que je vais aller lui parler. Je sais qui c'est et je suis entièrement d'accord avec toi : c'est un sale gamin. D'ailleurs, son père ne cesse de s'attirer des ennuis. Sa mère raconte qu'elle tombe dans l'escalier pratiquement toutes les semaines. Alors, il a une vie de famille complètement pourrie. D'accord, cela n'excuse pas ce qu'il fait. Mais si je chasse une petite brute, qui te dit qu'une autre ne prendra pas sa place ? Qui pourrait respecter un enfant qui se précipite dans les bras de ses parents chaque fois qu'on l'attaque ? Non, la seule solution est que tu apprennes à te défendre toute seule.

— Mais il est plus grand que moi !

— Peut-être, Madeleine, mais le fait d'être plus petite te permettra d'être plus rapide.

— Mais…, commençai-je en pensant aux ennuis que je m'étais attirés lorsque je m'étais défendue contre Paula.

Comme s'il lisait dans mon esprit, Frank me tapota l'épaule et m'adressa un sourire complice.

— Écoute, Madeleine, il ne s'agit pas de mordre. Mais on peut rendre les coups de poing tant qu'on ne commence pas la bagarre. Il ne va certainement pas aller raconter qu'un plus petit, et une fille en plus, l'a frappé. Alors, je vais t'apprendre à te battre. Tu dois savoir où frapper pour que cela fasse mal. Tu n'auras qu'une seule occasion de surprendre ton adversaire.

Dans le jardin, Frank me donna ma première leçon. Il me fit me placer, les jambes légèrement écartées, pour attendre son premier coup.

— Écoute, ma fille, ne cessait-il de dire quand j'échouais maladroitement, ne laisse jamais ton pouce dépasser. Il risque de s'en emparer et de le tordre pour te clouer au sol. Glisse-le sous tes autres doigts.

Ce que je fis.

— Vise là ! dit-il en montrant sa poitrine entre sa cage thoracique et son ventre.

Comme il était beaucoup plus grand que moi, il fabriqua un mannequin avec de vieux coussins.

— Imagine qu'il s'agit de George, dit-il en riant à mon premier coup.

— Ha ! Ça, c'est ma fille ! Tu l'as eu, là ! C'est là qu'il faut frapper : cela lui coupe le souffle plus vite que tout.

Il referma mon poing de sa grosse main.

— À présent, garde-le comme ça, Madeleine. Et n'oublie pas ce que je t'ai dit : la vitesse l'emporte sur la taille. Il ne s'y attendra pas. Il va avoir le choc de sa jeune vie, ce gars-là.

En plaçant mes pieds comme me l'avait enseigné Frank, et en utilisant un bras pour me protéger, je travaillai mes directs jusqu'à ce que je sois capable de frapper exactement où je le souhaitais.

— Ce serait peut-être mieux, dit Frank, une fois qu'il fut satisfait des progrès de son élève, si tu le surprenais en dehors de l'école. Nous ne voulons pas que tu aies encore des ennuis avec l'école, n'est-ce pas ? Jusqu'au week-end prochain, c'est moi qui t'accompagnerai et nous viendrons te chercher à la sortie. Jusque-là, tu t'entraînes pendant qu'il imagine que tu as trop peur de lui pour te promener toute seule.

Le samedi, à moitié heureuse et à moitié effrayée, je me rendis à la boutique du coin, en face de l'église. Pour la première fois, je fus contente d'y apercevoir George avec son sourire narquois et l'étincelle dans ses yeux. Il s'avança en se pavanant, pensant sans doute déjà aux bonbons qu'il achèterait avec mon argent.

Il tendit les poings, recula le bras et, aussi rapide que l'éclair, je passai dessous et le frappai. Un coup puissant juste en dessous des côtes, comme me l'avait conseillé Frank, puis un autre sous le menton pour faire bonne mesure. Avec un cri de surprise, il s'écroula.

L'expression d'incrédulité absolue conjuguée à la honte qui apparut sur son visage en valait le détour.

— Georgie au tapis, ridicule et riquiqui, fredonnai-je. Les petites filles n'ont plus peur de lui.

En adoptant son allure de paon, je m'éloignai.

Après cet épisode, il disparut.

J'appris plus tard qu'il avait été placé. Je n'étais pas le seul enfant qu'il rackettait. C'est son père qui lui avait ordonné de le faire, et il l'attendait toujours en bas de la rue pour récolter l'argent que George volait aux autres enfants. J'avais eu tort : il n'achetait pas de bonbons.

Chaque fois que j'étais désolée pour lui, je songeais à l'expression de son visage lorsqu'il constatait qu'il m'avait fait mal. C'était peut-être son père qui lui demandait de voler, mais, le fait d'infliger de la souffrance était l'idée de George et de lui seul.

Cette victoire me transforma. Je n'allais plus céder devant les petites brutes. Je m'entraînais dans le jardin et je me défendais dans tout le quartier.

19

2008

La police me convoqua à nouveau.

Cette fois, c'est une personne très différente qui m'attendait : un homme de corpulence plutôt râblée, aux cheveux bruns, qui portait un costume sombre bien coupé, et dont les yeux profondément enfoncés respiraient la chaleur. Il me serra la main en me remerciant d'être venue.

— Je suis Graham Power, dit-il, et c'est moi qui ai demandé à vous rencontrer aujourd'hui.

J'eus la bouche sèche. Graham Power. Bien sûr que je savais qui il était. Pourquoi le chef de la police voulait-il me voir ?

— Comment supportez-vous tout cela, Madeleine ? demanda-t-il avec un authentique intérêt sur le visage.

— Je vais bien, répondis-je.

C'était faux. Je n'allais pas bien du tout. Mes mains étaient trempées de sueur, ma tête me faisait mal et mon estomac me jouait à nouveau des tours. J'espérai qu'il ne sentait pas dans mon souffle l'alcool que j'avais bu la veille au soir.

Si tel était le cas, son visage ne révélait rien. Il m'offrit du thé et demanda à la jeune policière de s'en occuper.

— Demandez également quelques biscuits secs, ajouta-t-il avant de se retourner vers moi.

Il m'expliqua qu'il avait entendu les nombreuses plaintes, lu les rapports rédigés à la suite des entretiens et qu'il voulait à présent parler directement avec les personnes concernées.

— Vous nous croyez donc ? demandai-je, une boule dans la gorge à l'idée que j'étais en train de parler enfin à quelqu'un qui ne mettait pas en doute tout ce que nous disions.

— Oui, en effet, et je ne suis pas le seul.

Je décelai en lui la tristesse à l'idée que de telles choses aient pu arriver à autant d'enfants, des enfants qui avaient grandi pour devenir des adultes en miettes.

— Madeleine, poursuivit-il. Je suis sûr que cette enquête vous est très pénible et je suis vraiment désolé de ce que nous exigeons de vous tous. Cela doit vous paraître intolérable. Nous vous posons des questions sur des sujets dont vous ne souhaitez pas vous souvenir, encore moins parler, et qui doivent apparaître au grand jour. Pensez-vous être à même de supporter tout cela un peu plus longtemps ?

— Oui, absolument.

J'étais déterminée à ce que rien ne me détourne de la recherche de la justice, lui expliquai-je. Je ne lui confiai pas que l'enquête avait envahi mon cerveau et dévoré toutes mes pensées, au point que tout ce qui devrait être plus important, mon mariage et ma famille, passait au second plan. La vision du visage blessé de ma fille, de la déception qui marquait celui de mon mari lorsqu'ils étaient venus me réconforter avec un verre de vin, passa devant mes yeux et me fit éprouver un sentiment aigu de culpabilité. Que je repoussai.

— Mais, ajoutai-je en rassemblant mon courage pour évoquer ce qu'il pourrait prendre comme une critique, il arrive que je sois découragée parce que les choses ne semblent pas avancer.

— L'affaire doit suivre son cours, Madeleine, mais je ne vais certainement pas la lâcher. Bientôt, le monde entier aura les yeux rivés sur Jersey. L'enquête à Haut-de-la-Garenne est sur le point de faire les gros titres.

— Cela signifie-t-il que certains des coupables seront punis ?

— Absolument.

— Mais cela ne nous rendra pas notre enfance, n'est-ce pas ?

Je vis la tristesse voiler à nouveau son visage, la tristesse d'avoir à me forcer à revivre un passé que, pendant tant d'années, j'avais cru pouvoir repousser au fond de moi.

Il ouvrit le dossier placé devant lui et relut les détails de mon histoire.

— Dites-moi, Madeleine… Pourquoi avez-vous été renvoyée à Haut-de-la-Garenne à l'âge de sept ans ?

Aviez-vous fait quelque chose qui motivait cette décision ? Étiez-vous devenue difficile à contrôler ?

— Je ne pense pas que ce fut pour cette raison.

Un petit sourire me vint spontanément lorsque je repensai au caractère de dure à cuire que j'avais alors.

— Mais on vous a quand même enlevée à votre mère et à votre beau-père pour vous renvoyer à Haut-de-la-Garenne. Pour quelle raison ?

— Ma mère souffrait de mononucléose.

D'une voix plus hésitante, je commençai à expliquer ce qu'avait été la dernière année. J'avais l'impression de parler à quelqu'un qui possédait enfin l'autorité suffisante pour agir, quelqu'un qui se préoccupait de ce que nous ressentions. Au fur et à mesure que je parlais, certains souvenirs oubliés refaisaient surface. Des souvenirs qui n'avaient rien à voir avec les instants heureux des débuts de mon séjour chez ma mère.

L'été avait été très chaud, avec des mouches qui grouillaient sur les aliments et qui tournaient sans cesse autour de ma tête. J'avais horreur des grosses mouches bleues, de leur bourdonnement persistant, leurs petites pattes poilues et ces gros yeux rouges qui fouillaient en quête de la moindre miette sur laquelle elles se posaient. Nous recouvrions le lait et la nourriture, chassions les insectes à coups de rouleau de papier journal et suspendions du papier tue-mouches gluant aux plafonniers. Tous les jours, il fallait changer le ruban recouvert de cadavres de petites créatures ailées, mais les grosses mouches bleues ne se laissaient jamais prendre.

— Ce sont les vaches de la ferme voisine qui les amènent, expliquait ma mère, comme si cela nous aidait à les supporter.

Je me fichais de savoir pourquoi elles étaient là ; je savais juste que je les haïssais. À l'école, j'avais appris qu'elles pondaient leurs œufs sur les excréments et qu'elles s'en nourrissaient aussi. L'idée de leurs pattes souillées en train de ramper sur des choses que j'allais mettre dans ma bouche me donnait des haut-le-cœur. Il suffisait que j'en voie une se poser sur la table pour être prise d'une véritable crise d'hystérie.

Avant la canicule insupportable qui avait transformé la maison en four, j'avais été impatiente de voir les vacances d'été arriver. Le jour de la sortie, je guettai la sonnerie et, dès qu'elle retentit, je rassemblai mes manuels, les fourrai dans mon cartable et partis aussi vite que je le pouvais. Les autres en étaient encore à se dire au revoir que j'étais déjà dehors et que je courais vers la maison.

Six semaines à ne rien faire. Six semaines sans l'angoisse de ne pas savoir encore lire. Parce que les lettres dansaient devant mes yeux, impossibles à attraper. On m'avait envoyé faire des tests en pensant que c'était peut-être une question de vue, mais je savais que ce n'était pas ça.

— Vois-tu les lettres ? demanda l'opticien.

Je les voyais, mais je ne pouvais pas dire ce qu'elles signifiaient. Je l'ignorais, c'est tout. J'étais contente d'avoir raison parce qu'il n'y avait rien qui allait de travers avec ma vue, mais je me souviens de ma gêne lorsqu'on me le confirma.

Graham Power leva la main pour interrompre le flot de paroles.

— Ils n'ont jamais pensé à vérifier que vous étiez dyslexique ?

— Non. À l'époque, on ne parlait pas de ça. Ils en ont simplement conclu que j'avais des difficultés d'apprentissage. Que je ne me concentrais pas suffisamment et que j'étais trop paresseuse pour faire mes devoirs. Les enseignants s'impatientaient, et les enfants de la classe faisaient des grimaces et riaient chaque fois que je me trompais. Nous avions des devoirs et nous étions censés apprendre les syllabes et les mots tous les soirs, mais je n'arrivais jamais à le faire. Eux, ils refusaient de croire que j'avais essayé.

Je revis la petite fille de sept ans dans ses vêtements d'occasion, les joues brûlantes de honte parce qu'elle était incapable de suivre en classe.

J'ignorais alors que, lorsque la sonnerie retentit pour le dernier jour avant les vacances, elle annonçait aussi le dernier été au cours duquel je me croyais en sécurité.

— Nous irons à la plage, avait promis ma mère. Nous jouerons les touristes, assis sur notre drap de bain, nous construirons des châteaux de sable et mangerons des glaces.

C'est avec son beau sourire qu'elle décrivait les projets pour l'été.

— Je t'emmènerai aussi visiter le château, découvrir notre île. Après tout, c'est ton foyer. C'est ici que tu grandiras. Alors, que veux-tu voir en premier ?

— Le château Elizabeth ! répondis-je en pensant

aux histoires de la maîtresse à propos des belles princesses sauvées par de magnifiques princes. Est-ce qu'on verra la reine ? ajoutai-je.

— Non, Madeleine, rétorqua ma mère en riant. Personne n'habite plus là depuis longtemps.

En voyant ma mine maussade, elle ajouta :

— Mais il y a un marchand de glaces tout à côté.

Elle tint sa promesse. Le lendemain du premier jour des vacances, nous préparâmes des sandwiches et allâmes à pied jusqu'au château Elizabeth. Grimper sur les rochers, marcher dans le sable, jouir simplement de la chaleur du soleil, du bruissement de la mer, être ensemble… Comme l'avait promis ma mère, il y avait un petit kiosque avec des illustrations de crèmes glacées. Le soleil fit vite fondre les deux boules de glace au chocolat dans leur cornet, les faisant couler sur mes mains et sur mon menton.

En riant, ma mère essuya les traces de chocolat.

— Dépêche-toi de la manger, dit-elle en léchant la sienne.

Nous continuâmes à nous promener sur le front de mer jusqu'à Saint-Aubin. Appuyée contre la digue, elle m'indiqua les petites aigrettes blanches avec leurs longues pattes noires et leur bec effilé qui pataugeaient dans les creux inondés d'eau de la plage. Lorsque nous atteignîmes l'énorme digue qui datait de la guerre, nous nous assîmes pour regarder la marée qui montait à toute vitesse tout en dégustant nos sandwiches.

Ce jour-là, ma mère était heureuse. Nous l'étions toutes les deux. Je me sentais si proche d'elle. Le soleil avait donné un hâle doré à son visage et à ses épaules. Avec la brise marine qui soulevait ses cheveux, elle avait l'air jeune et insouciante. C'est l'image que j'essaie de garder d'elle dans mon esprit : ma mère, debout sur les rochers, les yeux brillants, les cheveux lâchés, en train de rire à quelque chose que je venais de lui dire.

La jeune femme qu'elle était encore avant que tout tourne mal à nouveau.

— Vous aimiez profondément votre mère, constata gravement Graham Power.

— Oui, c'est vrai. Je les aimais tous les deux.

Je ne me souviens pas combien de temps après ce jour ma mère tomba malade. Moins d'une semaine, je pense. Je l'entendais le matin qui vomissait dans le seau posé à côté de son lit.

C'est moi qui la soignais parce que Frank devait partir tous les matins travailler. Elle paraissait s'affaiblir de jour en jour. Son visage brillait de sueur et ses cheveux lui collaient dans le cou. Des ombres cernaient ses yeux, et son beau sourire s'était fait plus rare.

J'imbibais des linges d'eau froide pour rafraîchir sa nuque, je lui apportais des boissons fraîches jusqu'à l'endroit où, sans forces, elle avait choisi de s'allonger, que ce soit sur le sofa ou dans son lit. Pour nous nourrir, j'étais seulement capable de verser du lait dans un bol de céréales et de beurrer des tranches de pain blanc.

Chaque jour, il faisait plus chaud, et ma mère était plus lasse.

Nous étions obligés d'ouvrir les portes et les fenêtres pour faire un courant d'air, mais c'étaient surtout les mouches et les moustiques qui entraient.

J'avais des boutons qui me démangeaient sur tout le corps. J'aurais tellement aimé aller à la plage, laisser mes cheveux s'ébouriffer dans la brise et me rafraîchir les pieds dans l'eau ! Mais, après cette seule et unique journée, ma mère ne fut jamais assez bien pour sortir.

Son visage perdit toute couleur et se rida tandis que sa silhouette s'épaississait.

Les vacances s'achevèrent au moment où la chaleur devint supportable. C'est à ce moment-là que j'appris pourquoi elle était si épuisée et pourquoi Frank avait l'air soucieux. Elle tentait d'être gaie lorsqu'elle m'annonça que, à Noël, j'allais avoir une petite sœur ou un petit frère.

— C'est une bonne nouvelle, hein, Madeleine ? demanda-t-elle.

Je n'étais pas d'accord.

Avec le départ de l'été, les courants d'air se glissèrent sous les portes, les vitres se couvrirent de condensation et, au lieu d'avoir trop chaud, nous avions toujours froid. La nuit, le toit fuyait, et j'entendais l'eau goutter dans les seaux. Le petit poêle noir dégageait une épaisse chaleur acre qui n'allait pas jusqu'à notre chambre. Comme je détestais devoir sortir dans ma chemise de nuit pour aller aux cabinets !

Mon frère naquit juste avant Noël. Une minuscule crevette au visage rouge qui poussait des cris stridents. Ma mère était trop faible pour l'allaiter et, la nuit, c'était Frank qui réchauffait les biberons et le nourrissait.

L'infirmière qui vint nous rendre visite balaya toute la pièce d'un air scrutateur, remarquant le seau rempli de couches sales et le visage blême de ma mère.

— Vous devriez consulter un médecin, dit-elle fermement.

Il se présenta le lendemain et diagnostiqua une mononucléose.

— Vous devez manger des œufs frais, beaucoup de fruits et de légumes verts, et boire beaucoup de lait. De la bonne nourriture revigorante, voilà ce dont vous avez besoin.

D'après l'expression qui se peignit sur son visage lorsqu'il examina la maison, il n'avait guère d'espoir.

Quelques jours après sa visite, les gens des services sociaux vinrent frapper à notre porte. Je ne sais pas ce qu'ils dirent, seulement le résultat. C'est ma mère qui m'annonça, le visage tordu par l'angoisse, que je retournais à Haut-de-la-Garenne.

— Juste pour quelques semaines, quand j'irai mieux.

Ses mots sonnaient creux. Le dernier soupçon d'assurance lui avait été arraché par sa maladie, et je sentis qu'elle ne croyait pas à ces « quelques semaines ».

C'est alors que Graham Power demanda :

— On ne lui a pas proposé de l'aider ?

— Rien, répliquai-je. Et Frank travaillait si dur et gagnait si peu.

Je me souviens de l'amertume de ma mère lorsqu'elle m'expliqua pourquoi nous étions si pauvres.

— Comme il n'est pas originaire de Jersey, les patrons ne le paient pas à sa juste valeur. Ils nous méprisent et nous appellent les « pauvres déchets blancs ». Mais nous sommes assez bien pour qu'ils nous fassent travailler !

— Néanmoins, vous n'êtes pas retournée auprès de votre mère aussitôt qu'elle a été guérie, fit Graham Power, mais bien plus longtemps après... Vous avez séjourné à Haut-de-la-Garenne pendant plus d'un an avant de la retrouver. Il ne faut pas si longtemps pour guérir de la mononucléose, non ?

— Non, l'endroit où elle vivait ne convenait pas aux enfants. Ils ont accepté que le bébé soit dans la même chambre, mais pas moi.

— Elle n'a pas protesté ? Tout en sachant à quel point vous étiez malheureuse là-bas ?

En pensant à l'expression fugace de doute que j'avais vue sur le visage de ma mère lorsqu'on m'avait rendu ma valise, j'expliquai :

— On ne croit pas toujours ce que disent les enfants, n'est-ce pas ? Combien de fois avons-nous tenté d'en parler aux adultes ? Nous avons même raconté notre histoire à la police, vous le savez, mais on se moquait de nous.

Je me souviens de l'assistante sociale qui avait pris la décision que je devais y retourner. Je suppliai de ne pas devoir aller là-bas.

— Ta mère n'est pas assez bien pour s'occuper de toi.

Voilà la seule réponse que j'obtins. Les larmes jaillirent de mes yeux, et je promis que j'aiderais ma mère à prendre soin de mon petit frère. Je voulais rester avec ma famille, lui dis-je. Mais elle n'écoutait pas.

— Dès que ta mère ira un peu mieux, elle ira te rendre visite, dit la femme pour me calmer. Elle pourra te prendre pour les fins de semaine.

— Quand pourrai-je rentrer à la maison ?

Pas de réponse.

— Je viendrai te voir, ne cessait de répéter ma mère. Ce n'est que pour un peu de temps.

— Promis ?

— Promis.

Il s'était écoulé, comme venait de me le rappeler Graham Power, plus d'une année.

— Quand ma mère a demandé que je rentre chez moi, les autorités ont simplement affirmé que cette maison ne convenait pas. Parce qu'ils croyaient que Haut-de-la-Garenne convenait ? demandai-je tristement.

— Eh bien, il est clair que ce n'était pas le cas, répondit Graham Power.

20

Je vis l'expression de Graham Power changer légèrement. La mâchoire qui se durcit, un froncement de sourcils. Je compris qu'il allait me poser d'autres questions plus cruelles. Je compris que, jusqu'alors, tout ce qu'il m'avait incité à raconter n'avait été qu'un simple préambule. Il voulait que je me détende et il y avait réussi.

Il y avait quelque chose chez lui qui me donnait confiance. Il avait à cœur de nous protéger, j'en étais certaine. Il était si différent des autres qui m'avaient interrogée avec leurs mots lourds d'insinuations et leurs questions orientées, toutes conçues, d'après mon impression, pour broyer mon amour-propre déjà fragile. Ces gens ne m'avaient pas considérée comme un individu qui avait surmonté d'innombrables tourments, mais comme un témoin qu'ils voulaient pousser dans ses derniers retranchements, en passant au crible toutes ses allégations, quitte à le congédier pour finir.

— Dites-moi comment cela s'est passé lorsque vous y êtes retournée, Madeleine. Vous aviez mûri et vous étiez plus consciente de ce qui se passait dans le foyer.

Dans l'une de vos dépositions, vous avez déclaré aux officiers de police que Colin Tilbrook continuait de vous agresser, vous, mais aussi d'autres enfants, et que certains membres du personnel faisaient de même. En outre, il y avait les visiteurs. Des hommes qui ne venaient que dans un seul but. L'un d'eux, avez-vous déclaré, était une célébrité ; un autre, qui avait déjà été condamné pour ce type de crimes, jouait le rôle du père Noël. Vous avez également dit que, sous le bâtiment, il y avait un labyrinthe de pièces où avaient lieu des orgies. Est-ce exact ?

— Oui.

Je forçai mon esprit à remonter le temps.

Alors que le manège des images et des émotions tournoyait dans ma tête, les mots se mirent à couler.

C'est le corps secoué de tremblements que je franchis le seuil du foyer à mon retour. Je regardai ma mère s'éloigner jusqu'à ce que les ombres de la brume de mer l'avalent. Je voulais qu'elle tourne la tête, qu'elle se précipite vers moi pour un dernier baiser, mais je savais qu'elle ne le ferait pas pour ne pas me montrer ses larmes.

Une main tomba sur mon épaule. Une main aux poils noirs et drus sur les doigts, qui me rappelait une araignée.

— Bon retour chez nous, Madeleine.

Cette fois, je savais ce qui m'attendait dans cet endroit sombre et silencieux. Je n'avais jamais vraiment éprouvé de la terreur auparavant : de la peur, si, la peur qui vous noue le ventre, mais pas la terreur pure.

À cet instant, il n'y avait aucune pensée rationnelle

dans ma tête, uniquement de l'instinct, et cet instinct me disait de fuir. Mais mon corps ne réagissait pas. J'étais figée sur place. À travers le brouillard de ma terreur, je savais que je n'avais aucun endroit où me réfugier.

La main se leva, et l'homme me sourit d'un air pincé, un sourire moqueur qui m'épouvantait, avant de dire à une surveillante de m'emmener au dortoir. La seule personne que j'avais envie de voir, c'était Frances. Alors, je restai un moment à côté du lit dans lequel elle avait dormi.

— Elle n'est plus là, dit la surveillante qui m'avait accompagnée.

— Mais elle n'a pas encore seize ans ! laissai-je échapper.

Frances m'avait dit qu'elle n'avait aucune chance d'être autorisée à partir avant cela.

— On l'a envoyée ailleurs. Elle s'est attiré des ennuis, mais elle reviendra, ne t'inquiète pas.

Je m'inquiétais quand même. Sans elle, j'avais l'impression de ne plus avoir aucune protection.

J'étais sûre que Colin Tilbrook m'enverrait chercher ce soir-là, qu'un garçon entrerait dans le salon pour dire qu'il m'attendait.

Mais j'avais tort : ce n'est pas lui qui m'envoya chercher.

J'allais apprendre que d'autres personnes avaient les mêmes centres d'intérêt que lui.

Elles surgirent alors que j'étais en train de m'endormir. Deux surveillantes, leur souffle amer de l'odeur de l'alcool.

— Debout, toi, dirent-elles en m'arrachant les draps.

Elles n'allaient pas me faire rester debout dans le couloir le premier soir ? pensai-je. J'avais envie d'aller faire pipi et je sentis une goutte s'écouler. « Pourvu qu'elles ne le voient pas », priai-je.

— Quel âge as-tu, à présent, Madeleine ? demanda l'une.

— Sept ans, mademoiselle.

— Je vois que ton séjour en famille ne t'a pas fait oublier tes manières, dit l'autre avant de se mettre à rire. Oh ! n'aie pas peur ! Nous n'allons pas te punir. Tu n'as rien fait de mal, n'est-ce pas ?

— Non, mademoiselle.

Un soupçon de confiance surgit en moi. Comme je savais qu'elles avaient bu et qu'elles étaient de bonne humeur, je me dis qu'elles ne voulaient certainement pas faire quelque chose de mal, non ?

Bien sûr que si.

Elles me conduisirent dans une pièce dont je me souviens uniquement des hautes fenêtres en arc.

— Bon, dit la plus jeune des deux, donnons un truc à boire à Madeleine, histoire qu'elle se sente aussi bien que nous.

On me tendit un verre que j'entourai de mes doigts.

— Trinque donc, Madeleine, dirent-elles avec un bel ensemble en levant leur propre verre et en avalant d'un trait le contenu.

— Cul sec, ma chérie.

Un doigt vint pousser le verre contre ma bouche.

Un visage s'approcha de moi, si près que je décelai les pores de ses joues rougies.

— Je suis sûre que tu aimes les jeux, Madeleine. Jouer au docteur, par exemple.

— Tu me montres la tienne et je te montre la mienne, dit son amie.

La pièce tournoya, et j'eus l'impression que mes jambes étaient aussi flageolantes que de la gelée.

Des bras me maintenaient et me poussaient sur un canapé. Une bouche humide recouvrit la mienne, collante et caoutchouteuse, et je tentai vainement de détourner la tête. Puis, son amie passa les mains sur tout mon corps.

— Une belle petite poulette, c'est sûr, dit-elle.

On remonta ma chemise de nuit. Des ongles vifs s'insinuèrent entre mes jambes. Ma tête fut attirée sur leur poitrine, mes vêtements, retirés, et mes mains furent forcées de caresser leur corps. Un autre verre et, après la dernière goutte, le temps se mit à dériver.

On me poussa la tête plus bas, forçant mes lèvres à toucher des endroits que je ne voulais pas toucher. Je luttais sans relâche contre la nausée.

— Nous ferions mieux de la ramener dans le dortoir, entendis-je vaguement une voix déclarer.

Enfin, mon épreuve s'achevait.

Portée et traînée dans ces couloirs sombres par les deux surveillantes, qui continuaient à rire devant mes efforts pour marcher, je fus ramenée au dortoir. J'ignore combien de temps elles m'avaient gardée dans cette pièce, mais je me souviens d'avoir été hébétée, désorientée et terrorisée.

Le matin, je ne parvins pas à ouvrir les yeux ; mes paupières semblaient collées. J'avais la bouche sèche, et la tête me faisait si mal que j'avais la sensation qu'elle était coupée en deux.

La soirée avait-elle vraiment eu lieu ? M'avait-on tirée du lit ? Des mains de femme avaient-elles fait tout cela ? Ou était-ce un autre de mes cauchemars ? Des images brouillées, toutes horribles, tourbillonnaient inlassablement dans ma tête.

Mais je savais que cela s'était produit.

À l'école, tout ce que je voulais, c'était dormir. J'étais si fatiguée que je sentais mes yeux se fermer, ce qui, pour la maîtresse, ne révélait qu'un manque d'intérêt pour les leçons. Elle lança donc ses récriminations à voix forte. Qu'importait sa colère, cela ne faisait aucune différence. Les lettres avaient encore moins de sens, et le calcul me dépassait. Lorsque je la regardais, je voyais sa bouche bouger, mais les sons ne formaient pas de mots.

Peut-être que, si j'avais vécu à la maison, elle m'aurait demandé si je m'étais couchée tard, si j'avais eu le droit de regarder la télévision. Des questions que je l'avais entendue poser à d'autres enfants. Il était cependant peu probable qu'elle ait pensé que j'avais été privée de sommeil. Ne vivais-je pas dans un foyer où nous étions strictement surveillés ? Et, si elle me posait la question, m'aurait-elle crue si je lui avais tout raconté ?

Il y avait de nombreuses nuits où le sommeil nous était interdit. Dans le foyer, les enfants imitaient le comportement tyrannique des adultes. Certains adolescents violaient des jeunes filles, et d'autres, les plus jeunes garçons ; certaines filles agressaient les plus jeunes. Ce fut longtemps après la nuit où les surveillantes m'avaient emmenée dans la pièce aux fenêtres à arc que je fus réveillée par une fille qui s'était glissée dans mon lit.

— Je t'ai vue aller avec elles, dit-elle tout en relevant sa chemise de nuit pour grimper sur moi.

Dans une parodie de l'acte sexuel, elle se souleva et s'abaissa sur mon corps frêle, le visage pressé contre le mien, m'empêchant de crier. De toute façon, j'étais trop terrifiée pour crier. D'ailleurs, quel résultat aurais-je obtenu ?

Les surveillants devaient être conscients de ce qui se passait. Ils avaient fixé au mur de petits dispositifs d'écoute qui leur révélaient tout ce qui se disait.

C'était clairement quelque chose auquel ils n'avaient pas envie de mettre fin. Les surveillants qui venaient la nuit dans le dortoir étaient peut-être les mêmes qui avaient corrompu la fille de dix ans qui me violait. Après son départ, je demeurai là, paralysée.

N'y avait-il aucun endroit où je pouvais être en sécurité ? Personne en qui je pouvais avoir confiance ?

À cet âge, je ne comprenais pas ce qui se passait. Je savais que c'était mal, mais je ne savais pas pourquoi. Seulement que cela me donnait l'impression d'être sale.

Quelques jours plus tard, la même fille vint me voir pour m'offrir des bonbons. J'aurais eu envie de les lui arracher, de la frapper comme je l'avais fait avec les brutes de l'école. Mais son visage arborait une expression que je ne peux décrire que comme pleine d'espoir.

Elle voulait que je sois son amie. Je plongeai la main dans le sac, en tirai un caramel que je mis dans ma bouche. Après tout, nous n'étions que deux enfants qui faisaient de leur mieux pour être normaux, l'un qui était déjà un prédateur, l'autre, sa victime.

— Savez-vous ce qui lui est arrivé ? demanda Graham Power.

— Elle a fini par travailler au foyer. Elle est partie pendant un bref laps de temps et puis elle est brusquement revenue.

Alors, elle n'était plus du tout la jeune fille qui avait tenté de devenir mon amie avec des bonbons. D'ailleurs, ce n'était pas la seule. Il y avait aussi un garçon qui avait été brutalisé. J'ai donné son nom à la police. Lui, à son tour, a abusé des enfants dès qu'il a eu un peu d'autorité. Le cycle n'a jamais de fin.

Je continuai à parler de Colin Tilbrook. Il avait beau être mort, il continuait de hanter mes cauchemars.

— Il sélectionnait les jeunes filles, expliquai-je à Graham Power. Il choisissait celles dont il allait s'occuper cette nuit-là.

— Pouvez-vous préciser ce dont vous vous souvenez ? Comment saviez-vous ce qui se passait avec les autres enfants ?

Pendant quelques secondes, je fermai les yeux pour faire renaître cette silhouette vêtue de noir qui se faufilait dans les dortoirs. Si, à cinq ans, j'avais imaginé toutes sortes de raisons aux hurlements et aux sanglots, à sept ans, je savais à quoi ils étaient dus. Je pouvais être dans mon lit, voire en train de dormir, mais je pense qu'il y a quelque chose au tréfonds de nous qui nous envoie un message d'alerte. Même lorsque nous dormons, nous l'entendons.

Je me réveillai en sachant que quelque chose n'allait pas. Je fis de mon mieux pour garder une respiration régulière et scrutai l'obscurité. Il était là, cette silhouette sombrement vêtue, un oreiller dans les mains.

L'un des policiers qui m'avaient interrogée auparavant m'avait demandé si cela pouvait être un cauchemar.

Cela ne l'était pas.

Pas plus que le fruit de mon imagination.

Je le vis baisser les yeux sur les filles qui, comme moi, faisaient semblant de dormir. Il savait parfaitement, bien sûr, laquelle il voulait, mais il aimait jouer à nous terroriser. Il prenait du plaisir à observer les petites filles qui faisaient mine de ne pas avoir remarqué sa présence, celles qui priaient qu'il passe devant elles sans s'arrêter pour aller en tourmenter une autre.

— Et quel usage faisait-il de l'oreiller ?

Cette question me ramena à la petite fille de sept ans, l'estomac noué, les mains en sueur, tandis que, les yeux mi-clos, je le surveillais. Je surveillais sa main, qui avait tant de fois touché mon corps, retirer les draps et la couverture avant qu'il ne se glisse dans le lit étroit d'un enfant. La fillette qui tente de lui échapper, ses membres qui se débattent, ses mains à lui qui la repoussent sur le lit, sa bouche qui s'ouvre sur un cri, et l'oreiller qui recouvre son visage suppliant.

J'avais observé ces luttes sans effet, vu sa tête se pencher sur l'oreille de la petite fille et, même si je n'entendais pas clairement, je n'ignorais pas ce qu'il murmurait :

— Reste tranquille ou je tiendrai cet oreiller jusqu'à ce que ton visage vire au bleu.

Et si elle pensait que, au moment où il la dégagerait elle pourrait hurler, il le remettrait sur elle, encore plus longtemps. Avait-elle compris ?

Elle comprenait et, à ces mots, demeurait immobile. Pas d'autres murmures de protestation ou de cris étouffés ne lui échappaient. Les seuls bruits que nous percevions étaient les mouvements violents et les grognements, jusqu'au plus fort qui marquait la fin. Alors, il partait, et la fillette laissait échapper de petits sanglots étouffés et des geignements.

Je racontai tout cela à Graham Power aussi rapidement que je le pus.

Je ne lui dis cependant pas que je n'avais aucun besoin de fouiller dans ma mémoire pour retrouver cette image qui datait de quarante ans. Il suffisait que je pense au cauchemar qui me hantait. La silhouette noire continue de dériver dans mon esprit. Et, lorsque je me réveille, elle est encore là dans les ombres avec le bruit des sanglots des petites filles.

— La peur est ce qui nous gouvernait et ce qui nous contrôlait, dis-je à Graham Power tout en lui décrivant du mieux que je pus à quel point nous en étions imprégnés.

Tout avait commencé avec l'inspection des lits. Le nez des surveillantes frémissait littéralement lorsqu'elles décelaient l'odeur de l'urine d'un enfant qui s'était mouillé. On arrachait les draps, on hurlait des insultes, et la petite silhouette, les larmes sur les joues et les commissures des lèvres plissées, rassemblait son linge de lit pour trébucher jusqu'à la buanderie.

Il y avait des milliers de manières de nous dépouiller de notre dignité. Par exemple, pour manger, nous devions patienter jusqu'à ce qu'on appelle le numéro de notre groupe pour être servis. Nous devions respecter le silence. On nous retirait nos possessions. On nous empêchait de manger pour nous punir ou alors on renvoyait nos visiteurs. Mais ce ne sont là que quelques exemples.

Ce jour-là, je racontai à Graham Power ce qui s'était passé dans le foyer, les occasions où j'avais pris la fuite, les pièces où on nous détenait, les hommes qui venaient, les garçons qui étaient emmenés au bunker. Et je lui parlai de la piscine.

J'aurais pu lui parler d'un tas d'autres choses, mais je n'avais pas le temps. Au moment de partir, j'ignorais que c'était la dernière fois que je lui parlais. Ni lui ni moi n'étions conscients des forces qui conspiraient contre nous.

21

Ce soir-là, après ma conversation avec Graham Power, je continuai de plonger très loin dans les souvenirs les plus douloureux de mon enfance. Les visages durs et méprisants des surveillants voguaient devant moi. Comme j'aurais aimé qu'ils paient pour leurs crimes ! Alors, nous pourrions peut-être trouver la paix.

Mon esprit revint à l'époque que j'avais passée avec ma mère et Frank. Si seulement j'étais restée avec eux ! Ma vie aurait pu être tellement différente. Ma mère avait été relogée dans une maison qui, lui avait-on dit, convenait aux enfants. Je ne sais pas quelles instructions les autorités lui avaient données, mais je suis sûre que c'était qu'elle pouvait prendre soin d'elle et de ses deux enfants. Pour m'avoir avec elle, elle devait tenir la maison propre, cuisiner des repas nourrissants et réduire sa consommation de tabac et notamment d'alcool.

Le jour où je quittai Haut-de-la-Garenne à nouveau, j'ignorais que tout ce que faisait ma mère serait scruté à la loupe. Moi, je ne savais qu'une chose, c'est que je m'échappais une nouvelle fois de l'orphelinat.

« Je ne remettrai plus jamais les pieds ici », me dis-je.

Une fois de plus, je m'emparai de ma valise et je m'éloignai de la bâtisse grise et triste aux côtés de ma mère. Notre nouvelle maison se situait dans un lotissement HLM, en l'occurrence au beau milieu de rangées de petits immeubles gris entourés de terrains où les bicyclettes cassées, les landaus abandonnés et les vieilles voitures cabossées remplaçaient les haies nettes et les arbres feuillus. L'appartement, qui était jugé convenable pour des enfants, était situé dans le « bloc des alcooliques » comme on surnommait les Le Geyt Flats.

Au début, j'étais simplement contente de retrouver ma famille et mon ancienne école, laquelle se trouvait juste au coin de l'endroit où nous vivions. Je me disais que les autres enfants ne m'auraient pas oubliée en l'espace d'une année, et j'avais acquis la réputation d'avoir de bons coups de poing, ce qui me permettait d'espérer que personne ne me chercherait d'ennuis.

Il ne fallut que quelques semaines pour que cette euphorie s'évanouisse.

Ma mère avait changé. Tous ses rêves qui ne menaient à rien avaient fini par peser leur poids. Elle était arrivée à l'âge où, au lieu d'imaginer un avenir radieux, elle ressassait ses souvenirs. Son beau sourire avait disparu, tout comme ses promesses d'une vie meilleure. À mon retour de l'école, je n'étais pas accueillie par l'arôme des petits plats et j'avais l'impression que l'appartement était aussi sale que je l'avais laissé le matin. Quand ma mère s'emparait d'une bouteille, elle ne faisait plus mine de célébrer quoi que ce soit ; elle en avalait le contenu comme pour noyer sans joie la réalité.

Elle poussait d'abord un soupir de satisfaction en ingurgitant la première gorgée, puis elle éclatait de rire, des rires qui devenaient rapidement stridents. Je l'entendais ouvrir une autre bouteille et, un nœud à l'estomac, je me préparais au rituel qui allait suivre : les récriminations, les larmes, ma mère qui trébuchait jusqu'à son lit, des cris et des insultes, puis des ronflements profonds.

Au cours de l'année de mon absence, Frank avait perdu toute son énergie. Lui qui ouvrait autrefois les cannettes de bière avec entrain et bonne humeur, il avait vieilli. Un seul salaire ne suffisait pas à satisfaire à la fois leur penchant à tous les deux pour l'alcool et le tabac, et ils rognaient sur la nourriture et le chauffage. Dans la maison au toit de tôle, nous avions soit trop chaud, soit trop froid, mais il y avait un jardin qui nous avait régulièrement alimentés de légumes. Pour aggraver les choses, les étables qui abritaient les vaches laitières avaient été déplacées, et je ne savais plus où aller chercher du lait.

Toutefois, même dans ces logements minables, ma mère avait jadis fait de son mieux pour que tout reste propre. C'était peut-être parce qu'elle avait compris qu'elle n'avait plus le choix que la dernière goutte d'optimisme qu'elle pouvait avoir en elle s'était évaporée. Les couches s'empilaient dans le seau, le visage de mon petit frère était toujours sale, et l'odeur des ragoûts et du poulet rôti avait totalement disparu. Les gens venaient frapper à la porte pour emprunter de l'argent ou une cigarette.

— Il me faut une clope, entendais-je des voix marmonner.

Frank disait alors à ma mère qu'ils devaient peut-être faire davantage attention.

— On ne veut pas que ces bons à rien te trouvent encore au lit quand ils entrent, non ? disait-il.

Un week-end, sous l'impulsion de Frank, l'activité reprit dans la maison. Nous lavâmes les sols et les fenêtres, nous fîmes la vaisselle et la cuisine. Ma mère se remaquilla et elle ne but que deux bières.

— J'aime prendre un verre, me dit ma mère comme s'il s'agissait d'un secret enfin révélé, mais je ne veux pas finir comme ces femmes, n'est-ce pas ?

Elle faisait notamment allusion à un couple que l'on entendait se quereller d'un bout à l'autre de la rue lorsqu'il rentrait en chancelant du pub.

Pendant la semaine qui suivit, les choses semblèrent reprendre leur cours normal : on entendait à nouveau le sifflement joyeux de Frank ; la cuisine embaumait ; mon petit frère était propre ; les travailleurs sociaux étaient venus et repartis avec des sourires satisfaits ; et ma mère n'avait pas bu autant que d'habitude.

Ce fut exactement alors que je pensais que notre vie avait pris un tour meilleur que mon oncle Eugène vint séjourner chez nous et que tout changea à nouveau. Il arriva alors que nous étions en train de regarder la télévision. Un coup à la porte et une voix nébuleuse annoncèrent l'arrivée d'un homme qui entra en vacillant, une bouteille dans une main et un cornet de frites dans l'autre. Il était de corpulence imposante, poilu, avait un torse épais, des bras musclés, le sourire faux des alcooliques et les yeux rougis. Il expliqua qu'il avait besoin d'un toit pendant quelques jours.

Il pouvait dormir dans la chambre du bébé, que ma mère et Frank prendraient avec eux pendant ce temps. Ce n'était qu'une petite chambre à peine plus grande qu'un placard, avec un lit minuscule à une place, mais c'était tout ce qu'ils avaient à proposer.

Ce fut le premier d'une longue série d'incidents. Au départ de l'oncle Eugène, Frank découvrit qu'on lui avait volé ses médailles militaires. Quelques semaines plus tard, l'oncle était de retour. Je le vis s'approcher depuis ma fenêtre de l'appartement et je compris à sa démarche peu sûre qu'il était déjà très saoul. De nouveau, il arrivait avec une bouteille de whisky, et on sortit des verres après m'avoir envoyée me coucher.

Cette fois, au lieu de rester allongée dans mon lit à écouter leurs voix de plus en plus embrouillées, j'entendis Frank qui se mettait en colère et l'oncle Eugène rétorquer qu'il avait été insulté. Il n'était pas un voleur ! Comment Frank osait-il l'accuser ? Ma mère essayait de les calmer.

Je me glissai sans faire de bruit au bas de mon lit et, par la porte entrouverte, je vis les deux hommes tenter de se redresser. Un coup de poing mou atteignit Frank à l'estomac avant que celui-ci ait eu le temps de réagir. Ma mère hurla, les meubles furent brisés, et le bébé gémit de peur.

Dans un autre quartier, on aurait appelé la police,

mais les gens des appartements des alcooliques avaient d'autres chats à fouetter.

À la visite suivante de l'oncle Eugène, mes cauchemars reprirent.

La nuit, je me réveillai brusquement et sentis son souffle sur moi, sa main sur mon épaule tandis que je l'entendais défaire la boucle de sa ceinture. J'ouvris les yeux pour découvrir, contre le mur, une énorme silhouette qui se penchait vers moi. Je me mis à hurler, et Frank accourut. Il portait dans les mains une sorte de gros morceau en bois.

— Dehors ! hurla-t-il. Dehors ! Sinon, je jure que tu ne pourras plus marcher.

Il tenait le morceau de bois au-dessus de sa tête.

Eugène bafouilla en expliquant qu'il s'était trompé de pièce, qu'il cherchait la salle de bains.

Le visage de Frank se fit plus sombre.

— Sors de chez moi, espèce de salopard !

— Je ne pense pas que tu aies envie d'avoir la visite de la police, dit Eugène. Tu pourrais finir en prison. Elle serait de retour dans ce foyer plus vite qu'il suffit de le dire. Et tu sais comme moi ce qui se passe là-bas, non ? ajouta-t-il avec un sourire provocant. Oh ! ne fais pas d'histoires ! Je m'en vais.

Il se dirigea vers la porte et, avant de franchir le seuil, lança sa dernière pique :

— C'est plutôt chouette de se taper de la chair fraîche ! Je suis sûr que toi aussi, Frank, tu as eu envie d'y toucher.

Sur ce, il disparut.

Aucun endroit au monde ne me paraissait sûr.

22

Il ne fallut pas longtemps pour que ma mère se remette à boire. Frank tentait de limiter les dégâts, mais il ne savait pas vraiment quoi faire. Nous avions à nouveau du mal à nous procurer à manger. Il semblait que ce que Frank gagnait ne suffisait pas à nous nourrir et à acheter les bouteilles de vin que ma mère appréciait. À l'école, comme je faisais partie des élèves qui avaient droit au déjeuner gratuit, j'arrivais à manger à ma faim parce qu'on me donnait des suppléments. On nous distribuait également des berlingots de lait, et je faisais de mon mieux pour rapporter le mien en douce à l'appartement.

En fin de semaine, grâce au sable doré de la plage de West Park, j'arrivais à me faire un peu d'argent. Les vacanciers insouciants laissaient derrière eux leurs bouteilles vides de limonade et j'en récupérais autant que je le pouvais dans mon sac. Avec l'argent de la consigne, je me payais une portion de frites enveloppées dans un morceau de papier journal. Il y avait également des moments où je récupérais assez d'argent pour aller jusqu'au parc de jeux de Funland avec mes amis et jouer aux machines à sous. À la maison, on me demandait rarement où j'étais allée. Ma mère et Frank avaient assez à faire avec leurs propres problèmes.

Ma mère était retombée dans une dépression dont seul le gin l'aidait à sortir, mais toujours pour peu de temps. Pour ma part, je l'aidais autant que je le pouvais, par exemple en lavant les couches de mon petit frère et en les étendant, en faisant le ménage et en nettoyant, mais ce n'était jamais assez. Les fins de semaine étaient pires : sans le lait et le déjeuner de l'école, j'avais l'estomac qui grondait de faim. Lorsque l'été fit place à l'hiver, il n'y eut plus de bouteilles de limonade vides sur la plage, ce qui signifiait me passer de frites. Oui, il y avait des jours où ma mère se reprenait et cuisinait un ragoût (avec plus de pommes de terre que de viande). Certains dimanches, on avait aussi un poulet rôti. Et, le vendredi, s'il avait plus d'argent parce qu'il avait fait des heures supplémentaires, Frank rentrait avec un cornet de poisson et de frites arrosés de vinaigre.

Mais il y avait aussi des jours où nous ne mangions que du pain sec et des petits pots pour bébé, ces jours où, le ventre creux, j'allais à l'église. J'ignore ce qui me poussa à m'y rendre pour la première fois, mais ce fut une bonne idée. J'étais en train de tripoter les cierges devant la statue de la Vierge Marie lorsqu'un prêtre fit son apparition.

Un homme à cheveux gris, avec des lunettes à monture épaisse et sombre. Il se présenta comme le père Paul et me demanda ce que je faisais. Le rouge me montant aux joues, je lui rendis le regard le plus impassible qui soit : il venait de me prendre en train de voler.

— As-tu faim ? demanda-t-il avec douceur.

— Oui, chuchotai-je.

Je pensais que j'avais commis un péché mortel, pas seulement parce que j'avais pris ce qui ne m'appartenait pas, mais parce que je l'avais volé dans une église.

— Viens avec moi, dit-il simplement.

En posant sa main sur mon épaule, il me conduisit jusqu'au presbytère, m'introduisit dans une pièce tapissée de livres où la lumière du soleil d'hiver brillait sur le bois poli.

— Attends-moi, je vais aller à la cuisine pour voir ce que je peux te trouver de meilleur que ces bougies.

Le sourire espiègle qui alluma son visage lui donna l'air presque juvénile.

Je jetai un regard nerveux autour de moi en me demandant ce qui allait se passer. Je n'eus pas longtemps à attendre.

— Désolé, mais c'est froid, dit-il en posant une assiette de baguette, de fromage et de cornichons devant moi. Avale ça, et nous pourrons parler ensuite. Tu me diras pourquoi tu as faim. Après, je te ramène chez toi.

Entre deux bouchées, je lui racontai les démêlés de ma mère en lui expliquant que nous n'avions jamais assez à manger. J'ajoutai que, oui, effectivement, elle buvait. Je savais que ce n'était pas loyal, mais les mots semblaient sortir d'eux-mêmes.

— Les êtres humains trouvent l'apaisement de différentes manières, dit-il gentiment, et ce n'est pas à moi de les juger.

Lorsque je cessai de parler et de manger, et que mes paupières commencèrent à tomber de fatigue, il dit :

— Je pense qu'il vaut mieux que je te reconduise.

À demi ensommeillée, je le suivis jusqu'à une étincelante Morris Minor crème.

— Grimpe ! dit-il en ouvrant la portière.

Il enroula l'une de ces nouvelles ceintures de sécurité autour de moi.

— C'est pour que tu sois en sécurité, dit-il avec un sourire lorsque je lui demandai à quoi elle servait.

Il s'installa derrière le volant et me redemanda mon adresse avant de me conduire tranquillement jusqu'à l'appartement.

Une fois que ma mère eut repris ses esprits après m'avoir vue arriver avec un prêtre en robe, elle proposa une tasse de thé. Il accepta, s'assit et agita la main pour montrer qu'il ne se souciait guère du désordre de la maison ou de l'absence de biscuits. Il lui raconta qu'il savait que les choses n'étaient pas faciles, notamment pour les familles irlandaises. Il ajouta qu'un seul revenu ne pouvait pas suffire et lui demanda ce qu'il pouvait faire. Lorsque ma mère éclata en sanglots, il commenta simplement :

— Il suffit de demander. C'est pour ça que nous sommes là.

Avant de partir, il lui assura qu'il veillerait à ce qu'on nous remette des couvertures, ainsi qu'un panier de nourriture et deux sacs de charbon. Quelques semaines plus tard, il apporta un énorme panier :

— Pour Noël, dit-il.

Et il m'invita à la fête prévue pour les enfants.

Outre cette fête et son gigantesque sapin, avec un cadeau pour chaque enfant, j'ai d'autres bons souvenirs de cette époque. Il y avait des moments où je n'étais qu'insouciance : je jouais sur la plage avec mes amis ; je me glissais en leur compagnie dans l'hôtel Le Coin, où nous faisions semblant d'appartenir aux familles en vacances, et nous jouions avec leurs enfants ; parfois, je racontais que ma mère devait prendre beaucoup de repos parce qu'elle avait des migraines, et une autre mère m'offrait une glace.

Le jour de l'accident, je sortis en riant de l'hôtel où, une fois de plus, j'avais réussi à avoir ce que je voulais. J'étais si fière de moi que je ne regardais pas où j'allais quand j'entendis mon amie hurler mon nom. Je levai les yeux juste à temps pour apercevoir un autocar de touristes se précipiter dans ma direction. Ensuite, le monde sombra dans l'obscurité.

Je me réveillai dans le service des soins intensifs, ma mère les yeux rivés sur moi. Par la suite, j'appris que j'avais la clavicule cassée, des bleus sur tout le corps et une commotion cérébrale. Lorsqu'elle vit mes yeux papillonner, ma mère tendit la main vers la mienne. D'une bouche tremblante, elle esquissa un sourire.

— Dieu merci, tu vas bien, Madeleine, dit-elle en serrant mes doigts.

Je refermai les yeux. Rester éveillée exigeait trop

d'efforts. J'entendais sa voix comme si elle venait de loin.

— Qu'est-ce qui t'a pris ? Tu aurais pu te faire tuer ! disait-elle. Je me suis fait un sang d'encre. Tu ne retourneras jamais plus à cet hôtel pour nager ! Tu as compris ? Jamais plus !

Heureusement, je me rendormis. Le chauffeur du bus vint aussi me rendre visite et m'apporta des chocolats et des fleurs. Il ne cessait de répéter qu'il était désolé, mais c'est moi qui m'étais avancée devant lui.

J'eus aussi la visite d'une autre personne. Quelqu'un des services sociaux.

— Cela ne convient pas, dit-elle, parce que ta mère est incapable de te surveiller.

J'eus le droit de rester à la maison jusqu'à la fin des vacances.

Je retournai donc à Haut-de-la-Garenne en compagnie de l'assistante sociale.

J'avais déjà dit adieu à ma mère.

— Je viendrai te rendre visite, dit-elle en évitant de croiser mon regard.

Je remarquai que, cette fois, elle ne me promettait pas que cela ne durerait que peu de temps. Nous savions parfaitement toutes les deux que ce n'était pas le cas.

À présent, j'étais plus grande, plus capable de me défendre – du moins le pensais-je tout en étant malade de terreur. Rien ne pouvait être pire que de retourner à Haut-de-la-Garenne, un lieu que je croyais avoir laissé derrière moi (un lieu où j'avais réussi à survivre, ajoutait ma voix intérieure). Depuis qu'on m'avait annoncé la nouvelle, j'avais tenté de me convaincre que tout irait bien.

Je n'y avais pas réussi.

Et j'avais raison : cela allait empirer.

Les Jordan allaient arriver.

23

2008

Un autre coup de téléphone, une autre déposition. Cette fois, je n'étais pas inquiète, car je pensais que j'allais me retrouver en face de Graham Power.

Grossière erreur.

C'était l'homme aux yeux de galet, dans son complet sombre et sa chemise blanche amidonnée, avec la policière de rigueur assise à côté de lui. Ils ne posèrent guère de questions préliminaires. Au lieu de cela, l'homme s'empara d'un dossier, l'ouvrit et me lança un regard scrutateur.

— Madeleine, lorsque vous avez parlé à Graham Power, vous avez dit qu'il y avait une piscine. Qu'elle était dans le sous-sol.

— Oui, il y en avait une dans le sous-sol.

— Le sous-sol ? Votre déposition donne l'impression qu'il y avait un labyrinthe de pièces sous le bâtiment. Or, l'espace qui se situe là-dessous est vide. Il mesure à peine un mètre cinquante. Il n'y a aucun signe de piscine. Pas de preuve qu'il y en ait jamais eu une.

Il fit une pause et regarda ses notes tandis que je demeurais silencieuse.

— Toutefois, il en existe une dans laquelle, sans aucun doute, vous êtes allée nager. Une piscine qui a été offerte au foyer par un donateur bienveillant. Mais elle est à l'extérieur, et pas dissimulée. Il n'y a rien, absolument rien, qui indique qu'il y aurait eu une piscine quelque part sous le bâtiment. Il n'y a pas de place pour cela dans ces pièces que vous qualifiez de caves. Est-il possible que vos souvenirs soient un peu confus ?

Oui, je sais que ma mémoire n'est pas toujours très précise. En outre, j'essayais de me rappeler ce qu'avait éprouvé une très petite fille. J'admets qu'il m'arrive de ne pas être sûre qu'il s'agisse d'un cauchemar ou de la réalité. Je me demande cependant si certains faits que j'ai attribués à des mauvais rêves ne sont pas de véritables souvenirs qui se glissent dans mon subconscient lorsque, le matin, je suis sur le point de me réveiller. Mais certains sont trop clairs, trop nettement gravés dans mon cerveau pour qu'ils ne soient autre chose que la vérité.

On m'a dit que la partie consciente de notre esprit efface souvent les épisodes traumatiques. Peut-être est-ce la raison pour laquelle certaines des personnes interrogées ont tant de mal à fournir un témoignage fiable. Dans ce cas, je ne comprends pas pourquoi ce n'est pas ce qui s'est passé avec les réminiscences de mon enfance. Même si je ne me souviens pas autant des voix et des visages, les mots sont imprimés dans mon esprit avec la plus grande clarté.

— Elle était bien là, dis-je. Je ne prétends pas qu'elle était aussi grande que celle qui se trouvait à l'extérieur. Bien sûr que non. Elle ressemblait davantage à ce qu'on appelle aujourd'hui une fosse à plongeon. Mais alors, pour un enfant, elle paraissait immense…, immense et terrifiante.

— Alors, Madeleine, dit la policière, expliquez-nous l'utilité d'une piscine dont nous n'avons aucune trace ici.

— C'est là que les hommes s'amusaient.

— Combien d'hommes ?

— Parfois jusqu'à dix. Ils étaient déjà là à notre arrivée.

À travers les couloirs poussiéreux qui conduisaient à mon enfance, une image nette émergea : notre petit groupe d'enfants que l'on amenait à cette pièce où, dans la piscine, des hommes rougeauds, avec des poils blancs sur leur torse flasque, l'éclat de l'or sur leurs mains boudinées aux ongles parfaits, étaient appuyés contre la paroi carrelée. Derrière eux, sur la margelle, il y avait des bouteilles de vin et d'alcool. La fumée de leurs gros cigares s'échappait en volutes au-dessus des têtes qui se dégarnissaient. Et les rires ! Les rires gras qui résonnaient dans mes oreilles !

À travers l'eau claire, je voyais que les hommes étaient nus, avec leur chose qui me dégoûtait tant, cette chose rouge qui pendouillait entre leurs jambes, mais qui pouvait gonfler pour devenir chaude et avide.

— Ho, ho ! De nouvelles petites lucioles ! s'écria l'un d'entre eux.

— Et des bien belles, ajouta un autre.

Les rires se firent plus aigus.

Il me suffisait de les voir avec leur visage empourpré, un verre et un cigare dans les mains, pour que je sente la bile remonter dans ma gorge. Je savais déjà ce qu'ils voulaient, pourquoi nous avions été amenés là.

— De gentils messieurs qui vont vous faire des cadeaux, nous avait-on dit.

Je savais bien de quels cadeaux il s'agissait. Ils voulaient la même chose que Colin Tilbrook.

— Retirez vos vêtements maintenant et vous pourrez vous baigner, dit l'une des surveillantes.

Trop terrifiés pour protester, les enfants levaient docilement les bras pour qu'on leur retire leur chemise et leur jupe ou leur pantalon, se penchaient et dénouaient leurs chaussures, enlevaient leurs chaussettes et se tenaient, tremblants de peur, uniquement vêtus de leur culotte.

— Allez, dit la surveillante. C'est l'heure de s'amuser.

J'aurais voulu hurler que je n'avais pas envie d'aller dans l'eau. J'aurais voulu faire demi-tour en courant pour retourner sur mes pas. Mais le regard glacial de la surveillante me figeait sur place.

Un des hommes me déshabilla du regard, et, à travers son expression narquoise, je me vis comme il me voyait : minuscule et sans importance, un jouet comme un autre. Il leva la main et pointa un doigt vers moi.

— Celle-là d'abord, dit-il. Cette petite luciole aux yeux bleus peut venir me voir.

— Toi d'abord, Madeleine, dit la surveillante en me soulevant pour me faire entrer dans l'eau.

Des mains s'agrippèrent à mes épaules, et l'or d'une alliance étincela sous mes yeux.

— Tu es bien mignonne, toi !

Il me retourna, attira mon petit corps contre son torse et se mit à me soulever de haut en bas. Je sentais la chose sous mon corps, la chose qui s'appuyait contre moi, et je me pris à espérer qu'il ne me demanderait pas de la toucher.

La surveillante montra une autre petite fille.

— Qui a envie de cette petite luciole toute nue ?

En riant, un autre homme à cheveux gris leva la main. Les autres hélèrent la surveillante tour à tour, et chacun reçut un enfant en larmes. L'eau tourbillonnait tandis que les hommes manipulaient les petits corps, leur tenaient la tête, que les petits visages se détournaient. Et les hommes qui avaient des petits-enfants de notre âge riaient, gémissaient et grognaient.

Revenue au présent, j'essuyais une larme : l'image avait été trop nette, trop réelle.

La voix du policier interrompit le fil de mes pensées :

— Pensez-vous que vous devriez vous rétracter ?

Rouge de colère, je pris le temps de réfléchir à sa question.

— C'est vous qui êtes venus me voir. Vous vouliez des renseignements.

Tout en prononçant ces paroles, l'idée du mal que ces visites avaient causé me traversa l'esprit. Les questions de la police avaient ouvert une porte sur mon passé qu'il m'était désormais impossible de claquer. Une fissure avait déchiré mon couple. Dans notre lit, qui avait été un lieu d'intimité, il y avait désormais un espace infinitésimal entre nous, un espace débordant des secrets que je n'avais jamais partagés. La perplexité des membres de ma famille, au sujet de ce qu'ils avaient découvert, et leur peine parce que je n'avais pas été capable de me confier à eux se voyaient dans leurs yeux. Les souvenirs d'enfance qui venaient de s'évader s'étaient, semble-t-il, métamorphosés en démons qui s'abattaient chaque nuit sur moi pour me tourmenter.

— Donc, dis-je en tentant de réprimer la colère, vous n'aimez pas ce que je vous ai raconté.

— Madeleine, avez-vous déjà entendu parler des souvenirs induits ? demanda la femme d'un ton relativement compatissant.

Comme je ne répondais pas, elle prit cela pour un non.

— Bien. Au cours d'une thérapie, une part du traitement de l'adulte consiste à faire revenir des souvenirs d'enfance. Souvent, lorsque ces souvenirs ont été refoulés, on a recours à l'hypnose. Or, nous savons que vous avez suivi une thérapie.

« Si c'est ainsi que vous voulez l'appeler », pensai-je furieusement.

Sans relever mon malaise, elle continua à discourir comme un manuel :

— Cela permet de traiter les événements qui ont provoqué des traumatismes dans la petite enfance. Au cours de ces séances, il arrive que de faux souvenirs reviennent. Comme le patient les croit réels, on ne peut pas dire qu'il mente lorsqu'il affirme qu'ils le sont. Pensez-vous que cela aurait pu être le cas pour vous ?

« Non, bordel de merde ! » Mais, avant que les mots ne quittent mes lèvres, le policier intervint. Je crois qu'il préférait parler de mensonge.

— Écoutez, dit-il en ignorant la théorie de sa collègue, je suis allé là-bas en personne. J'ai dû me pencher, tellement le plafond était bas ! Il n'y a pas assez d'espace pour un homme adulte, alors, pour dix ! Pas de place non plus pour une piscine. Laissez-moi vous poser une nouvelle question. Vous avez dit qu'il y avait des hommes d'affaires, n'est-ce pas ? Des hommes d'affaires installés dans une piscine. Vous avez également dit qu'on vous y avait mise. L'eau était-elle chaude ou froide ? Il n'y a pas de lumière naturelle dans ces pièces ; sans chauffage, l'eau devait être glaciale, non ?

— Je ne m'en souviens pas, répondis-je.

— Réfléchissez un peu : des hommes tels que vous les décrivez resteraient-ils assis dans un bain d'eau froide ? Et si c'était vrai, soyons clairs… Je ne pense pas qu'ils auraient pu être suffisamment excités, si vous voyez ce que je veux dire. Alors, je vous repose la question, Madeleine : pensez-vous que vous devriez vous rétracter ?

Du plus profond de moi, je compris ce qui s'était passé.

J'aurais voulu leur jeter quelque objet à la tête, j'aurais voulu me mettre en colère, les insulter et leur lancer des accusations, leur demander qui avait retiré la piscine. Il me suffisait d'un regard à leurs visages implacables pour savoir qu'elle n'y était plus.

— Mais monsieur Power croyait qu'elle y était. Il nous croyait ! Et je sais qu'il y a trente victimes du foyer qui ont fait les mêmes déclarations que moi !

— Trente victimes « présumées », Madeleine. Il n'y a aucune preuve que ces crimes aient été commis.

Il fît une pause, et je vis un éclair de triomphe traverser ses yeux.

— Quoi qu'il en soit, ce que croit Graham Power n'est plus pertinent. Il semblerait qu'il se soit montré un peu trop crédule en ce qui vous concernait tous. Il a avalé tout ce que vous lui avez dit. On lui a accordé des vacances parce que le stress l'a incité à imaginer des trucs.

— Quand reviendra-t-il ? demandai-je d'un ton désespéré.

Je connaissais la réponse à ma question.

— On n'a pas encore de date fixe pour son retour.

Cette fois, avant que je puisse insister, la femme dit :

— Madeleine, pensez-vous que l'un d'entre vous vous a raconté cette histoire et que vous vous êtes tous mis à la croire ? Est-ce cela qui s'est produit ? demanda-t-elle en jouant le rôle du bon flic contre le méchant.

— Vous voulez parler d'hystérie collective ? Non ! Laissez-moi vous expliquer une chose, dis-je en ayant du mal à réprimer ma colère et mon découragement à l'idée qu'ils m'avaient caché la suspension de Graham Power. Ceux qui ont vécu au foyer et qui vivent encore à Jersey ne se rencontrent pas. Et si nous nous croisons, nous n'en parlons pas. Que croyez-vous donc ? Que nous prenons un petit café et discutons pour savoir qui racontera le souvenir d'enfance le plus affreux ? Ce n'est pas le cas. Nous n'avons même pas envie d'y penser. D'accord, je me suis peut-être trompée sur la taille de la pièce ou de la hauteur sous plafond, et je ne suis peut-être pas capable de me rappeler la température de l'eau. Je n'avais que cinq ans ! La plupart du temps, j'étais morte de peur. En revanche, je me souviens parfaitement des hommes. Je me souviens de tous. Et je ne vais pas laisser tomber. Quelqu'un finira par nous écouter.

Je sentais mon visage s'empourprer devant la ferveur qui transparaissait dans ma voix.

Ils n'ajoutèrent rien. Après tout, pour ce qui les concernait, l'affaire était pratiquement bouclée. Alors que notre principal soutien était suspendu et que son adjoint, Lenny Harper, avait pris sa retraite, qui allait nous écouter ?

24

Au cours des mois qui suivirent, je n'eus pas grand-chose à faire si ce n'est patienter en attendant que s'ouvre le premier procès. On avait extradé les Jordan à Jersey. Bien que l'on m'ait affirmé que Graham Power était en congé prolongé, j'espérais toujours recevoir un coup de fil de sa part. Avec lui, j'avais repris confiance et je m'étais dit qu'on allait enfin pouvoir se faire entendre.

J'étais convaincue que ce premier procès serait suivi d'autres, que nos tortionnaires allaient devoir rendre des comptes pour ce qu'ils avaient fait. Après tout, quelqu'un avait dû nous croire. Cette pensée me consolait de ce que les débuts de l'enquête avaient coûté à ma famille.

À un moment, mon mari était parti. Cet homme bon et franc était-il parti parce qu'il ne pouvait plus en supporter davantage ? Lui avais-je dit de partir ? Je ne savais pas vraiment.

Lorsque vint le jour où les Jordan durent affronter un procureur déterminé à voir justice rendue, j'allai au tribunal. Ce matin-là, je marchai d'un bon pas, le cœur empli d'optimisme. Je pris place sur le banc en bois et attendis. Pour finir, une porte s'ouvrit sur deux personnes âgées.

Ma première pensée fut que, si Anthony Jordan était toujours assez corpulent, avec son costume gris pâle, il paraissait plus que respectable. Où, me demandai-je, était passée la brute épaisse qui m'avait donné un coup de poing d'une telle force dans le ventre que j'étais tombée à terre ? L'homme qui avait pincé mes seins à peine formés et déclaré, d'un ton vicieux :

— Oh oui ! Tu vas devenir une belle fille, c'est sûr. Personne ne le devinerait quand on sait d'où tu viens. Mais il suffira que tu ouvres la bouche pour qu'on sache que tu n'es rien qu'une merde.

Son souffle rance accompagnait son rire tandis qu'il me tordait les seins.

En revanche, Morag Jordan, la femme qui avait tiré les cheveux des petites filles, celle qui avait introduit la terreur dans nos courtes vies, avait l'air faible et minuscule avec son visage blême et sillonné de rides ! Ses yeux, qui m'avaient regardée avec mépris et sarcasme, étaient dissimulés derrière des lunettes qui ne me permettaient pas d'évaluer son expression. Je remarquai qu'elle regardait droit devant elle, comme si elle ne voyait pas la pièce, et que sa posture trahissait encore une certaine arrogance.

J'avais du mal à reconnaître le couple que j'avais connu. M'auraient-ils reconnue, eux, s'ils m'avaient croisée dans la rue ? Auraient-ils été capables d'oublier les années écoulées pour distinguer, au-delà de la femme que j'étais devenue, la petite fille qu'ils avaient torturée ?

Ils devaient savoir, j'en étais sûre, que certains d'entre nous seraient présents. Ceux qui avaient surmonté la terreur d'apparaître en public. Oui, ils devaient avoir deviné que nous serions là pour assister à leur chute et que nous espérions de toutes les fibres de notre être qu'ils seraient condamnés à être enfermés pendant de nombreuses années.

Nous savions que, dans les prisons, les détenus haïssaient généralement ceux qui avaient fait du mal à des enfants. Leur vie allait-elle être transformée en enfer comme les nôtres l'avaient été ? Je l'espérais. Toutefois, lorsque je jetai un coup d'œil au jury, je sentis un soupçon d'appréhension monter en moi. Les jurés ne ressemblaient pas à des gens qui sauraient ce qu'est la misère. Dans le groupe de douze personnes, les hommes portaient un complet bien coupé, une chemise blanche impeccable et une cravate sobre parfaitement nouée. Du côté des femmes, il y avait celles qui étaient élégantes et soigneusement vêtues, et aussi des femmes d'âge mûr à l'allure plus décontractée. Tout ce qu'ils avaient en commun, j'en étais certaine, c'est qu'aucun d'entre eux ne vivait dans un HLM.

Le procureur finit par lire les chefs d'accusation qui évoquaient une « violence systématique et désinvolte » alors que les Jordan étaient employés comme « parents de substitution » au foyer. Il continua en soulignant que les Jordan avaient agi comme des « brutes tyranniques » tout en menant des agressions « fréquentes et cruelles » sur les résidents vulnérables. Il précisa qu'ils avaient gavé les enfants de nourriture, frotté leur visage dans de l'urine, les avaient enfermés dans des cellules de confinement pendant plusieurs jours d'affilée… Il ne citait que quelques-unes des infractions, précisa-t-il au jury.

Tous les jours, pendant deux semaines, j'écoutai l'avocat de la défense nier la culpabilité des accusés. Il affirmait que les Jordan n'avaient fait que leur devoir afin d'inculquer une forme de discipline à des enfants perturbés et difficiles. Il insinua que, après leur départ de l'orphelinat, nombre des résidents n'avaient cessé d'avoir des démêlés avec la police. Pensait-il, lui comme d'autres de son genre, que les gènes étaient la cause de tout cela et non pas le système qui les avait laissés sur le bord de la route ? Je n'ignorais pas que c'était une opinion extrêmement répandue.

Le procureur déclara que les Jordan avaient abusé de leur pouvoir de manière flagrante.

Il fit témoigner certains de ceux qui avaient souffert sous le règne du couple. Ces témoins étaient des personnes perturbées qui, avec leur faible niveau d'instruction et leur fragile amour-propre, n'étaient pas du tout à la hauteur devant la technique expérimentée de l'avocat de la défense. Je les entendis bafouiller. Je vis la femme qui avait enduré le calvaire de l'urine éclater en sanglots.

Tandis que, chacun à leur tour, les témoins faisaient de leur mieux pour évoquer les sévices, le visage des jurés ne trahissait pas grand-chose. Lorsque les larmes coulaient ou que les joues s'empourpraient, aucune trace de compassion ne venait modifier leur expression.

Nos prêtres et nos curés affirment que nous sommes tous nés égaux aux yeux de Dieu, mais, à ce moment-là, je n'avais pas l'impression que c'était ainsi que les riches et puissants considéraient les victimes du Haut-de-la-Garenne. Enfin, les plaidoiries résumèrent l'affaire, et le jury fut renvoyé pour arrêter son verdict.

Au terme de délibérations qui durèrent plus de huit heures, ils déclarèrent les accusés coupables sur huit chefs d'accusation, mais acquittèrent Morag Jordan pour les autres vingt-huit, et Anthony Jordan, pour quatre. Pendant la lecture des sentences, les deux accusés ne dirent mot. Leur peine ne serait prononcée qu'en janvier, et on fixa leur caution. Jusque-là, ils étaient libres de leurs mouvements.

— Alors, ils vont passer Noël en liberté, marmonnai-je.

— Ils ont quand même été reconnus coupables sur huit chefs d'accusation, me rappela mon fils. C'est déjà bien, maman.

Non, ce n'était pas « bien ».

À cet instant, je n'éprouvais que de la haine pour les autorités. L'avocat de la défense n'avait-il pas senti le courage de ces femmes et de ces hommes qui témoignaient pendant qu'il menait son contre-interrogatoire destiné à réduire leurs paroles en miettes ? Le cas échéant, il avait choisi de ne pas en tenir compte. Pour ce que j'en avais vu, il n'y avait pas eu de justice dans ce tribunal. Avec les autres anciens du foyer, nous nous consolâmes en nous disant que janvier n'était pas si loin. Les Jordan s'inquiéteraient certainement de la peine qu'ils allaient devoir servir. Cela gâcherait sans nul doute leurs fêtes de fin d'année s'ils imaginaient que ce seraient leurs dernières avant de rester derrière les barreaux pendant une très longue période. C'est ce que nous nous dîmes pour nous aider à patienter.

Le 6 janvier, un jour morne et froid, je m'assis à la table de la cuisine pour écouter la voix gaie du présentateur Chris Stone de l'émission *Jersey Today* tout en regardant les aiguilles de la pendule avancer. Lorsqu'il fut l'heure, je partis une nouvelle fois pour le tribunal. Devant l'entrée, je retrouvai les autres, et nous nous échangeâmes des étreintes pendant que les cameramen et les journalistes bourdonnaient autour de nous. Les portes s'ouvrirent, et nous sommes entrés en bon ordre.

Comme précédemment, les bancs étaient bondés. Lorsque la juge entama son discours pour étayer sa décision quant à la peine qui allait sanctionner les deux accusés, le silence se fit.

« Au moins dix ans », priai-je, le corps entièrement raidi par la tension. Puis, elle prononça des mots que, pendant une seconde, je n'assimilai pas : neuf mois pour Morag et six pour son mari.

Un soupir collectif d'incrédulité résonna dans toute la salle lorsqu'elle abaissa mon marteau.

En entendant la sentence, je décelai dans les yeux de Morag, malgré ses verres solaires, un regard de satisfaction sans aucune trace de surprise.

Pour moi, c'en était trop. Toutes ces heures d'interrogatoire, ces voyages dans le temps jusqu'à mes souvenirs d'enfance, les cauchemars que cela avait libérés… Pour quoi ? Une douleur aiguë me traversa la poitrine et, incapable de contrôler davantage ma colère, je bondis.

Mon fils tenta de m'arrêter.

— Maman, non !

Mais j'étais sourde à tout sauf à la rage qui battait dans ma tête. Je hurlai à l'injustice, je criai qu'ils étaient tous complices et bien pire. Ma fureur avait effacé toute velléité de protection et, alors que je continuais à hurler, je fus expulsée du tribunal.

Le policier aux yeux froids comme des galets, celui qui m'avait interrogée longuement, était là.

— Vous faites une erreur, Madeleine, dit-il.

Il devait s'avérer qu'il avait raison.

Il restait cependant un homme qui tenait à se battre pour nous et qui annonça publiquement qu'il avait foi en nos témoignages. Bob Hill, représentant de la paroisse de Saint-Martin et fervent défenseur des droits de l'homme, refusait d'accepter les conclusions des prétendus experts qui avaient été appelés après la suspension de Graham Power. Il insistait pour dire que les pièces (que l'on désignait brusquement comme des « espaces vides ») étaient, comme nous l'avions dit, des caves au plafond suffisamment haut pour que des hommes adultes puissent s'y tenir, ajoutant que des travaux de maçonnerie exécutés dans les années 1970 avaient entraîné l'abaissement des plafonds. M. Hill était entré en contact avec moi. Il voulait repérer les portes secrètes qui conduisaient aux pièces où, enfants, nous avions été emmenés.

— Je sais que c'était il y a longtemps, Madeleine, avait-il dit, mais pourriez-vous essayer de vous souvenir où elles se trouvaient ?

Je rétorquai qu'il y avait des choses que l'on n'oubliait jamais.

Il y en avait une, lui dis-je, derrière les casiers où nous rangions nos chaussures. Oui, il y en avait d'autres et, oui encore, je pouvais lui montrer où.

Je reçus ensuite un autre coup de téléphone.

— Ce ne serait pas une bonne idée pour vous d'accompagner monsieur Hill, me dit une voix impassible. Ce ne serait pas bon pour votre santé mentale.

C'était la police. Je n'avais pas encore reposé le combiné, qui me paraissait soudain gluant, qu'une question me traversa l'esprit et me fit dresser les cheveux sur la nuque. Comment mon interlocuteur était-il au courant de mes agissements ?

Je n'ai jamais accompagné M. Hill.

Je l'aurais fait, mais, comme je l'avais appris très jeune, il existe diverses manières très efficaces de vous décourager.

25

C'est après le procès, après cette dernière déposition, que mon monde s'est écroulé. Ma première réaction fut la colère. J'étais furieuse contre moi-même. Pourquoi mon courage m'avait-il désertée ? J'avais été blessée par l'injustice et, par-dessus tout, j'avais peur. Peur de la dépression profonde qui fondait sur moi. C'était comme si un brouillard sombre et humide était venu m'envelopper, moi, mes membres, mon corps et mon esprit. Ce brouillard obscurcissait mes heures de veille, il me rendait visite la nuit et me réveillait tous les matins avec l'impression que les efforts futiles que je faisais pour tenter de vivre ma vie n'engendraient que mépris et sarcasmes.

Je buvais de plus en plus. Chaque jour plus que la veille. Désormais, mon meilleur ami était liquide. Chaque fois que je laissais couler une gorgée, mes muscles crispés jusqu'alors commençaient à se détendre. Je comprenais alors mieux ma mère et, comme elle, je me disais : « Je ferai attention. Je peux boire quelques verres. Seulement jusqu'à ce que tout soit terminé. Seulement jusqu'à ce que je me sente mieux. » Un prétexte qui conduisait au suivant.

Je me mis à agresser mes enfants et mon mari lorsqu'ils me rendaient visite. Leurs besoins étaient-ils plus importants que les miens ? Ne leur avais-je pas tout donné ? À présent, c'était mon tour, non ? Mais mon tour de quoi ?

— Non, tu ne sors pas ! criai-je à ma fille.

Quinze ans, jolie comme un cœur, elle se dirigeait vers la porte.

— Mais si, rétorqua-t-elle.

Je ne me souviens plus de ce qu'elle déclara ou ce que je lui répondis. Mon ami liquide ne se chargeait-il pas de parler à ma place ? Je suis sûre cependant qu'elle me dit qu'elle me détestait avant de fondre en larmes et de se précipiter hors de la maison. Submergée par une colère qui n'avait guère à voir avec elle, je m'élançai à travers la porte et lui attrapai le bras. Sa rage se fracassa contre la mienne, et nous échangeâmes des coups. Moi qui n'avais jamais frappé mes enfants quand ils étaient petits, je m'en pris à elle. Sa chaîne en or s'emmêla dans mes doigts et, sans réfléchir, je tirai dessus au point que les maillons mordirent dans la peau de son cou. Elle se mit à hurler.

La suite n'est pas claire. Je me souviens de mon fils qui me parle, qui essaie de nous calmer toutes les deux, et de ma fille qui retourne dans la maison.

Puis, la police et les lumières bleues du gyrophare. Quelqu'un avait dû les appeler, mais, à cet instant, j'ignorais qui.

— Ivresse et trouble de l'ordre public, dit le policier avec un regard froid. Et agression, Madeleine. Agression sur mineur. Ce qui signifie que nous allons devoir vous inculper.

En me bloquant les mains, ils me forcèrent à les suivre jusqu'à la voiture.

J'entendis ma fille supplier qu'ils ne m'emmènent pas. C'était sa faute, disait-elle. Uniquement sa faute. C'est elle qui avait commencé. Elle avait besoin de sa mère.

Ses supplications tombèrent dans l'oreille d'un sourd.

— Elle vient avec nous, dit l'agent de police. Je ne peux pas la laisser ici après ce qu'elle a fait.

— Elle a subi beaucoup de stress, dit mon fils. Elle a besoin de repos. Je prendrai soin d'elle. Il suffit de la coucher. Il n'y aura plus de problème.

Ils n'écoutèrent pas.

— Tu vas passer un peu de temps à l'ombre, Madeleine, dit le policier lorsque nous arrivâmes à sa voiture. Tout comme ta mère. Tu vas avoir un casier qui te suivra partout.

Une main se posa fermement sur ma tête et me poussa à l'arrière de la voiture.

Ils prirent mes empreintes et ma photo, et me clouèrent dans une cellule.

— La nuit porte conseil, déclara l'agent de service.

Soudain, je retrouvai toute ma sobriété. « Ils sont simplement en train d'essayer de me ficher la trouille, me dis-je, allongée sur le matelas dur. Après tout, ma propre fille leur a dit que c'était une histoire de famille. Et, si j'étais ivre, j'étais chez moi. Bon, d'accord, je l'avais suivie jusque sur le trottoir, mais c'était pratiquement chez moi. » Ces pensées tourbillonnèrent dans ma tête jusqu'à ce que la quantité d'alcool que j'avais ingurgitée me fasse sombrer dans un sommeil agité.

Mon avocat et mon fils (ce dernier avec un sac de vêtements de rechange) se présentèrent le lendemain matin. Contrairement à ce que j'avais espéré, on n'allait pas me libérer, car la police n'abandonnait pas ses charges contre moi. Je passerais devant le tribunal plus tard dans la journée, m'expliqua l'avocat.

— Quoi ? Ma fille porte plainte ? m'écriai-je en éprouvant une vague de détresse.

— Non, m'assura le juriste. Elle a refusé tout net, Madeleine. En fait, elle s'est rendue au commissariat et les a suppliés à nouveau de vous laisser sortir. Elle leur a expliqué que c'était une querelle de famille et que c'était essentiellement sa faute, mais ils ont perdu patience et lui ont dit de filer. D'ailleurs, ils ont ajouté que, puisqu'elle était incapable de faire son devoir, ils seraient contraints de le faire à sa place.

On les avait appelés et ils allaient faire ce qu'il fallait quand un mineur était concerné. Il n'y avait pas d'autre issue.

— Que va-t-il se passer, alors ? demandai-je, en proie à la panique.

— Ce n'est pas vraiment un délit qui mérite une peine de prison, Madeleine, expliqua l'avocat. Un petit sermon pour l'exemple et une amende, peut-être. D'ailleurs, vous ne devriez même pas être ici. Votre fille leur a expliqué que c'était sa faute, que vous aviez simplement essayé de l'empêcher de sortir.

— Oui, c'est une manière de présenter les choses, dis-je, mais j'étais ivre.

— Dans votre propre maison. Pas vraiment un crime.

Il prit des notes et continua de me rassurer avant de partir.

— Tout ira bien, maman, dit mon fils. Je ne peux pas rester très longtemps, tu sais. Ils m'ont uniquement autorisé à entrer pour te donner tes affaires. J'espère que nous avons pris tout ce dont tu avais besoin.

Il partit, et je me retrouvai seule, la peur au ventre. Ce que je n'avais pas confié à mon fils était que les yeux de l'avocat n'envoyaient pas le même message que ses paroles. Il pouvait affirmer que je ne devais même pas être là, mais il avait eu affaire à la police suffisamment de fois pour savoir ce qui pouvait se passer. Ce dont j'étais sûre, c'est qu'on voulait me donner une leçon.

On me laissa prendre une douche. Dans le miroir, je vis une femme au visage blême et aux yeux cernés de noir. La tête m'élançait et j'avais encore dans la bouche le goût de l'alcool de la veille. J'éclaboussai mon visage, étalai un peu de fond de teint sous mes yeux et nouai mes cheveux qui, d'après le miroir, pointaient dans toutes les directions.

Je tentai de me souvenir de tout ce qui s'était passé la veille. Oui, j'étais en colère contre ma fille. Oui, nous nous étions battues. Mais pourquoi la police avait-elle jugé bon de m'arrêter ? Cette partie m'échappait, et j'espérais que je ne les avais pas menacés. Puis, j'essayai d'effacer cela de ma mémoire.

Toujours nauséeuse, j'enfilai un jean propre. Peut-être, pensai-je, aurais-je dû demander à mon fils d'apporter quelque chose de plus élégant, mais c'était en jean que je me sentais le plus à l'aise.

Je patientai dans la petite pièce où les murs m'oppressaient, et mon estomac me tirailla jusqu'à ce que je finisse par vomir. Lorsqu'il m'annonça que j'allais sûrement être condamnée, le visage du policier flottait devant mes yeux avec une expression presque jubilatoire. J'aurais voulu croire ce qu'avait dit mon avocat, mais ses paroles de réconfort ne m'aidaient guère.

On me conduisit au tribunal dans une voiture pie et, en regardant par la fenêtre, je vis que le ciel gris aux nuages chargés d'orage paraissait lui aussi furieux. Une main me prit le bras et me poussa à l'endroit où on m'informerait de ce qui allait m'arriver.

Cette fois, il y avait peu de monde sur les bancs en bois. Mon crime ne présentait guère d'intérêt. Uniquement mes enfants. J'avais envoyé un message pour demander que mon mari ne vienne pas. Je ne voulais pas de sa pitié.

Le magistrat était une femme, la juge Bridget Shaw. J'avais lu un article à son sujet lorsqu'elle avait prêté serment, et je savais qu'elle remplaçait l'ancien, le juge Ian Christmas, un homme qui occupait une position de confiance et qui avait été accusé d'escroquerie.

Il avait été jugé coupable et était en attente de son

appel, mais il continuait à toucher ses émoluments sans aucune réduction. Si j'étais condamnée, je perdrais mon emploi, et personne ne me verserait mon salaire. Je me pris à espérer que la juge avait une adolescente rebelle à la maison : elle pourrait comprendre comment notre dispute avait dégénéré. J'étais impatiente que la journée soit finie et que je puisse rentrer avec mes enfants. Pour ajouter à ma nervosité, je dus attendre que soit achevée l'audition d'une autre affaire.

Il s'agissait d'un jeune homme d'une vingtaine d'années, rasé de près et aux cheveux courts, qui avait été arrêté alors qu'il conduisait avec une quantité considérable d'alcool dans le sang. À la lecture du chef d'accusation, je remarquai qu'il avait l'air légèrement embarrassé, mais pas particulièrement inquiet. Il portait un pantalon gris clair, un blazer bleu marine et une cravate qui, j'en étais certaine, arborait les couleurs de son université. Toute son apparence criait « establishment », de même que sa voix lorsqu'il déclama son nom. Je remarquai aussi que son visage frais et dispos ne révélait guère ses excès et, lorsqu'il répondit aux questions, je sentis qu'il conservait toute son assurance.

Cet homme, pensai-je, avait bu autant que moi avant de monter dans sa voiture. Il écopa d'une amende et d'une suspension de permis de douze mois. D'après le sourire de soulagement qui envahit son visage, je compris que le montant de l'amende ne lui posait pas de problème, pas plus que de devoir recourir aux transports en commun pendant un an. Je ne cessais de me répéter que ce que j'avais fait ne pouvait être aussi grave. Il avait mis des vies en danger ; je m'étais disputée avec ma fille. Pour la première fois de la journée, je commençai à croire que mon avocat avait peut-être été dans le vrai : je n'allais recevoir qu'une petite tape sur la main.

Je regardai témoigner le policier aux yeux de galet, celui qui était venu me chercher chez moi et qui m'avait dit que je serais condamnée. Il ouvrit son calepin, s'éclaircit la gorge et se mit à lire sa version des événements.

Il décrivit une scène qui, même à mes oreilles, paraissait affreuse. Il déclara que j'étais saoule, incontrôlable et que, à son arrivée, j'étais encore en train de hurler après ma fille qui paraissait terrifiée. Il poursuivit en insistant sur les marques rouges de son cou où, précisa-t-il, sa chaîne lui avait été arrachée. « Elle a la peau claire ! avais-je envie de m'écrier. Il suffit qu'elle se cogne contre le bord de la table pour avoir un bleu ! »

Des commentaires fusèrent sur le refus de ma fille de témoigner. Personne n'alla jusqu'à affirmer qu'elle craignait des représailles, mais la phrase me semblait flotter dans l'air.

Je ne me souviens pas des conclusions du juge, si ce n'est qu'elle qualifia ce que j'avais fait de « crime avec usage de la force » et circonstances aggravantes parce que la victime était mineure.

Elle me condamna à un mois de prison, et, comme les deux personnes qui avaient quitté les lieux à peine quelque temps plus tôt, on me fit sortir. J'allais être enfermée à l'endroit même où se trouvait le bourreau de mon enfance.

Avant l'arrivée du fourgon, je fus enfermée dans une minuscule cellule dans le tribunal. Elle était si petite que je pouvais à peine bouger. La veille, lorsqu'on m'avait arrêtée, l'alcool avait anesthésié ma terreur des espaces clos. Sans ce recours, ma claustrophobie grimpa en flèche. Des gouttes de sueur perlèrent dans mon dos, et mon cœur se mit à battre la chamade. Je savais que j'étais au bord de la crise de panique. Je serrai les poings et fermai les yeux pour tenter de chasser les souvenirs des cellules de détention de Haut-de-la-Garenne qui affluaient en masse dans mon cerveau.

— Laissez-moi sortir, s'il vous plaît, murmurai-je sans fin.

J'avais envie de hurler et de cogner les murs. À travers ma terreur croissante, j'entendis une voix annoncer que j'avais de la visite. J'ouvris les yeux pour découvrir mon fils et ma fille. « Merci, mon Dieu, songeai-je. Tout pour penser à autre chose qu'à ces images du passé ! »

Le soulagement de voir qu'ils avaient été autorisés à me rendre visite avant que l'on m'emmène en prison me fit oublier ma honte d'être là. Je réalisai que mon fils était secoué par le verdict. Comme moi, il avait imaginé que nous quitterions le tribunal tous les trois pour rentrer à la maison. Toutefois, c'est ma fille qui m'inquiétait davantage. Elle avait un visage de cendre, les yeux rougis par les larmes. La dernière once de colère que j'aurais pu entretenir contre elle (j'avais découvert que c'était elle, dans un accès de dépit, qui avait appelé la police) s'évanouit. Elle essaya de me dire à quel point elle était désolée, qu'elle n'avait jamais cru qu'ils viendraient, qu'elle n'avait pas mesuré les conséquences de ce qu'elle faisait. Elle ressemblait, pensai-je alors, à la petite fille qui venait vers moi autrefois, avec sa confiance aveugle, sûre que je soignerais son bobo. « Où est passée cette confiance ? » me demandai-je tout en sachant que la réponse était évidente.

— Non, ma chérie, ce n'est pas du tout ta faute. C'est la mienne.

L'expression sur son visage me récompensa de l'effort qu'il m'avait fallu faire pour l'admettre.

Une image de nous deux surgit dans mon esprit. Elle avait cinq ans environ et je l'avais emmenée à la plage. Il y avait un vendeur de barbe à papa et, malgré mes réticences habituelles, je lui en avais acheté.

— Oh ! s'était-elle exclamée lorsque la première bouchée s'était dissoute dans sa bouche. C'est comme de manger des nuages !

Sans oublier que la dose de sucre allait l'agiter pour toute la soirée, je n'avais pu m'empêcher de sourire devant sa joie. Car c'est ainsi que sont les mères : elles placent le bonheur de leurs enfants avant tout.

— C'est parce que j'avais bu, dis-je.

Une phrase simple qui marquait le fait que je commençais à admettre ce que j'avais nié jusque-là : l'alcool avait cessé d'être mon ami pour devenir mon pire ennemi. Il était temps de bannir son contrôle sur moi.

— Et je t'aime, ajoutai-je.

J'étais épuisée. Trop d'émotions pour une seule journée. Ce fut presque un soulagement de monter dans le fourgon qui me fit faire le court trajet jusqu'à la prison. Une fois à l'intérieur, les doigts agrippés compulsivement à mon jean, mon imagination partit en vrille.

Le mot « surveillante » faisait surgir des visions de femmes à forte poitrine, aux yeux aussi froids que du silex, qui m'écrasaient ; des clefs et des matraques accrochées à d'épaisses ceintures, et des insultes qui jaillissaient des bouches aux lèvres pincées.

D'autres images étaient tout aussi solidement ancrées dans mon esprit : il y aurait une fouille au corps à mon arrivée ; une douche glacée et moi nue, sous leurs yeux ; on me forcerait à enfiler un uniforme gris qui m'irriterait la peau et on me jetterait dans une cellule sombre, où l'on me donnerait une bouillie infâme à manger.

Je n'aurais pu me tromper davantage ! Pas de matraque, pas plus que de douche glacée ou de fouille au corps. Aucune des surveillantes n'avait la bouche pincée ou ne m'insulta. Au lieu de tout cela, avec un sourire qui était presque amical, elles m'expliquèrent calmement les règles. Je pouvais porter mes propres vêtements et me changer une fois que j'aurais pris une douche chaude (qui fermait par un rideau). À l'heure des visites, je devais porter une écharpe rouge sur les épaules, de manière à ce que l'on sache que je n'étais pas un visiteur. Je pouvais prendre l'air dans la cour, et, pendant ce temps, nous avions le droit de fumer. Si nous nous conduisions bien, nous pouvions regarder la télévision. J'avais le droit d'étreindre mes enfants lorsqu'ils arrivaient et au moment de leur départ.

Elles me montrèrent ensuite ma cellule et m'apportèrent une tasse de thé.

— Parce que vous avez manqué le goûter, expliquèrent-elles.

En les connaissant mieux, je m'aperçus que les surveillantes étaient vraiment gentilles, voire protectrices à mon égard. Elles savaient qui j'étais et où j'avais passé mon enfance. Elles disaient que ce n'était pas normal qu'on m'ait mise en prison, que mon avocat aurait dû souligner que j'avais témoigné dans l'affaire de Haut-de-la-Garenne.

Elles n'avaient pas le droit de me parler de Morag Jordan, mais elles m'assurèrent qu'elles feraient de leur mieux pour que nous ne nous croisions pas. Si je le voulais, je pouvais prendre mes repas dans ma cellule et aller dans la cour à un autre moment qu'elle.

Une des surveillantes me confia que Morag Jordan niait toutes les charges qui pesaient contre elle. Elle se justifiait en affirmant qu'elle n'avait fait que son devoir. Elle ne cessait de répéter que les fillettes placées sous sa garde venaient de familles en difficulté et qu'elles avaient été envoyées à l'orphelinat parce qu'elles étaient des voleuses, des enfants incontrôlables, qui ne respectaient rien et étaient de mœurs légères. Quant aux garçons, elle les qualifiait tous de délinquants. Rares étaient les autres détenues qui la croyaient, ajouta la surveillante, mais il valait mieux que je sois prête. Je pense qu'elle voulait dire qu'il valait mieux que je ne perde pas mon sang-froid parce que cela n'aurait fait que prolonger mon séjour.

Au cours du temps que je passai en prison, j'entendis des bribes des histoires que Morag Jordan essayait de raconter. Elle faisait couler goutte à goutte son venin dans les oreilles de son auditoire avec sa propre version des événements.

La dernière en date, me confia-t-on, était que j'étais en prison parce que j'avais violemment agressé ma fille, que j'avais tenté de l'étrangler (une adolescente de quinze ans !) et qu'elle ne comprenait pas que je n'en aie pris que pour un mois.

La prison est un nid de rumeurs et de ragots. L'ennui est un puissant fertilisant, et la moindre petite graine de vérité peut croître pour devenir quelque chose de bien plus intéressant. Lorsqu'elle a été répétée suffisamment de fois, elle devient pratiquement méconnaissable de sa forme initiale. On me demanda s'il était vrai que les hommes politiques voulaient clore l'affaire de Haut-de-la-Garenne ; si les autorités avaient tenté d'étouffer l'affaire afin de ne pas voir la réputation de Jersey ternie. Et allaient-ils nier tout ce qui avait été découvert ? Les experts fourniraient-ils des rapports qui discréditaient pratiquement toutes les déclarations de Graham Power et de nombre d'entre nous ?

Chaque fois, je haussai les épaules. Je n'avais aucune réponse.

La rumeur suivante était vraie : Jimmy Savile, le présentateur de *Top of the Pops*, l'homme qui comptait des Premiers ministres et des membres de la famille royale parmi ses amis, était venu en visiteur au foyer. En soi, ce n'était pas inquiétant puisqu'il parrainait de nombreuses œuvres caritatives. En revanche, le fait qu'il nie être allé à Haut-de-la-Garenne l'était davantage. Il avait sans doute oublié la photographie publiée dans le journal local qui le représentait assis avec un groupe. Y était-il allé ? Lui, l'homme qui avait déclaré : « Je ne touche pas les enfants » ?

Cette réponse, je la gardai pour moi.

D'autres rumeurs abondaient, et les détenues posaient d'autres questions. Elles demandaient si des enfants y avaient trouvé la mort et si des hommes fortunés avaient emmené des garçons sur leur yacht pour le sexe. Et elles voulaient bien sûr savoir ce que j'avais déclaré dans ma déposition, une chose que je n'avais aucune envie de partager.

Ma fougue et mon refus de me tenir tranquille, mes menaces affirmant que je ne lâcherais pas l'affaire tant que justice ne serait pas rendue étaient les véritables raisons qui m'avaient conduite ici, disaient mes consœurs. Cela visait à me discréditer. En outre, la police voulait jouer les gros bras et montrer à tout le monde ce qui arrive lorsqu'on refusait de rentrer dans le rang. J'avais peut-être agacé la police, mais ce n'était pas pour cette raison que j'avais été condamnée. La juge avait clairement pensé qu'il fallait que je m'éloigne pendant un temps de ma fille. Après tout, elle savait qui avait passé le coup de téléphone.

Comme je ne voulais pas ajouter aux ragots, je demeurais le plus souvent dans ma cellule. Je voulais simplement que la vérité éclate au grand jour et je me mis à échafauder un plan. D'une manière ou d'une autre, il fallait que je raconte le reste de mon histoire. J'allais utiliser les mots pour décrire les scènes qui s'agitaient dans ma tête. J'avais appris à quel point le monde avait changé depuis que l'enfant que j'étais avait tenté de dire aux adultes ce qui nous arrivait à Haut-de-la-Garenne. Autrefois, j'avais perçu l'incrédulité de certains, et d'autres m'avaient traitée comme si j'inventais des histoires dégoûtantes.

Quarante ans plus tard, les victimes de sévices n'ont plus peur de parler. La honte ne s'abat plus sur leur tête. La société a appris que, lorsqu'un enfant est contraint à des actes inqualifiables, ce n'est pas l'enfant qui doit avoir honte. La honte est celle qui marque les coupables et les esprits bornés qui méprisent les victimes de violences. Je sais qu'il y a des gens qui pensent que la victime d'un jour risque de se transformer en monstre à l'âge adulte, mais je sais aussi que cela se produit rarement.

C'est vrai, j'ai croisé des personnes qui avaient été maltraitées et qui étaient passées de victimes à bourreaux. Toutefois, la plupart d'entre nous ne souhaitent que trouver un compagnon, avoir des enfants et mener une vie heureuse, en sécurité.

26

Lorsqu'on me conduisit à la grande salle du parloir, elle était là. Ses yeux clairs et froids croisèrent les miens et, pendant une seconde, je me figeai. Elle savait qui j'étais.

La première fois que je l'ai vue, elle s'appelait encore Morag Kidd. Avec ses cheveux blond cendré, ses traits banals et son allure soignée, elle paraissait, trouvai-je alors, très ordinaire. Or, j'appris très vite que Morag Kidd était tout sauf ordinaire. Au début, son allure anodine nous fit croire qu'elle ne présentait pas vraiment de menace. Après tout, elle était plutôt frêle.

Quarante ans plus tard, j'ai enfin trouvé les mots pour la décrire. Ce ne sont pas ceux que nous utilisions dans nos premières années d'adolescence (« salope », « sale vache », « putain de monstre ») et qui trahissaient un certain manque d'imagination, mais exprimaient parfaitement nos sentiments. L'adulte que je suis devenue a appris à utiliser un mot différent : « sociopathe ».

Son comportement antisocial se traduisait par la

jouissance de la douleur d'autrui. Elle exploitait son intelligence pour élaborer différentes manières de l'infliger. Et la minuscule part d'elle-même qui avait besoin de compagnie trouva son âme sœur en la personne de la brute épaisse qu'était Anthony Jordan.

Sur l'oreiller, évoquaient-ils qui ils avaient battu, humilié et, dans son cas à lui, violé ? Dans leur lit, faisaient-ils des plans sur la comète sur ces nouvelles horreurs qu'ils pouvaient nous infliger ? Se chuchotaient-ils des mots qui évoquaient des images d'enfants meurtris ou brisés ? Et, lorsqu'ils se glissaient hors de leur chambre, la nuit, pour pointer leur torche sur des enfants terrifiés dans leur dortoir, l'odeur de la peur était-elle un puissant aphrodisiaque ?

Je me suis parfois demandé si c'était elle qui avait pensé à transformer ces pièces vides en cellules. Des cellules qu'elle me fit découvrir quelques semaines après son arrivée. Il fallait certainement une imagination tordue pour les concevoir avec autant de talent.

Comme j'hésitais sur le seuil, j'entendis le gardien chuchoter :

— Ne vous en faites pas, elle n'a pas d'amis parmi nous.

Ces mots me réchauffèrent le cœur. J'inspirai profondément et ordonnai de disparaître à la peur, qui avait été instillée en moi lorsque j'étais enfant au point que le simple bruit de ses pas me secouait de tremblements. Comme je le compris soudain, ce qui était important n'était pas qu'elle sache qui j'étais, mais que je savais *qui* elle était et *ce* qu'elle était. Je n'étais plus l'enfant terrifiée qu'elle avait voulu détruire. J'étais désormais une adulte à part entière, une personne qui avait surmonté d'innombrables obstacles. N'avais-je pas réussi à mettre le passé de côté, à épouser un homme qui m'aimait et à élever deux enfants brillants et équilibrés ? Des enfants qui, jusqu'à ce que commence l'enquête de police, s'étaient sentis en sécurité ?

J'étais peut-être en prison pour trouble de l'ordre public et état d'ivresse, mais ce n'était pas mon nom qui était lié au mot « monstre » dans l'esprit des anciens pensionnaires de Haut-de-la-Garenne. Ce n'était pas mon nom mais le sien qui était partout sur Internet, où la clémence dont elle avait bénéficié était considérée comme scandaleuse. Les commentaires des divers forums ne laissaient planer aucun doute quant à la colère que l'opinion publique éprouvait à son égard et à celui de son mari. Grâce aux progrès du vingt et unième siècle, le monde entier avait pu voir leur photographie. Lorsqu'on les libérerait, ils n'auraient aucun endroit où se cacher. Alors, leurs voisins les verraient certainement avec des yeux différents.

À l'intérieur de la prison, je réalisai que j'étais désormais la plus forte. Elle était vieille, plus frêle que moi, sans aucun allié, et cet homme, son partenaire, protecteur et complice, n'était pas, pour la première fois depuis leur rencontre, à ses côtés. Les rôles avaient été inversés. Pourquoi n'avais-je pas saisi cela plus tôt ? C'était elle qui devait avoir peur de moi, désormais.

Me glisserais-je dans les douches pour l'attaquer quand personne ne serait là ? Les surveillantes la détestaient-elles suffisamment pour détourner les yeux ? Peut-être pourrais-je patienter, avant de la bousculer, jusqu'à ce que nous soyons dans la cour pour l'exercice quotidien.

Mais le pouvoir absolu que j'avais sur elle était dans les mots. Je pouvais raconter aux autres femmes non seulement la raison qui lui avait valu sa condamnation, mais aussi tous les autres détails de sa cruauté, les détails que j'avais rangés dans un coin de mon esprit.

La plupart de mes codétenues avaient des enfants, et j'avais déjà appris que certaines ne craignaient pas d'avoir recours à la violence. Il me suffisait de prononcer quelques phrases pour déclencher leur fureur, voire les inciter à agir, à faire le sale travail à ma place.

Imaginerait-elle que j'en étais responsable ? Sentirait-elle la force de ma haine et la tension dans l'atmosphère ? Et, lorsqu'elle fermerait les yeux, la terreur l'empêcherait-elle de dormir comme cela avait été le cas pour moi ?

Je la dévisageai en retroussant dédaigneusement mes lèvres et, lorsqu'elle baissa les yeux, je sentis un sourire silencieux monter en moi. C'était à son tour, maintenant, de craindre un coup quand elle s'y attendrait le moins, ou un pied qui se glisserait entre ses chevilles pour la faire tomber au risque de briser ses fragiles os de petite vieille.

Elle ne pouvait pas deviner que je n'en ferais rien. Pas parce que j'avais peur, mais parce que mon passé ne m'avait pas transformée en monstre. D'ailleurs, je ne l'aurais pas laissé faire. Mais elle n'en saurait rien. Pendant trente jours et trente nuits, elle l'ignorerait.

27

C'est lors de ma première nuit en prison que ma détermination d'aller plus loin pour faire prendre conscience au monde de nos souffrances se raffermit. La police n'avait peut-être pas cru le peu que nous lui avions confié. Elle avait suggéré que des rumeurs s'étaient ancrées dans notre esprit comme des réalités. Les gens ne se soucient pas de ce qu'ils ne peuvent pas constater par eux-mêmes. En revanche, si vous arrivez à les convaincre, c'est vous qu'ils se mettent à haïr parce que vous leur mettez l'horreur sous le nez. Oui, il existe des personnes comme les Jordan qui sont cruelles sans raison. Les gens l'admettent. Tout comme ils admettent que Colin Tilbrook était un pédophile (ils pourraient difficilement faire autrement puisque sa belle-fille s'était exprimée) et que certains des pensionnaires avaient violé des enfants plus jeunes. Je suis sûre que ces gens furent gênés de savoir que l'un des visiteurs de l'orphelinat était cet homme qui, pendant au moins dix ans, a agressé et violé à la fois des femmes et des enfants, et d'apprendre que, pendant qu'on fouillait toute l'île, la « Bête de Jersey » jouait le rôle du père Noël à Haut-de-la-Garenne. Mais les histoires d'orgies dans des caches secrètes, d'hommes fortunés avec leur yacht et d'une célébrité qui choisissait ses victimes parmi les enfants ? Ça, non. On m'avait dit qu'alors que certaines figures politiques avaient demandé à la police de faire cesser le scandale, d'autres persistaient à se demander où était la vérité. Si les allégations étaient vraies, ils réclamaient que justice devait être rendue. Il fallait que d'autres victimes se présentent encore jusqu'à ce qu'il y ait tant de voix qui racontent la même histoire qu'il soit impossible de les ignorer.

Toutefois, ceux qui souhaitaient aider éprouvaient de nombreuses difficultés. Plusieurs personnes qui étaient passées par le foyer étaient trop meurtries pour revivre les abominations passées, alors que d'autres, avec leurs troubles psychiatriques, leur consommation d'alcool ou de drogue, ne feraient jamais des témoins crédibles. Je savais que certains avaient quitté Jersey et ne voulaient à aucun prix qu'on leur rappelle ce qui s'était passé.

— Madeleine, le fait d'en parler, c'est comme de le vivre à nouveau et de souffrir encore et encore, m'avait dit une amie lorsque je lui avais demandé si elle était prête à faire une déposition. Personne en Angleterre n'est au courant de ma présence dans cet endroit et c'est ainsi que cela doit rester. On en parle sur toutes les chaînes et il est difficile d'ouvrir un journal sans voir des articles sur la manière dont nous étions traités. Crois-tu que je veuille que mes enfants apprennent que leur mère n'était qu'un jouet sexuel pour certaines de ces surveillantes ? Je n'en ai même pas parlé à mon mari. Il devine sûrement qu'il n'était pas le premier, mais il y a une limite à ce qu'il est capable de supporter.

— Mais rien de tout ce qui s'est passé n'était notre faute !

— Nous le savons et les gens très tolérants peuvent être désolés pour des personnes comme nous qui avons traversé ce que nous avons traversé, mais, quand ils découvrent qu'ils en ont épousé une, cela doit quand même leur sembler bizarre. Pas question de lui en parler ! Et nos amis ? Tu crois que j'ai envie de voir leur pitié ? Eh bien, non ! Qu'est-ce que cela peut nous rapporter ? continua-t-elle. La moitié de ces salauds sont morts ou disparus à l'heure qu'il est.

— Ce n'est pas uniquement pour nous, mais pour les enfants d'aujourd'hui aussi. Le public n'est peut-être pas prêt à entendre tout ce qui s'est passé. D'accord, qui voudrait découvrir qu'il a fréquenté des hommes qui ont fait ce genre de choses ? Mais il ne s'agit pas que de nous, n'est-ce pas ? Il s'agit des enfants qui sont venus avant nous, de ceux qui sont venus après nous et de ceux qui seront placés à l'avenir. Il n'y a rien de nouveau à propos des sévices sur les enfants. En revanche, ce qui est nouveau, c'est que nous pouvons en parler. Montrer au monde ce qui se passe et empêcher ces salauds, comme tu dis, de s'en sortir aussi facilement. Si nous obtenons une forme de justice, les personnes qui détiennent le pouvoir feront encore plus d'efforts pour les attraper, et aucun foyer ou centre de placement n'échappera plus à leur surveillance.

— Eh bien, je suis peut-être égoïste, Madeleine, mais non. Pas question de parler à la police. Tu as donc la mémoire si courte que tu ne te souviens pas de ce qui s'est passé lorsque nous l'avons fait ?

Je n'avais rien oublié, mais ce n'était pas un sujet sur lequel je souhaitais m'étendre.

Cette conversation me déprima et suscita davantage de questions lorsque je découvris que cette amie n'était pas la seule à réagir ainsi. N'avais-je pensé qu'à moi-même en acceptant de témoigner ? Sauf pour les Jordan, quelle différence cela avait-il fait ? Lors de leur procès, on ne m'avait même pas appelé à la barre – et il n'y avait aucun doute quant à la souffrance que cela avait causé à ma famille.

Non, c'était la chose à faire. Il restait suffisamment d'autres personnes qui pensaient comme moi, qui voulaient clamer leur colère face au meurtre de leur enfance et exigeaient d'être entendus. À un moment ou à un autre, on nous entendrait et on nous croirait. De cela, j'en étais sûre.

J'allais passer un mois entier dans un lieu qui, contrairement à toute attente, était plein de compassion à mon égard, et je sus alors comment j'allais occuper ce temps. Les interrogatoires de la police avaient déclenché trop de souvenirs indésirables et plus vifs les uns que les autres. D'une manière ou d'une autre, je voulais les mettre noir sur blanc.

Mon fils vint me rendre visite le lendemain de mon

arrivée en prison. Je remarquai de nouvelles rides sur son visage, un visage trop jeune pour cela. C'étaient des rides dues à mon comportement, et j'en éprouvais de la tristesse. J'avais envie de tendre la main pour les effacer, mais, si j'avais le droit de l'embrasser à son arrivée et à son départ, aucun autre contact n'était autorisé.

— Comment on te traite, maman ? demanda-t-il presque avant de s'asseoir.

Son ton me disait qu'il s'attendait au pire. Je lui répondis que tout allait bien, que les surveillantes étaient bienveillantes et que j'avais eu le temps de réfléchir. Je lui fis la promesse de ne plus boire ou, au moins, de ne plus boire au point d'être ivre.

— Je ne suis pas alcoolique, dis-je. Quand je sortirai, je serai capable de me contrôler. Je n'aurai pas besoin d'aller voir les Alcooliques anonymes. Je peux me débrouiller sans aide. Je le sais.

— Moi aussi, m'man. Je sais que tu voulais juste oublier tes cauchemars. Je pense que tu as été plutôt forte, tu sais.

— Tu pourras me pardonner ?

— Il n'y a rien à pardonner, maman. Nous t'aimons.

Je lui expliquai ce que j'avais l'intention de faire pendant mon séjour en prison. Comme on m'avait déjà diagnostiqué dyslexique et que j'avais du mal à écrire, je demandai à mon fils de m'apporter un magnétophone.

— Si je te donne les bandes, pourras-tu les dactylographier pour moi ? Certains de mes souvenirs sont si confus ! Je veux uniquement remettre de l'ordre dans tout ça. C'est drôle, mais les plus anciens semblent plus nets que les derniers.

— Tu es sûre que tu en es capable ? demanda-t-il. Je veux dire, cela ne va pas te mettre trop la pression ?

— Non, cette fois, ce sera thérapeutique.

Il sourit.

— C'est bien, maman, et la réponse est oui.

28

Il est difficile de parler à une machine, plus difficile de nombreuses manières que de parler à un être humain. Il n'y a pas de questions pour vous relancer, pas de froissement de papier, pas de tasse de thé ou de café. Pas plus que le soulagement d'allumer une cigarette pour me donner le temps de réfléchir, car nous n'avions le droit de fumer que dans la cour. L'une de mes plus grandes difficultés était d'ordonner mes souvenirs. Après tout, n'est-il pas plus facile de se rappeler ceux qui ont le plus d'impact sur sa vie ?

Un souvenir qui ne me quitte pas est celui de Frances et de ce qu'elle était alors. Frances, ma belle et joyeuse protectrice quand j'avais cinq ans, la jeune fille qui m'avait défendue et avait encouru davantage de colère que ce que j'en étais alors consciente. Je n'ai jamais parlé d'elle à la police. Elle est encore à Jersey, prisonnière de ses souvenirs. Elle a mis des barreaux à ses fenêtres et des verrous à sa porte, pas pour s'enfermer (ce serait vain puisqu'elle ne sort jamais de chez elle), mais pour maintenir le monde à l'extérieur.

Il y a des amis qui veillent à ce qu'elle ne manque pas de nourriture, qui font ses courses, qui vont chercher ses indemnités de Sécurité sociale et viennent les remettre au fantôme de la jeune fille que j'ai connue jadis. Lorsque j'étais revenue au foyer la première fois et que j'avais découvert qu'elle avait disparu, je n'avais cessé de demander où elle était, mais personne ne voulait me le dire.

— Elle reviendra.

C'est tout ce que l'on me répondait.

Elle n'était pas partie. Elle avait été envoyée ailleurs.

Je n'appris que plus tard la raison de son absence.

Aurais-je compris si on me l'avait dit ? J'avais peut-être subi des violences sexuelles, mais je ne savais guère comment on faisait les bébés. J'étais trop jeune pour avoir eu des cours où on vous enseigne les choses de la vie.

Lorsqu'elle me revint enfin, l'amie vers laquelle je me précipitai avec tant d'entrain n'était plus la Frances que je connaissais. Quoi qu'il lui soit arrivé depuis la dernière fois où je l'avais vue, cela avait éteint ses yeux autrefois pétillants, affaissé ses épaules et lui avait ôté tout courage. Elle voulait seulement qu'on la laisse tranquille. J'essayais de lui parler, de lui dire à quel point elle m'avait manqué, mais je ne recevais en retour qu'une ombre de son ancien sourire. C'était comme si notre amitié n'avait jamais existé. Pour moi, c'était un nouvel abandon. Elle fut installée dans un autre dortoir, et nos chemins ne se croisèrent plus. Elle avait le droit d'étudier le soir et, au moment des repas, elle mangeait à la table des pensionnaires les plus âgés.

À l'âge de seize ans, elle partit comme elle l'avait toujours dit. Lorsqu'elle vint me dire adieu, elle ajouta qu'elle avait déniché un emploi dans un hôtel en Angleterre.

— À la campagne, ajouta-t-elle. Je voudrais faire une formation de réceptionniste.

Et puis, elle ne fut plus là. Sans aucune adresse où lui écrire.

Vingt ans se sont écoulés avant que je ne la revoie. À cette époque, j'étais mariée, mon passé était enterré, et ma vie, aussi satisfaisante que possible.

29

Haut-de-la-Garenne n'accueillait plus d'enfants. En 1986, le bâtiment devait servir de décor pour le poste de police dans la série télévisée britannique *Bergerac.* J'avais été embauchée pour travailler avec les traiteurs. Nous commencions tôt le matin pour préparer les buffets du jour, le petit-déjeuner, les en-cas, le déjeuner, d'autres en-cas et le dîner. Si le tournage se prolongeait, nous préparions encore plus de nourriture. C'est ce que l'équipe voulait, et elle en recevait des quantités énormes. À la fin de la journée, nos sacs étaient remplis de restes : du poulet froid, du rosbif, des petits pains, des gâteaux… Il y en avait toujours assez pour nourrir toute ma famille.

Au départ, lorsqu'on m'avait offert le poste, je n'étais pas enthousiaste à l'idée de passer des journées entières à proximité de ce bâtiment gris et sinistre, mais la nécessité d'un second salaire chassa mes hésitations. La paie était bonne et il était assez amusant de voir les stars de près, voire d'échanger quelques mots avec elles.

L'agitation de l'équipe, les nombreux figurants qui

attendaient, prêts à bondir, sans parler des fans qui venaient voir l'acteur John Nettles apparaître au volant de sa vieille Triumph décapotable, se conjuguaient pour donner à l'endroit une atmosphère totalement différente du lieu lugubre dont j'avais le souvenir.

C'était par l'un de ces matins où Jersey éclate de toute sa splendeur que je la vis. Ce jour-là, les seuls filets de blanc qui marquaient le ciel sans nuages venaient des avions de touristes. J'étais sûre qu'ils devaient admirer les camaïeux étincelants de turquoise de la mer en pensant à leur première soirée. Tout autour de moi, j'entendais le trille des petits oiseaux qui volaient au-dessus des fleurs sauvages. L'air embaumait du parfum de l'été et, dans une bouffée de contentement, je fermai les yeux.

Lorsque je les rouvris, elle était là. Frances, immobile, les yeux rivés sur la bâtisse où nous avions vécu. Malgré la distance qui nous séparait, je vis qu'elle avait l'air plus vieille. Comment aurais-je pu douter qu'elle n'était plus une jeune fille alors que vingt années s'étaient écoulées ? Mais je l'aurais reconnue n'importe où. Ma mémoire ne l'avait jamais abandonnée.

Cependant, j'hésitais. De quoi allions-nous parler ? Nos souvenirs communs n'étaient pas des souvenirs heureux. Et Haut-de-la-Garenne n'était plus l'endroit où l'on envoyait les enfants souffrir. Souhaitais-je me replonger dans le passé ? Ce qui avait eu lieu n'était pas un sujet dont je voulais me souvenir. Toutefois, je ne pouvais pas lui tourner le dos et, écartant mes réticences, je me dirigeai lentement vers elle.

Lorsqu'elle m'aperçut, je chassai toute hésitation. Avait-elle, me demandai-je, scruté les visages pour, en remontant les années, reconnaître certains des enfants qu'elle avait croisés autrefois ? Je savais que j'avais changé bien plus qu'elle. Qui ne change pas en laissant l'enfance derrière soi ? Cependant, mes cheveux arboraient la même blondeur légèrement rousse et, si, enfant, j'avais été petite, adulte, je l'étais restée.

Lorsque je fus devant elle, les années disparurent tandis qu'une boule se formait dans ma gorge.

— Frances, est-ce bien toi ? demandai-je alors que je n'avais aucune raison de poser la question. C'est moi, Madeleine. Tu te souviens de moi ?

— Bien sûr que oui.

Le moindre doute que j'aurais pu entretenir quant à savoir si elle était heureuse de me voir, après tout ce temps, s'effaça au moment où elle ouvrit la bouche.

— Comment pourrais-je jamais oublier ?

Ses bras s'ouvrirent pour m'étreindre.

Soudain, j'étais redevenue une enfant et elle me protégeait. Elle était si forte alors. À cet instant, je la regardai en face et vis la fragilité et la tristesse qui transparaissaient à travers son sourire.

— J'espérais te retrouver, dit-elle. Je me demandais si tu étais toujours ici ou si, toi aussi, tu étais partie de l'île.

— Je ne suis jamais partie, dis-je. Et toi ? Tu n'es plus en Angleterre ?

C'était la seule idée qui me venait en tête.

— Non, je suis revenue.

Derrière ces quelques mots, je sentis qu'il y avait

une histoire. Pas une histoire gaie, mais une histoire qu'elle tenait à me raconter. Toutefois, ce n'est pas ce jour-là qu'elle le fit, pas plus que lors de notre rencontre suivante.

Je compris qu'elle souhaitait faire connaissance avec l'adulte que j'étais devenue, apprendre à distinguer cette personne de l'enfant, avant de décider si elle pouvait avoir confiance en une amitié qui avait commencé et s'était fanée tant d'années plus tôt.

Nous nous retrouvâmes à plusieurs reprises dans des cafés, nous fîmes des balades le long de la plage et nous allâmes chez moi. Jamais elle ne me proposa d'aller chez elle, pas plus qu'elle n'accepta mon invitation de nous rejoindre pour un repas en famille.

Ce fut plusieurs semaines après ces retrouvailles que j'appris une part de ce qui lui était arrivé. Peu à peu, phrase par phrase, elle me raconta son histoire. C'était comme si ce voyage dans le temps l'épuisait, mais, lorsque j'eus tout entendu, je compris pourquoi.

— Tu t'étais tellement éloignée de moi lorsque tu es revenue à Haut-de-la-Garenne, lui dis-je un matin alors qu'elle était perchée sur un tabouret de ma cuisine.

Jusqu'alors, j'avais essayé de ne pas parler de notre enfance, mais, ce matin-là, alors que nous étions en train de boire un café, je n'avais pu m'en empêcher.

Elle me lança un regard, mais ne dit rien. Au souvenir de mes blessures d'enfant, tout rejaillit :

— Tu étais la seule personne que j'avais envie de voir quand je suis revenue. Les surveillantes ne voulaient pas me dire pourquoi tu étais partie, juste que tu allais revenir.

— Je suis revenue.

— Oui, mais tu étais si différente, et moi, j'étais trop jeune pour comprendre que quelque chose avait dû t'arriver pour te transformer ainsi.

Elle dit qu'elle était désolée, qu'elle n'avait pas voulu me faire du mal.

— Je dois filer, Madeleine, dit-elle en tapotant sa cigarette d'un mouvement rapide et nerveux.

L'expression de mon visage avait dû trahir que je savais que son départ n'était qu'un prétexte pour ne pas me dire pourquoi elle s'était détournée de moi. Elle s'arrêta à la porte.

— Madeleine, dit-elle alors, je sais que, si nous devons être amies, je te dois une explication. C'est seulement qu'il s'agit de quelque chose dont je n'arrive pas à parler facilement. La prochaine fois, j'essaierai de trouver les mots, je te le promets. Je pense que je te le dois. Je dois t'assurer que cela n'avait rien à voir avec toi.

Nous nous retrouvâmes deux ou trois jours plus tard. Je devais prendre le quart du matin pour le tournage et, lorsque j'eus terminé, elle était là. Nous emportâmes une tasse de café pour aller nous asseoir sur un muret.

— On dirait que c'est tout à fait adéquat de t'expliquer ce qui s'est passé, je veux dire ici, où tout a commencé, dit-elle avec un sourire ironique.

— Alors, pourquoi t'ont-ils renvoyée ?

— J'étais enceinte.

Je m'y attendais, mais la raison pour laquelle elle était enceinte était bien pire que ce que j'avais imaginé.

— Qui était le père ? demandai-je en m'attendant à entendre le nom de l'un des hommes qui m'avaient violée.

— Je l'ignore.

Un torrent de mots jaillit alors de sa bouche. Elle me raconta qu'elle avait été victime d'un viol collectif, non pas par des adultes, mais par les garçons qu'elle croyait être ses amis.

— Ils ne cessaient de dire qu'ils étaient au courant des hommes que Colin Tilbrook m'amenait, que je n'étais rien qu'une pute et que je pouvais bien les supporter, eux aussi. D'accord, ils n'étaient pas aussi riches que ces hommes qui me faisaient des cadeaux, disaient-ils. Ils n'arrêtaient pas, se provoquaient entre eux. Je savais que je ne pouvais pas leur échapper. Je savais ce qu'ils voulaient. J'étais dans la classe du meneur. Je l'avais même aidé à faire ses devoirs ! Mais, ce soir-là, lorsque son regard croisa le mien, il n'y avait aucune honte dans ses yeux à ce qu'il avait l'intention de faire. « Nous savons ce que tu fais à tous ces vieux », a-t-il dit, le visage empreint d'une sorte de sauvagerie que je n'avais jamais vue sur quiconque auparavant, même pas sur ces hommes auxquels Tilbrook m'avait donnée. « Maintenant c'est notre tour. » J'ai essayé de leur dire que ce n'était pas ma faute, ces hommes. Que je ne voulais pas aller avec eux. Je n'ai pas cessé de leur dire que je n'avais pas le choix, mais ils ont refusé de m'écouter.

Lorsqu'elle me raconta ce qui lui était arrivé cette nuit-là, je vis la scène comme si la succession des images d'un film jouait dans ma tête. Elle était restée là, un peu comme un lapin pris dans les phares d'une voiture. Son intelligence lui avait dit de fuir, mais elle savait aussi qu'elle n'avait aucune porte de sortie.

Le meneur, le garçon qu'elle considérait comme son ami, avait fait le premier pas. Il avait tendu la main et, avant qu'elle ne puisse articuler une seule parole de supplication, il avait agrippé son visage.

Ses doigts avaient accroché si profondément ses joues qu'elle n'avait pu bouger, encore moins crier. Sa voix avait pris un tour rauque, comme un grognement sourd. Il avait l'air d'un homme plus que d'un garçon :

— Ferme-la donc, espèce de salope.

Les cris des autres résonnèrent à ses oreilles.

— Fais-la sucer, dit l'un.

— Suce, suce, suce, entonnèrent les trois autres.

Il poussa son genou entre ses jambes, glissa la main sous sa jupe, et ses doigts griffèrent sa peau. Elle se retrouva au sol, la jupe remontée à la poitrine, son chemisier et son soutien-gorge à la hauteur de son cou. La bouche du garçon vint saisir son sein et mordit son aréole. Un cri mourut dans sa gorge tandis qu'une main la maintenait avec une telle force qu'elle crut qu'il allait lui briser le cou.

Des jambes la forcèrent à écarter les siennes et elle sentit qu'il fouraillait dans sa fermeture à glissière. Il la força toute sèche qu'elle était, au plus profond, sans cesser de sucer et de mordre ses seins et son cou.

Après un feulement, il s'arrêta, leva la tête, et elle vit son sourire triomphant.

Un sourire qui lui donna envie de se recroqueviller et de mourir, me dit-elle.

— Hé, au suivant ! cria-t-il à un autre garçon. Elle est toute mouillée. Ça devrait être facile pour toi.

Il roula sur lui-même pour se dégager, et le garçon suivant grimpa sur elle. Il écarta davantage ses jambes et, lui aussi, se rua sur Frances tandis qu'une nouvelle salve d'applaudissements emplissait les oreilles de mon amie. Les autres suivirent, l'un après l'autre, mais elle était alors trop faible pour se débattre.

Après, lorsque tout fut terminé et qu'ils eurent disparu dans l'obscurité, elle se remit debout tant bien que mal. Elle voulait simplement rentrer et se cacher là où personne ne la verrait. Sans savoir comment, alors que tout son corps la faisait souffrir, elle réussit à rajuster ses vêtements et à aller jusqu'à son dortoir.

Elle prit le risque de se rendre à la douche, bien qu'il fut strictement interdit de faire sa toilette à un autre moment que l'heure indiquée. Le seul vestige de chance qu'elle eut cette nuit-là fut que personne ne la vit. Elle s'appuya contre le mur des douches et laissa l'eau couler sur elle pendant qu'elle frottait l'odeur des garçons. Puis, elle se glissa dans son lit, tira la couverture jusqu'à son menton et, le visage des garçons imprimé sur ses rétines, elle passa la nuit à regarder l'obscurité.

La douleur dans son cœur, me dit-elle, était encore plus pénible que celle de la pénétration entre ses jambes.

Lorsqu'elle m'avait raconté cette nuit, les larmes inondaient son visage et elle avait les bras enveloppés autour de son corps.

— Alors, Madeleine, tu vois maintenant pourquoi je n'ai aucune idée de l'identité du père ? Cela pourrait être n'importe lequel d'entre eux. Aussi bien les hommes que ces garçons auraient affirmé m'avoir eue. Colin Tilbrook avait beaucoup d'amis qui avaient les mêmes idées quand ils venaient. C'est lui qui m'a donnée à eux.

Elle frissonna.

Nous savions toutes deux que d'autres aimaient les très jeunes proies. Des enfants, en fait.

— Oui, ces salopards aiment les petits corps doux. Ce qui les excitait, c'est la terreur anesthésiant les petits visages qui sont sur le point de dire adieu à leur enfance, adieu à l'innocence et adieu à la confiance. Ces putains de pervers aiment avoir ce pouvoir. Toi et moi, nous les avons rencontrés, n'est-ce pas ?

Je déglutis. Je ne voulais pas en entendre davantage. En me voyant tressaillir, elle posa la main sur mon bras.

— Je sais que tu as fait beaucoup d'efforts pour repousser derrière toi ce qui t'est arrivé, Madeleine, dit-elle, et je peux comprendre que tu ne veuilles pas en entendre davantage. J'ai peut-être été égoïste à vouloir raviver le passé… Excuse-moi, je n'ai pas réfléchi à la douleur que cela pouvait te causer.

— Tu n'as pas réussi à laisser tout cela derrière, n'est-ce pas ?

— Non.

— Peut-être que, si tu me racontes le reste, tu en seras capable. Cela ne vaut-il pas la peine d'essayer ?

J'attendis qu'elle poursuive.

— J'étais plus âgée que la plupart des enfants du foyer, à l'époque. J'avais déjà treize ans lorsque je rencontrais ces hommes qui affirmaient sans honte qu'ils ne touchaient pas aux enfants. D'un côté, c'était vrai. Ils ne s'occupaient pas des tout-petits. Mais les jeunes filles de treize ou quatorze ans ont beau avoir l'air mûres, ce sont encore des enfants. Elles peuvent avoir le corps d'une femme, mais cela ne justifie pas qu'on les touche, n'est-ce pas ? Il y a un nom pour ça : « nympholepsie ». J'étais l'une de leurs nymphes. Cela vient du grec ancien, m'avait raconté l'un des hommes ; cela signifie un désir effréné pour de belles jeunes filles. Il paraissait penser qu'en donnant un nom à ça et en utilisant un mot que je devais chercher dans le dictionnaire, cela rendait ses actes tolérables. Un autre m'affirma que ce qui l'excitait – une fois qu'il avait retiré les vêtements d'une fillette – était l'association de ses seins naissants et des épaules étroites de l'enfance. Quel que fut le nom qu'ils lui donnaient, ils aimaient baiser des enfants, conclut-elle amèrement.

Je me souvins alors de son allure à cet âge. Quand j'étais petite, tous les adultes qui se montraient gentils avec moi étaient beaux, mais, quand je songeais à Frances à seize ans, elle était vraiment magnifique. Dans les années 1970, j'avais vu des photographies de David Hamilton dans un livre. En regardant les clichés de jeunes filles à demi nues sur le point de devenir des femmes, je voyais autre chose. Le livre s'intitulait *L'Âge de l'innocence*, mais je l'aurais modifié pour *La Fin de l'innocence.* L'une des modèles me rappela Frances. Avec ses longues jambes et sa taille minuscule, elle semblait plus jeune que Frances ne l'était au moment où elle quitta le foyer, mais la ressemblance était frappante. Toutes deux avaient le même cou gracile et le visage lisse, encadré par de longs cheveux foncés. L'expression de la jeune fille était pensive, et j'ai pensé qu'elle n'avait pas l'air heureuse.

La voix de Frances interrompit le fil de mes pensées :

— Ils m'ont envoyée en Angleterre, mais, là-bas, le docteur a dit qu'il était trop tard pour avorter.

— Qu'est-il arrivé au bébé ? demandai-je en réalisant qu'elle avait dû le porter à terme.

— Je ne sais pas. Ils ne voulaient rien me dire. Seulement qu'il est allé dans une famille, mais je n'ai jamais rien su de plus à ce sujet. On m'a dit qu'il serait bien soigné. C'était ça, le pire, Madeleine, d'avoir ce bébé et de le perdre. Je l'avais tenu dans mes bras, je l'avais nourri au sein pendant six semaines et on me l'a pris ! Mon beau petit garçon parfait, que j'ai aimé à l'instant où on me l'a mis dans les bras. Je regardais sa petite poitrine s'abaisser et se soulever quand il respirait, je caressais sa peau douce et inspirais son odeur de bébé. Il se nichait dans mes bras et, quand il dormait, j'étais contente de le regarder. Ces petites mains parfaites, ces paupières incroyablement fines, le duvet clair sur sa tête… Il faisait encore partie de moi. Et ils me l'ont pris pour toujours. Je me fichais de savoir qui était le père. En fait, cela voulait dire qu'il était uniquement à moi. J'eus beau supplier encore et encore de ne pas me le prendre, mais ils n'en firent qu'à leur tête. Ils affirmèrent que les papiers d'adoption avaient été signés et qu'une famille convenable avait été trouvée. Ils m'ont enfermée à clé dans ma chambre jusqu'à ce qu'on l'emmène. J'ai cogné pendant des heures sur la porte. On m'a donné un sédatif. Lorsque je me suis réveillée, j'ai compris qu'il était parti et que je ne le reverrais plus jamais.

Vers la fin de son histoire, son corps s'était recroquevillé sous l'angoisse de la mère qui a perdu son enfant. Je patientai. Je savais qu'il y avait autre chose.

— Et tu es revenue au foyer ?

— Oui. Ils m'ont fait promettre de ne pas en parler. Ils ont dit que, si je ne disais rien, ils me laisseraient tranquille. J'avais peur d'eux. Il y avait des histoires de filles qui disparaissaient à cette époque. Elles s'étaient peut-être enfuies ou alors elles étaient tombées enceintes et on les avait envoyées ailleurs. En plus de la peur, j'étais en pleine crise d'adolescence, avec mes hormones et tout. Tout ce que je voulais, c'était qu'on me laisse tranquille. Je n'avais pas envie de répondre aux questions, pas à ce moment-là. Je pense que, si j'avais commencé à pleurer, je ne me serais jamais plus arrêtée.

— Pas étonnant que tu aies changé, commentai-je, mais je ne comprends toujours pas pourquoi tu es revenue après ton séjour en Angleterre. Puisque tu avais quitté le foyer, j'aurais cru que tu n'aurais eu aucune envie de remettre un pied sur Jersey.

— Stephen Burns, l'un des garçons du foyer, est parti à peu près en même temps que moi. Nous avons gardé le contact, nous nous sommes écrits, et il est venu me voir. Pour finir, nous avons vécu ensemble un moment. Je croyais que, comme toi, nous pourrions laisser le passé derrière nous et trouver la paix. Nous nous sommes même mariés. Le bureau de l'état civil, deux copains comme témoins et, voilà, nous étions ensemble.

— Et ensuite ? Je veux dire, vous vous êtes séparés ?

— Il est mort, dit-elle d'un ton plat. Overdose. Il était si gentil ! Mais il n'a jamais été bien. Il n'aurait jamais dû aller dans ce foyer. Il n'avait rien fait de mal. C'était juste que sa mère était partie ; elle avait filé avec un autre homme, et son père n'y arrivait pas. Il a été insolent une fois de trop avec la police. C'était tout, mais, allez, hop ! Direction Haut-de-la-Garenne. C'était un enfant adorable et, là-bas, c'était une malédiction. Ces putains de riches qui emmenaient les garçons dans leur yacht l'ont violé. Quand nous étions au foyer, il était un enfant meurtri et, quand nous nous sommes mariés, un adulte tout aussi meurtri. Qu'importe… Son père était mort bien avant ça. Il n'a jamais su ce que son fils avait traversé, et Steve n'aurait jamais voulu qu'il l'apprenne. Il était propriétaire de sa maison et il l'a léguée à Steve, avec quelques économies. En fait, il avait fait un testament pour que son ex-femme n'obtienne pas le moindre sou. À présent, elle est à moi. Voilà pourquoi je suis revenue.

— Tu pourrais la vendre pour aller ailleurs, dis-je.

— Cela ne servirait à rien. On ne peut pas échapper à soi-même, Madeleine, non ?

Je n'avais aucune réponse à lui donner.

Des semaines s'écoulèrent, et nous ne nous sommes pas revues. Maintenant, je me sens coupable, mais j'avais deux enfants en bas âge, et mes journées n'étaient que lavage, repassage, cuisine et soucis pour joindre les deux bouts. Si je pense à elle, je la vois apparaître sans prévenir à ma porte. C'était peut-être deux ou trois ans après nos retrouvailles que je remarquai qu'elle était devenue… pas vraiment distante… mais détachée.

— Je l'ai revu, annonça-t-elle un jour comme si j'allais aussitôt deviner de qui elle parlait.

Vu qui ?

Sur le moment, je pensais qu'elle voulait parler de Colin Tilbrook avant de me rappeler qu'il était mort. Une nouvelle qui ne m'avait causée aucun chagrin.

— L'un des garçons. Le meneur. Il m'a reconnue aussi.

— Qu'est-ce qu'il a fait ?

— Juste souri.

— Tu es sûre que c'était lui ?

Il devait avoir l'air très différent, mais elle refusa d'admettre qu'il aurait pu simplement s'agir d'un homme qui voyait une jolie femme.

C'est à partir de là qu'elle commença à refuser de sortir seule de chez elle. Au début, je n'ai pas remarqué qu'elle me téléphonait toujours pour me demander quand j'allais faire des courses, car elle voulait venir avec moi. C'est quand je sentis sa nervosité, comme si elle avait vu quelqu'un qu'elle connaissait, que je sus que quelque chose n'allait pas.

Si elle entendait des éclats de rire, elle s'agrippait à mon bras tout en lançant des regards furtifs autour d'elle pour voir d'où cela venait. Elle devait penser qu'ils étaient dirigés contre elle, que, partout où elle allait, les gens la montraient du doigt dans son dos.

Je finis par la convaincre de consulter un médecin. On lui diagnostiqua de l'anxiété et de la dépression. Des médicaments lui furent prescrits. Pendant un temps, je crus qu'elle allait mieux, mais j'avais tort. Sa crainte ne faisait que croître, au point que, presque chaque fois qu'elle sortait, elle pensait reconnaître des gens de son passé.

Je tentais de lui expliquer que ses craintes étaient irrationnelles. Tant de pensionnaires du foyer avaient quitté Jersey, et plusieurs de ceux qui étaient restés avaient enseveli leurs secrets dans l'alcool. Cela avait aussi tué certains de ceux qui ne pouvaient plus s'en passer.

Quant aux surveillants qui nous avaient maltraités, ils étaient vieux et le pire d'entre eux était mort. Frances paraissait parfois parfaitement rationnelle, mais cela ne durait jamais longtemps. Elle suivit une thérapie. Je n'ai aucune idée de ce qui se dit pendant les séances, mais cela sembla l'aider. Jusqu'à ce qu'elle commence à affirmer que les voitures voulaient l'écraser. Elle fit un court séjour à l'hôpital.

— Je sais que c'est seulement dans ma tête, Madeleine, dit-elle à sa sortie, mais le fait de le savoir ne rend pas les choses plus faciles lorsque j'ouvre ma porte. J'ai l'impression que tout est dangereux dehors. J'essaie de déplacer mes pieds, de leur faire franchir le seuil, mais ils refusent de m'obéir. Je n'y arrive pas sauf quand il y a quelqu'un avec moi.

Un petit groupe prit l'habitude de l'accompagner jusqu'au jour où elle refusa totalement de sortir. Cela devait être il y a une dizaine d'années. Elle négligeait le jardin qu'elle adorait. Le fils d'un voisin tond sa petite pelouse, désormais. Ses cheveux, autrefois épais et foncés, sont devenus gris, et sa beauté s'est fanée. Je songe avec tristesse à la jeune fille qu'elle était, au cran qu'elle avait lorsqu'elle me défendait.

Comme un écho tenace, je l'entends encore dire : « Dès que j'aurai seize ans, je serai libre. »

30

Lorsque mes yeux se posèrent sur elle, Morag Jordan ne savait pas encore que je voulais faire revivre les images des événements qui s'étaient produits plus de quarante ans plus tôt. Sa peau était peut-être devenue flasque, ses os, plus fragiles, et son visage, plissé d'un réseau de rides, mais ses yeux, avec leur éclair diabolique, n'avaient pas changé. Le simple fait de la voir m'aida à fouiller dans le tréfonds de ma mémoire pour en extraire la première image des Jordan. Le premier couple… Je veux dire le premier couple mauvais qui m'avait dit sans détour qui il était vraiment.

Comme lorsqu'on agite un kaléidoscope, les images se succédèrent dans mon esprit. Je la voyais rôder dans les couloirs et dans les dortoirs, projetant un disque de lumière éblouissante sur nos lits dans l'espoir d'en surprendre une en train de bavarder. Le bruit même de ses pas suffisait à nous faire taire, le corps secoué de frissons de terreur.

Elle avait très rapidement fait davantage qu'instiller ce sentiment en nous. Morag Kidd nous avait engloutis dans la peur, au point que nous ne nous sentions plus jamais en sécurité. Avec Anthony Jordan, son compagnon qui devint bientôt son mari, elle connaissait d'innombrables manières de nous torturer. Une brosse à poils durs qu'elle abattait sur la nuque, le bras fragile qu'elle tordait jusqu'à ce qu'il soit sur le point de se briser, l'oreille qu'elle pinçait, le pied qu'elle écrasait, l'auriculaire qu'elle pliait, un coup de poing dans le ventre... Voilà les actes qui nous blessaient physiquement, mais il existe également de nombreuses autres meurtrissures, et Morag Jordan s'assurait que nous les subissions toutes. Elle était notamment passée maître en matière d'humiliation. Dans ma tête, je revis l'enfant que la frayeur avait fait mouiller son lit, son visage que l'on frottait dans l'urine. J'entendis les mots « sale petite cochonne », puis l'ordre d'aller à la buanderie laver ses draps.

J'entendis l'accent dur du Nord de Morag se moquer des enfants qui entraient dans l'adolescence, les traiter de paresseux, stupides et boutonneux. Elle avait le don de repérer exactement ce qu'il fallait dire pour les dépouiller de la moindre miette d'assurance qu'il leur restait.

L'une des filles, qui venait d'avoir ses règles et souffrait de crampes, se vit dire devant tout le dortoir qu'elle puait le sang, et on lui jeta deux protections périodiques au visage.

Ce type de comportement était loin d'être inconnu au foyer, mais les Jordan ajoutèrent une autre dimension à la cruauté qui nous était infligée de manière quotidienne. Ils mettaient un soin tout particulier à imaginer des moyens de nous faire souffrir encore plus. Ils étaient capables de déceler nos faiblesses et nos craintes, et il leur suffit de très peu de temps pour repérer ce qui importait à chacun de nous.

Aux pensionnaires du foyer qui ne se souciaient de rien (ou en tout cas l'affirmaient), ceux qui se contentaient de compter les jours, les mois, voire les années avant la liberté, et qui ne recevaient jamais de visites de l'extérieur, ceux qui affichaient l'insolence maussade des malheureux, elle donnait l'impression d'être encore moins désirés et aimés. Elle leur serinait qu'ils n'avaient aucun avenir et que leur vie ne serait jamais meilleure.

Pour ma part, je vouais un amour inconditionnel à ma mère. J'avais compris que la vie l'avait brisée et que l'alcool lui avait ôté toute capacité à prendre soin de moi, mais je savais qu'elle m'aimait et que ce n'était pas parce qu'elle ne voulait pas de moi que je devais vivre au foyer. Mais Morag faisait tout pour me faire croire le contraire.

— Alors, ton petit frère est toujours avec ta mère, hein ? Je suppose que ton beau-père ne veut pas avoir dans les pattes le gosse d'un autre type !

Ces mots figuraient parmi ses railleries favorites.

— C'est faux. Il est gentil avec moi, répondis-je la première fois en pensant qu'elle était désolée pour moi.

— Alors, il est peut-être un peu trop gentil, et ta mère ne veut pas de toi à la maison. Elle ne veut pas qu'il soit tenté par la vue d'une jolie jeune fille alors qu'elle vieillit. On m'a aussi dit que vous dormiez tous dans la même chambre dans leur ancienne maison. Intéressant !

Sous ses yeux moqueurs, je sentis mon visage s'empourprer.

— On dirait bien que tu rougis, Madeleine, gloussa-t-elle.

C'est là que ma haine envers elle prit racine. Elle s'efforçait de saper ma confiance en l'amour de ma mère et de Frank. Avait-elle compris que cela me donnait la force d'affronter la majeure partie de ce qui m'arrivait au foyer ? Je pense que oui.

Remarquant mes tremblements pour contrôler mon impuissante rage, et encouragée par ma réaction, elle augmenta la dose de venin :

— J'ai aussi entendu dire que ta mère aimait mieux boire qu'être avec toi, Madeleine, disait-elle.

La rage montait de mon ventre et venait me bloquer la gorge. Chaque fois, je ravalais les mots qui menaçaient de jaillir et j'utilisais la seule arme dont je disposais : le silence.

— Eh bien ? Le chat t'a mangé la langue ?

Je voyais à ses lèvres pincées qu'elle était frustrée par mon absence de réaction. Elle voulait que je perde mon sang-froid et que je lui réponde afin d'imaginer une punition largement excessive par rapport au délit. Je serrais les mains et baissais la tête pour échapper à son regard. Chaque fois qu'elle s'attaquait au sujet, je me répétais que ma mère et Frank m'aimaient. C'était une certitude. Je ne devais pas laisser Morag m'inciter à penser différemment. Je n'avais été placée à Haut-de-la-Garenne que parce que ma mère était malade.

Hélas, je n'étais pas à la hauteur de la méchanceté et des manigances de Morag Jordan. Je le compris le jour où, jetée dans une cellule, je perçus l'éclair de triomphe et de satisfaction dans ses yeux. Moi aussi, elle m'avait patiemment étudiée. Elle avait repéré mes faiblesses et ce qui m'importait. Ses sarcasmes déclinaient toujours le même thème : personne ne voulait de moi.

Un jour, alors qu'elle répétait une fois de plus que ma mère était une bonne à rien d'alcoolique qui ne voulait pas que je m'approche de son mari, quelque chose céda en moi. Je ne pouvais plus rester sans rien dire. Les épaules redressées et les joues rouges, je lui lançai un regard glacé :

— C'est faux ! m'exclamai-je. Ma mère m'aime. C'est pour ça qu'elle prend le bus et grimpe la colline à pied par tous les temps. Je ne vis pas avec Frank et elle parce qu'elle est malade !

Cet éclat avait été une erreur, une erreur qui allait me coûter très cher. À cette époque, je ne mesurais pas encore à quel point la moindre parcelle d'information donnait à Morag tout ce dont elle avait besoin pour sélectionner ses armes. Je lui avais offert une véritable pépite qu'elle allait exploiter à son avantage.

Pendant un bref laps de temps, elle sembla avoir oublié mon insolence, et je me mis à croire que je lui avais cloué le bec. À une ou deux occasions, elle fut même presque agréable avec moi, et je baissai ma garde. Hélas. Je n'avais alors aucun soupçon de ce qui se passait dans sa tête, mais Morag était patiemment en train de planifier la manœuvre suivante.

Car, comme je devais l'apprendre, Morag Jordan n'était pas du genre à encaisser gentiment les rebuffades. Elle allait s'assurer que mon comportement finisse par punir également ma mère. Oh ! j'allais regretter cet éclat, ça, oui ! Je n'avais pas seulement dévoilé à quel point je protégeais la femme qui, en raison des circonstances et de sa vulnérabilité, n'était pas en mesure de m'élever, mais j'avais aussi prononcé le mot « malade ».

Morag dut se donner du mal pour découvrir que ma mère était asthmatique. Pour elle, la montée à pied jusqu'au foyer était bien plus épuisante que pour d'autres ; or, si, à son arrivée, on la renvoyait parce que je m'étais mal conduite, elle devrait reprendre le chemin du retour sans avoir le temps de récupérer un peu. Sachant que j'étais responsable de ses difficultés respiratoires m'affecterait davantage que cela n'affecterait ma mère.

Oui, Morag et moi livrions une bataille : elle était déterminée à me briser, et j'étais tout aussi déterminée à protéger le fondement de mon identité.

Elle l'emporta le jour où elle me jeta dans la cellule.

Dans cette pièce minuscule où elle finit par m'envoyer, et dont elle seule pouvait me sortir, je me retrouvai entièrement en son pouvoir, un fait dont nous étions toutes les deux conscientes. C'est là que je compris avec quelle subtilité Morag avait orchestré la série d'événements qui avaient conduit à ma punition.

Elle avait mis à exécution un plan qu'elle avait dû, avec son barbare de mari, passer du temps agréable à élaborer. Quant à moi, pensai-je furieusement, j'avais joué leur jeu à la perfection, même si j'ai du mal, encore aujourd'hui, à imaginer comment j'aurais pu en éviter les conséquences. À cet âge (j'avais presque onze ans), je ne pouvais rivaliser avec une femme comme Morag.

Lorsqu'elle avait décidé de faire souffrir quelqu'un, rien ne l'arrêtait. Au fil du temps qu'elle passa à l'orphelinat, je la vis comploter et manipuler tout le monde. Comme l'araignée, elle tissait sa toile et attendait que sa proie vienne s'emprisonner dans les fils presque invisibles. Ce n'est que lorsque la victime n'avait plus aucune issue que Morag savourait son triomphe. Elle lançait à sa proie les arguments qui, selon elle, justifiaient la punition, tirant un plaisir obscène à expliquer dans les moindres détails au malheureux enfant ce qui l'attendait.

C'est elle qui avait eu l'idée d'enfermer le soi-disant coupable dans une cellule, et elle adorait ça. C'était aussi ce que nous redoutions le plus. Ces minuscules pièces lugubres étaient situées sous la bâtisse, dans ce que nous appelions les « caves ». J'avais entendu d'autres filles chuchoter qu'il suffisait de quelques jours là-dedans pour transformer la plus courageuse en loque hystérique qui sanglotait et hurlait. Aucune autre punition ne nous paraissait aussi terrible que d'être enfermé là-dessous. Il suffit que le souvenir de ce jour me revienne pour que je me retrouve, comme je l'ai dit fièrement, « à presque onze ans ». C'est comme si je regardais dans un miroir qui me renvoyait l'image de moi enfant.

Le visage bouffi de larmes, je tremble de froid.

Dans la cellule, il n'y a qu'une caisse en bois avec un matelas aussi fin que possible. Pas de draps ni d'oreiller, juste une couverture usée dans laquelle je suis enveloppée. J'ai les paupières closes. Je refuse obstinément de lever les yeux vers la grande fenêtre nue qui se trouve au niveau du sol. À travers, on aperçoit le monde extérieur, mais le monde extérieur me voit aussi.

J'imagine que des gens sont déjà en train de m'observer et je me demande combien de temps je vais rester là. J'ai envie de faire pipi. Il y a bien un seau dans un coin que j'ai vu quand je suis entrée, mais l'idée que quelqu'un puisse me regarder assise dessus m'est insupportable. Je voudrais qu'il fasse nuit pour que je devienne invisible.

Si seulement, à mon réveil ce jour-là, j'avais envisagé ce qui allait m'arriver, je n'aurais pas oublié où j'étais et qui détenait le pouvoir. Mais je l'avais oublié, quelques secondes seulement, et voilà où cela m'avait menée.

C'était un samedi matin, ce qui signifiait que nous n'avions pas école, une pensée qui me rendait toujours plus gaie. Dehors, le soleil brillait et, avec deux amies, nous mourions d'envie de sortir pour jouer à cache-cache ou sauter à la corde.

Dès que nous eûmes terminé le petit-déjeuner et débarrassé les tables, nous échangeâmes un regard et nous dirigeâmes vers la porte. J'espérais que ma mère viendrait me chercher pour aller faire une promenade. Elle m'avait dit qu'elle ferait de son mieux.

— Ce n'est pas que je n'ai pas envie de te voir,

Madeleine, avait-elle expliqué lors de sa précédente visite en lissant une boucle de mes cheveux autour de ses doigts. C'est que je ne suis pas aussi bien que je l'étais.

La pauvreté et le tabac avaient pris leur dû. Même moi je pouvais le voir. Hiver comme été, elle était dévorée par une toux caverneuse, ses chevilles étaient gonflées, et je savais qu'elles la faisaient souffrir lors de son trajet jusqu'en haut de la colline. Elle ne m'en assurait pas moins toujours que cela en valait la peine, juste pour voir mon visage. Au cours de cette visite-là, elle avait cependant admis qu'elle risquait bientôt d'avoir du mal à venir jusqu'à l'orphelinat.

Envahie par une soudaine bouffée de peur, je lui avais demandé ce qui n'allait pas. C'est alors qu'elle avait parlé de son asthme. Elle disait que c'était à cause de l'humidité des taudis dans lesquels elle avait vécu.

— J'ai le souffle si court, avait-elle expliqué. Il y a des bons jours et des jours pas si bons. Et j'ai parfois beaucoup de mal à monter la colline. Le médecin m'a dit d'arrêter de fumer, mais je ne peux pas tout abandonner, non ? C'est l'un de mes seuls petits plaisirs !

Elle n'avait vraiment pas l'air en forme, et chacune de ses respirations s'accompagnait d'un sifflement perceptible. Toutefois, avec l'optimisme de l'enfance, j'espérais que ce samedi-là serait un bon jour et qu'elle viendrait.

Morag était certainement au courant puisque les visiteurs devaient disposer d'une permission, mais je ne voulais pas lui poser la question parce que je savais qu'elle l'utiliserait contre moi.

Je n'avais d'autre choix qu'attendre.

Comme la visite de ma mère n'aurait lieu que plus tard dans la journée (si elle venait), je ne tenais pas à perdre mon temps dans la salle commune alors que les rayons du soleil nous attiraient dehors. Sans un mot, nous filâmes donc toutes les trois, mes amies et moi, vers la porte principale. Nous venions juste de pénétrer dans le couloir qui y conduisait quand une voix dure nous stoppa net :

— Vous croyez aller où ?

Les autres filles eurent le bon sens de me laisser répondre à la question.

— Dehors, mademoiselle, dis-je en scellant ainsi mon destin.

— Vraiment ? Laquelle de vous a demandé la permission ? Non, bien sûr, tu n'as rien demandé, Madeleine.

Mon cœur chavira. Elle venait d'ajouter une règle à la liste toujours croissante. D'ailleurs, je me dis qu'elle avait dû y penser en nous voyant nous diriger vers le parc.

Ses yeux clairs, étincelants de cruauté, étaient rivés sur moi pendant qu'elle attendait de voir quelle excuse j'allais trouver. Je me redressai et me forçai à lui rendre son regard sans lui montrer à quel point j'étais terrifiée.

— Je ne savais pas qu'il fallait demander la permission le samedi, mademoiselle, dis-je aussi fermement que je le pus.

Ce petit acte de bravoure n'allait pas arranger les choses.

— Quoi ? Pas d'excuses, Madeleine ? Tu deviens de plus en plus insolente. Et sais-tu quel est le remède à l'insolence, Madeleine ?

— Non, mademoiselle.

— Le travail, Madeleine. Le travail forge le caractère. Ce n'est que dans le dictionnaire que le mot « succès » vient avant le travail. Bien sûr, tu ne peux pas comprendre. Pas avec ce qu'on m'a dit au sujet de tes talents en lecture. Il paraît qu'un enfant de six ans fait mieux que toi. Par chance, je ne suis pas ta maîtresse, mais il est de mon devoir de t'aider à forger ton caractère. Pour cela, j'ai une petite corvée en réserve pour toi. Suis-moi. Vous aussi, ses petites amies. Je suis sûre que c'était ton idée, Madeleine, mais elles n'ont pas dit non.

Lamentablement, nous marchâmes derrière elle jusqu'au grand hall d'entrée.

— Je veux que tout le hall, ainsi que le couloir dans lequel vous étiez en train de courir, soit briqué à fond. Je pense que vous pouvez vous passer de la machine aujourd'hui, dit-elle en faisant allusion à la grosse polisseuse que les garçons utilisaient généralement. Elle est bien trop lourde pour vous ; alors, vous devrez frotter à la main. Vous avez là tout ce qu'il vous faut, ajouta-t-elle en indiquant plusieurs brosses soigneusement rangées à côté d'une pile de seaux.

La simple vue de ces objets me remplit de fureur. Elle avait décidé que nous allions passer toute la journée à l'intérieur avant même de nous surprendre dans le couloir.

Instinctivement, je savais que nous n'en avions pas

terminé, et toute retenue s'évanouit. Incapable de dissimuler ma rancœur, je lui jetai un regard furieux.

— Tu as un problème, Madeleine ?

— Non, mademoiselle, répondis-je du ton le plus docile dont je pus faire preuve.

— Bien ! Alors, les filles, combien de temps pensez-vous qu'il vous faudra pour accomplir cette tâche ?

— J'en sais rien, mademoiselle.

C'était la seule réponse que nous puissions donner. En regardant la taille des brosses, qui étaient à peine assez grosses pour que nous les tenions à deux mains, je compris qu'elle avait veillé à ce que la corvée dure des heures. Comment aurions-nous pu répondre à sa question ?

Je vis qu'elle attendait que l'une d'entre nous prenne la parole et je répondis d'un air plein d'espoir :

— Jusqu'au déjeuner, mademoiselle.

— Eh bien, je l'espère pour toi, Madeleine. Tu sais que ta mère vient aujourd'hui. Elle a appelé ce matin. C'est un si long chemin depuis l'arrêt de bus et, avec son asthme..., eh bien, je pense que cela la fatigue beaucoup. Ce serait donc dommage de devoir la renvoyer à cause de ta conduite, n'est-ce pas ?

— Oui, mademoiselle.

Les larmes me piquaient les yeux. Quelle que soit la vitesse avec laquelle nous accomplirions notre travail, elle n'allait pas me laisser voir ma mère. De ça, j'en étais certaine.

— Tu ferais donc mieux de t'y mettre, non, Madeleine ? Il n'y a pas de temps à perdre. Je reviendrai vérifier. En attendant, je vous fais confiance pour ne pas parler. Le silence absolu permet de travailler plus vite, et c'est également excellent pour l'âme.

Il n'y avait rien d'autre à faire que d'aller à la cuisine remplir les seaux, un avec de l'eau chaude et savonneuse, l'autre avec de l'eau claire et, les bras tendus sous leur poids, retourner là où nous devions commencer à frotter.

Sans cesser de voir dans ma tête l'image de ma mère en train de s'épuiser à grimper la colline dans deux heures à peine, je serrai les dents et déplaçai la brosse aussi vite que je le pouvais. Les deux autres filles, qui se sentaient peut-être honteuses parce qu'elles n'avaient pas avoué qu'elles étaient aussi coupables que moi, se donnaient aussi du mal. Nous pensions que, si nous terminions à l'heure du déjeuner, nous aurions peut-être la possibilité de sortir, après tout. Comme nous n'avions pas de montre, je ne sais pas combien de temps il nous fallut pour nettoyer le hall ; peut-être une heure. Sachant qu'elle chercherait la moindre excuse pour prolonger notre calvaire, je fis une inspection méticuleuse en quête de la plus minuscule tache, mais je constatai que le hall était impeccable.

Lorsque nous entamâmes le couloir, nous en prîmes chacune une partie. J'avais mal aux mains à force de tenir la brosse, ainsi qu'aux bras, aux jambes et au dos, et mon visage était gluant de transpiration, mais rien ne me ferait ralentir. Je dégageai une mèche de cheveux de mes joues brûlantes lorsqu'une ombre tomba sur moi. Je n'avais pas besoin de lever les yeux pour savoir qu'il s'agissait de Morag Jordan.

Je continuai à déplacer rythmiquement la brosse, les yeux rivés sur le sol en granit gris qui brillait sous l'eau savonneuse. Je priais pour que Morag parte tout en sachant qu'elle n'en avait aucune intention.

— Eh bien, on dirait que tu as travaillé dur, Madeleine ! dit-elle d'une voix trop douce pour être sincère. Tu as pratiquement fini. Tu as vraiment envie de voir ta mère, n'est-ce pas ?

Je hochai la tête et, malgré ma fierté, lui adressai un regard suppliant. « S'il vous plaît, dites que j'en ai fait assez et laissez-moi partir », priai-je silencieusement.

J'aurais dû savoir qu'elle n'en avait jamais eu l'intention.

D'un geste prompt, qui ne me donna aucune chance de tenir le seau, elle leva le pied. J'entendis le bruit sourd et vis le torrent d'eau sale qui s'étalait sur la partie que je venais juste de terminer. Alors seulement, je levai la tête et croisai ses yeux d'un bleu de glace.

— Quelle maladroite, Madeleine ! Ha ! il ne reste plus qu'à essuyer tout ça.

Elle me jeta une éponge avant d'ajouter :

— Cela ne devrait pas te prendre trop de temps. Toutefois, je suis navrée de le dire, mais tu n'auras certainement pas fini à temps pour voir ta mère. Je devrai lui expliquer que, alors que tu savais qu'elle venait, tu t'es si mal conduite que je ne pouvais te permettre d'avoir de la visite. Elle comprendra que nous ne pouvons pas récompenser les mauvaises manières, n'est-ce pas ? Réfléchis un peu, Madeleine : elle est déjà dans le bus et elle va bientôt en descendre pour grimper la colline. Et il fait si chaud aujourd'hui. Quel dommage qu'elle fasse tout ce trajet pour rien !

Du coin de l'œil, je remarquai que mes amies gardaient la tête baissée et continuaient à frotter. Elles savaient qu'il valait mieux éviter de me venir en aide. Je ne peux pas les en blâmer parce que, si elles avaient pris ma défense, cela n'aurait en rien diminué la sentence, uniquement accru leur punition.

— Eh bien, Madeleine, est-ce que tu vas regarder cette eau sale ou commencer à nettoyer ?

La chaleur envahit tout mon corps tandis qu'une vague de colère pure déferlait en moi. Au fond de moi, une petite voix disait : « Fais-le, Madeleine. Tais-toi et nettoie. Ne la provoque pas. C'est ce qu'elle veut. »

Mais une autre voix, plus forte, hurlait : « Dis à la salope d'aller se faire foutre ! »

— Non, dis-je. Pas avec cette éponge. C'est vous qui avez renversé l'eau, mademoiselle, pas moi.

Un sourire de triomphe éclaira son visage, et je compris que cet éclat était exactement ce qu'elle attendait. Si j'avais pu, j'aurais ravalé mes paroles, je me serais excusée et je l'aurais suppliée de me laisser voir ma mère. Mais il était bien trop tard pour cela.

— Grossière, insolente et menteuse par-dessus tout, dit-elle. Tu ne me laisses pas d'autre choix que de te mettre en cellule, Madeleine. Un petit séjour en bas calmera ce caractère. Cela t'aidera à réfléchir aux conséquences de ton manque de respect. Lève-toi. Tes amies peuvent nettoyer tes cochonneries.

J'étais incapable de faire un mouvement. Le mot « cellule » avait fait naître la terreur dans tout mon être, et mon cerveau n'arrivait pas à commander à mes membres.

En riant, elle tendit la main et accrocha ses doigts dans mes cheveux en tirant si fort qu'elle réussit à me relever. La douleur fut si insupportable que je crus qu'elle allait m'arracher le crâne. Mais la pression se relâcha lorsqu'apparut son commando. Anthony Jordan et une surveillante se placèrent de chaque côté de moi.

— Nous emmenons cette demoiselle désobéissante en cellule.

Ils me prirent par les bras et me traînèrent dans les couloirs jusqu'à un escalier raide qui était astucieusement dissimulé derrière le placard où nous rangions nos chaussures d'extérieur.

— Descends !

Sachant qu'elle était parfaitement capable de me pousser, je fis ce qu'elle demandait, mes bras toujours pris en étau. Que croyaient-ils que je pouvais faire contre eux trois ?

En bas, il faisait froid et sombre. Je perçus le bruit d'une clé qu'on tourne dans la serrure, une porte qui s'ouvre, et je fus poussée dans une petite pièce où les trois adultes me suivirent. L'espace était à peine suffisant pour nous tous, et je sentais leur souffle sur mon visage.

— Retirez-lui ses vêtements ! exigea Morag. Cette gosse a besoin d'une leçon !

La surveillante s'approcha pour me retirer ma robe.

— Non, laissez-le faire, dit Morag en indiquant son mari de la tête.

Avec un sourire entendu, il se pencha et s'empara de mon ourlet.

— Tiens-lui les bras en haut, dit-il à Morag.

Il retira ma robe d'un mouvement leste, et je demeurai debout, en maillot de corps et culotte.

— Je pense qu'il vaut mieux retirer le reste, non ? insista-t-elle.

— Je suis d'accord. Elle est vraiment difficile !

Alors, j'oubliai ma fierté, j'oubliai que j'avais fait un pacte avec moi-même, de ne jamais pleurer devant ces tyrans, de ne jamais les supplier. La honte d'une petite fille, qui n'avait pas tout à fait onze ans, chassa toutes ces résolutions. Les larmes se mirent à couler sur mon visage pendant que je la suppliais de ne pas le faire. Les mots « S'il vous plaît, je promets. Je serai sage, c'est promis » sortirent de ma bouche. En vain.

— Tu aurais dû y songer plus tôt, Madeleine.

Pour aggraver mon humiliation, leur visage jubilait de satisfaction.

C'est elle qui descendit ma culotte, mais pas avant de l'avoir relevée si haut que le tissu me blessa. C'est lui qui fit passer mon maillot de corps par-dessus ma tête, et je sentis ses doigts traîner sur ma nuque.

— Voilà ta couverture, dit-elle en me la jetant.

Ils rassemblèrent mes vêtements et me laissèrent dans cette petite pièce froide en fermant la porte derrière eux.

Je devais y demeurer pendant plus de quarante-huit heures.

31

En juillet, les grands titres de tous les journaux évoquaient la capture de la « Bête de Jersey », Edward Paisnel, celui que je connaissais sous le nom d'« oncle Ted ». Au coin des rues, dans les pubs et les boutiques, de petits groupes de gens se retrouvaient pour murmurer les détails les plus macabres sur l'homme qui avait semé la terreur sur l'île pendant plus de dix ans. Monstre de cauchemar, créature portant des bracelets ornés de clous et un masque hideux en caoutchouc qui, lorsqu'on le lui enleva, révéla un visage presque aussi terrifiant.

De manière incroyable, il s'était glissé sans se faire prendre dans les foyers pour enfants pendant onze années. Au départ, il n'attaquait que les femmes, mais, alors que son assurance et ses appétits dépravés croissaient, il se mit à enlever des enfants.

Il menaçait de trancher la gorge de ses victimes si elles criaient. Il les conduisait dans les bois ou dans les champs, où il les battait, les violait et les sodomisait. Lorsqu'il en avait terminé, il les reconduisait chez eux, comme pour montrer aux autorités à quel point il se moquait d'elles. Dans certains cas, il allait même jusqu'à dire aux enfants de dormir avant de disparaître dans l'obscurité.

Il semblait impossible que, dans une population de moins de quatre-vingt-dix mille personnes, sur une île qui ne mesurait qu'une dizaine de kilomètres sur une vingtaine, personne à Jersey n'ait deviné son identité.

Au cours de son abominable règne, je doute qu'il y ait eu une seule famille qui ne fût pas terrifiée par l'homme que personne n'avait réussi à décrire avec assez de précision pour que la police puisse en faire un portrait-robot.

Les habitants de Jersey qui, jusqu'à l'apparition de l'homme au masque, n'avaient aucune raison de se méfier de leurs voisins, prirent l'habitude de verrouiller leurs portes et de garder leurs enfants à portée de vue. J'imagine les innombrables regards soupçonneux, pas seulement envers les étrangers, mais aussi face à toute personne dont le mode de vie était légèrement original, voire solitaire. Au début, personne n'arrivait à croire qu'un tel monstre faisait partie des îliens, mais, comme les trois premières agressions, toutes sur des femmes, avaient eu lieu en novembre, lorsque les derniers touristes étaient partis, toute l'île se mit à craindre qu'il s'agissait bien d'un homme de la région.

Après ces trois agressions, il n'y en eut plus pendant au moins une année. On commença à se dire que l'homme, sans doute chassé par sa notoriété, avait quitté Jersey.

— Cela devait quand même être un étranger, disaient les gens.

En 1960, il se faufila par une fenêtre du rez-de-chaussée, grimpa une volée de marches et s'attaqua à une fillette de dix ans. Il avait soigneusement préparé son coup en éloignant le père de la maison. Celui-ci n'était parti que pendant un bref laps de temps, mais ce fut largement suffisant.

— Ce n'était pas le même homme, affirma la police tandis que les mots « violeur en série » étaient sur toutes les lèvres et que l'indignation et la peur se répandaient dans toute la communauté comme un feu de paille.

— Les autres victimes étaient des adultes. Ce doit être un cas isolé, ajoutèrent les enquêteurs.

Une déclaration qu'ils furent obligés de désavouer.

La victime suivante était un garçon de douze ans, et la suivante, encore une jeune femme. Tous les doutes quant à l'identité d'un seul agresseur de ces atrocités s'évanouirent lorsque les trois victimes décrivirent le masque qu'il portait. Le même masque.

Les forces de police de Jersey étaient sous pression, et on fit venir des spécialistes de Scotland Yard. Un pêcheur, du nom d'Alphonse Le Gastelois, fut interpellé, puis libéré faute de preuves, mais il fut obligé de prendre la fuite parce que les habitants réclamaient du sang. Comme on ne put mettre la main sur lui, on brûla sa maison.

Alors, le monstre frappa encore et encore.

Il s'était écoulé près de onze ans depuis son premier crime lorsqu'il fut appréhendé. Pas parce que la police avait brillamment mené ses investigations, mais parce qu'il avait brûlé un feu tricolore et que, en voyant la voiture pie derrière lui, il avait pris la fuite. Cette fois, la police avait bien arrêté le coupable : les articles que l'on retrouva dans son véhicule – un masque en caoutchouc et une paire de bracelets cloutés – étaient des preuves plus que suffisantes. De même que son manteau dont les épaules étaient incrustées de clous pointus destinés à décourager toute personne qui aurait tenté de l'arrêter ou de se battre contre lui.

La nouvelle déclencha de véritables célébrations. Le rôdeur que tout le monde craignait allait être chargé de treize chefs d'accusation. Mais, comme le souligna le présentateur de la télévision, qui sait combien de personnes n'avaient jamais porté plainte alors qu'elles aussi avaient été arrachées de leur lit et brutalisées ?

Lorsque j'appris la capture du monstre, j'étais assise sur le canapé entre ma mère et Frank, et nous regardions les nouvelles sur notre petit téléviseur noir et blanc. Un homme jeune, le micro à la main, relatait la poursuite en voiture qui avait permis l'arrestation de l'homme le plus craint de toute l'île. C'est d'une voix plus forte qu'il décrivit la détermination avec laquelle les deux officiers de police avaient poursuivi la Bête de Jersey sur la route du littoral pour finir par l'appréhender alors que tout le monde commençait à croire que ce monstre était invincible.

Frank et ma mère étaient rivés à l'écran, au point qu'ils en oubliaient que je voyais et entendais tout. Lorsque le nom d'Edward Paisnel fut prononcé et que son visage apparut, je me figeai. Je le reconnaissais. J'agrippai la main de ma mère et je laissai échapper un gémissement.

— Qu'y a-t-il, Madeleine ? demanda ma mère.

— Je le connais, c'est oncle Ted ! m'écriai-je.

Dans ma hâte de formuler la phrase, j'en bafouillais.

Ma mère pâlit.

— Qu'est-ce que tu racontes ? Comment pourrais-tu connaître ce genre d'homme ?

— Il vient au foyer, insistai-je. Il s'appelle Edward, mais on nous a dit de l'appeler oncle Ted !

Frank se leva et coupa la télévision avant de me regarder dans les yeux.

— Il est venu à Haut-de-la-Garenne, Madeleine ? Pour quelle raison ? Que venait-il y faire ?

— C'était le père Noël.

Le silence tomba. Nerveuse, j'essayai de le combler :

— Il vient souvent au foyer. Je ne l'aime pas. Il est si laid et il nous regarde. Mais c'est l'ami de monsieur Tilbrook. Alors, je suppose qu'il vient lui rendre visite.

Je bavardais à tort et à travers en espérant qu'ils changeraient de sujet.

— Tu veux dire qu'il est venu depuis que tu es là-bas ? demanda ma mère d'un air souffrant. Est-ce qu'il t'a déjà touchée ? Tu sais..., là ? ajouta-t-elle en montrant mon entrejambe au cas où je n'aurais pas compris.

J'avais envie de hurler.

— Pourquoi serait-ce si important ? Tu sais que d'autres l'ont fait. Pourquoi serait-ce pire si c'était lui ?

À cette période, je comprenais déjà que, lorsque ma mère affrontait un problème insurmontable, elle le repoussait si loin dans son esprit qu'il cessait d'exister.

— Non, je ne l'ai vu que lorsqu'il faisait le père Noël. C'était quand j'étais plus petite. Il m'a prise sur ses genoux et m'a demandé si j'avais été sage et ce que je voulais comme cadeau. Comme je savais à quoi il ressemblait, j'étais contente que la barbe qu'il s'était collée sur le visage le cache, mais je voyais ses yeux et ils me faisaient peur. Je voulais juste qu'il me laisse tranquille.

— Tu es sûre qu'il ne t'a jamais fait de mal ? Qu'il ne t'a jamais touchée, Madeleine ? Je suis sérieux, ajouta Frank.

J'étais fâchée. Je ne voulais pas qu'ils me rappellent le moment où je leur avais confié ce qui se passait dans le foyer, ou entendre leurs excuses et pourquoi ils n'avaient rien fait. Pire, je ne voulais pas qu'ils disent qu'ils ne me croyaient pas parce que j'étais sûre qu'ils n'avaient pas assimilé ce que je leur avais raconté. Sinon, pourquoi n'avaient-ils rien fait ? Ma mère avait dit qu'ils m'éloigneraient pour toujours de cet endroit si besoin était, mais ils n'en avaient rien fait, non ?

Soudain, je ne fus plus que chagrin et déception. Si ma mère et Frank ne me protégeaient pas, qui d'autre allait s'en charger ? Pourquoi étaient-ils troublés par cette nouvelle révélation ? Mais tout ce que je dis fut :

— Non, je vous l'ai dit. Pas moi, mais j'ai entendu dire qu'il avait fait du mal à des garçons.

— Oh mon Dieu ! s'écria ma mère. Je n'arrive pas à croire qu'il ait eu le droit d'aller là-bas. Pas après ce que nous avons appris à propos de ce monstre.

— Quoi ?

Je me demandai s'il avait fait quelque chose de pire

que ce à quoi j'avais assisté, mais la réponse fut que cela n'était pas pour les oreilles des enfants. Ce qui me décida à découvrir de quoi il s'agissait.

Au cours des deux semaines suivantes, je glanai toutes les informations possibles en épiant les autres enfants et je finis par comprendre la vérité choquante : cet homme, oncle Ted, qui avait été notre père Noël, était un pédophile prolifique ou, selon les mots des enfants qui m'en parlèrent, « un vieux cochon qui aimait tripoter les garçons et les filles et qui était aussi méchant avec les femmes ».

Les autres filles, les yeux écarquillés d'excitation morbide, me racontèrent qu'il adorait le diable, et un garçon qui voulait sans doute se vanter expliqua que la police avait découvert des sacrifices humains sur un autel dans son sous-sol. Un autre affirma qu'il y avait eu une congrégation de sorcières qui retiraient leurs vêtements et dansaient au clair de lune avant de procéder à des sacrifices. Chaque histoire était enrichie de détails toujours plus macabres. Pour les enfants, c'était beaucoup plus captivant que ce qu'ils étaient autorisés à lire dans les livres.

Par la suite, je découvris que les rumeurs concernant les sacrifices humains étaient fausses. En revanche, ce qui était exact, c'est que, lorsque la police perquisitionna chez lui, elle découvrit dans le sous-sol une pièce où trônait un autel satanique. Bien qu'on n'ait pas exhumé des restes humains dans son jardin, il y avait dans les arbres des cadavres de chats qui avaient été torturés avant d'être pendus.

Le samedi suivant, j'eus à nouveau l'autorisation

de rendre visite à ma famille. L'arrestation d'oncle Ted avait rendu les surveillants plus circonspects. En fait, au cours de la courte période pendant laquelle la police interrogea les plus âgés d'entre nous à son sujet, nos surveillants se montrèrent plutôt laxistes en matière de vigilance et de cruauté.

32

Que ce soit pour détourner mon attention de l'oncle Ted ou pour ne pas m'imaginer assise sur les genoux de la Bête de Jersey, ma mère me demanda, pour la première fois, de lui parler de Noël. Pour des raisons que seul l'homme qui dictait sa loi comprenait, les fêtes devaient avoir lieu à Haut-de-la-Garenne. C'était la règle, avait-il assuré à ma mère lorsqu'elle avait rassemblé le courage nécessaire pour poser la question.

— Ici, il n'y a pas beaucoup d'enfants dont les parents souhaitent le retour à la maison ; alors, ce ne serait pas juste pour eux.

Voilà quelle fut son explication, me raconta ma mère.

Cela n'avait guère de sens puisque j'avais le droit de rendre visite à ma mère le jour de mon anniversaire. Ce n'était pas comme si Colin Tilbrook se souciait du bien-être des enfants, car aucun d'entre nous n'avait le droit de sortir le jour de Noël. Dans tous les cas, je doute que quiconque n'ait eu la moindre pensée à ce sujet. Ils avaient trop d'autres choses en tête pour se préoccuper de mon retour à la maison. La vérité, c'était que le vernis des festivités, avec un énorme sapin et un dîner avec de la dinde, sans oublier le père Noël qui distribuait les cadeaux, dissimulait l'avidité et l'égoïsme. Le Noël à Haut-de-la-Garenne n'avait rien de joyeux.

— Que faisiez-vous ? voulait savoir ma mère. Quelle sorte de cadeaux aviez-nous ?

Elle avait entendu parler de véritables cargaisons de présents. Elle se demandait pourquoi je n'en avais jamais parlé ou je ne lui avais jamais dit ce que j'avais reçu.

— C'est horrible, dis-je, Noël là-bas, c'est horrible. Je déteste ça. Je veux être ici avec toi, Frank et Alfie.

La colère monta en moi pour culminer quand je prononçai le nom de mon petit frère.

— Je suppose qu'il se réveille pour trouver une chaussette bourrée de cadeaux, dis-je d'un ton larmoyant.

Elle eut la gentillesse de prendre l'air gêné et de tenter de se racheter.

— Mais, Madeleine, nous te donnons des cadeaux, non ?

— Oui, mais pas à Noël. Je ne suis pas avec vous, hein ? m'écriai-je tandis que les larmes de colère et de chagrin dégringolaient sur mon visage.

— Oh ! allez, ma puce, dit-elle en me serrant vivement dans ses bras. Ne pleure pas. Il doit y avoir de bons moments.

Son besoin d'entendre que les choses se passaient bien dépassant mon besoin d'empathie, je lui racontai que nous aidions à décorer le sapin. Que le petit groupe des plus jeunes avait pour tâche de placer des pendants brillants sur les branches basses alors que les garçons plus âgés et les surveillants grimpaient sur une échelle pour poser des guirlandes d'or et d'argent avant d'accrocher un ange au sommet de l'arbre. Bien sûr, les plus petits voulaient monter sur l'escabeau, mais nous n'en avions pas le droit. C'était un refus ferme : il ne devait pas y avoir d'accident à Noël.

Mon côté cynique remarque que, comme c'était le seul moment de l'année où nous étions sous la surveillance minutieuse des visiteurs extérieurs, cela n'aurait pas paru correct si les enfants s'étaient présentés avec des bleus et des bosses. À tout moment, les bienfaiteurs locaux et leur lot de cadeaux arrivaient pour rendre visite aux « nécessiteux ». Nous étions alors inondés de sourires affables, et on admirait nos talents en matière de décoration tandis que les paquets s'ajoutaient à la pile croissante sous le sapin.

On n'envoyait pas seulement des cadeaux pour les enfants à Haut-de-la-Garenne. Les hommes d'affaires de Jersey faisaient livrer des dindes, des jambons, des gâteaux, des tourtes aux fruits secs, des fruits, des dattes et même des boîtes de papillotes. Enfin, un énorme gâteau de Noël orné de houx en sucre, de boules argentées et d'un petit père Noël faisait son apparition.

En fait, ils apportaient tout ce à quoi ils pouvaient penser pour s'assurer que nous allions tous nous taire et célébrer la fin de l'année comme n'importe qui d'autre. Eux, contrairement aux membres du personnel, étaient bien décidés à ce que nous passions une journée spéciale.

Je suis sûre que, pendant des années, ceux qui habitaient dans ces gigantesques fermes, avec de hauts portails et des murs épais, s'installaient devant leur repas de Noël en pensant que, grâce à eux, un groupe d'enfants misérables tiraient sur leurs papillotes et jouissaient d'une fête similaire. Ils croyaient que les surveillants avaient notre bonheur à cœur et que le père Noël qui acceptait si gentiment de jouer le rôle était un homme bon qui ne faisait que distribuer des cadeaux. Lorsqu'ils nous voyaient à l'église le matin de Noël, ils imaginaient sans nul doute la joie qui éclairerait notre visage lorsque nous rentrerions au foyer pour ouvrir nos cadeaux.

Lorsque nous marchions en rang par deux jusqu'à l'église de Gouray, de la paroisse de Saint-Hélier, pour la messe du matin de Noël, nous avions droit aux sourires bienveillants de toute la congrégation, notamment de la part de ceux qui savaient qu'ils avaient participé à notre Noël. Ce qui n'empêchait pas que, même en cette trêve, les règles demeuraient en vigueur : par exemple, les filles et les garçons de Haut-de-la-Garenne devaient s'asseoir dans les bancs opposés de l'église. Lorsqu'on passait la corbeille dans l'assemblée, nous devions tous y déposer une pièce que l'on nous avait remise lorsque, vêtus de nos plus beaux habits, nous avions quitté la bâtisse pour le trajet à pied de plus d'un kilomètre et demi.

Que l'on soit pauvre ou non, il faut apprendre à donner ainsi qu'à recevoir. Voilà le message que nous étions censés assimiler. Cela offrait au directeur du foyer des hochements de tête approbateurs lorsque nous obéissions à cette injonction.

Après la messe, nous retournions à Haut-de-la-Garenne. Nous nous changions et nous nous rendions dans le hall où étaient distribués les cadeaux. Il y avait quelque chose de plutôt impersonnel à recevoir un paquet étiqueté « fille 10 » ou « garçon 11 » sans nom dessus.

Lors de mon premier Noël au foyer, c'était l'oncle Ted qui distribuait les cadeaux.

Lorsque je racontais ces Noël à ma mère et que je me souvenais qu'à cinq ans, j'avais dû m'asseoir sur les genoux du père Noël, je réprimais toujours un frisson. Je l'entendais encore me demander si j'avais été une bonne fille, et je pouvais sentir sa main sur mes genoux. Une image que je n'avais aucune envie de partager avec elle. En fait, je pris soin de ne pas évoquer son nom à nouveau. À présent que je savais qui il était, je tenais à chasser toute pensée à son sujet.

— Que faisiez-vous de tous ces cadeaux ? Je veux dire, que vous donnait-on ? Des vêtements, des livres, des jouets ? me demanda ma mère.

Sachant que la vérité ne ferait que l'inquiéter, je décidai de lui conter quelques petits mensonges sans importance.

— Madeleine ?

Mais les mensonges m'échappaient, et la vérité sortit sans prévenir.

— Nous les ouvrions. En fait, nous y étions obligés parce qu'il fallait ensuite écrire des lettres de remerciement. Alors, il fallait que nous sachions ce qu'ils contenaient.

Elle eut l'air désorientée.

— Bien sûr que vous vouliez savoir ce qu'ils contenaient. C'étaient vos cadeaux, non ?

— C'est ce que j'ai cru le premier Noël, dis-je d'un ton misérable en me souvenant des objets que j'aurais voulu garder. Après, on ne les a pas revus.

— Comment ça, pas revus ?

— Les cadeaux ont disparu, c'est tout.

— Quoi ? Les autres enfants vous les ont pris ?

— Non, pas les enfants, les surveillants. Tu sais, lorsque tu es venue au foyer et qu'ils n'ont pas voulu te laisser me voir ? Tu avais laissé des friandises pour moi, n'est-ce pas ?

— Oui, j'en avais toujours avec moi. Juste au cas où.

— Eh bien, ils les ont prises. Ils m'ont dit que tu en avais laissé pour moi et, lorsque j'ai demandé qu'on me les donne, ils se sont mis à rire.

Ma mère fut troublée d'entendre ça.

— Comment ont-ils expliqué une chose pareille ?

— Comme lors de la disparition de nos cadeaux de Noël. Ils ont dit que nous étions de vilains enfants et que les vilains enfants ne méritaient pas d'avoir des cadeaux et de jolies choses.

— Je me suis souvent demandé, dit-elle plusieurs années plus tard, pourquoi chaque fois que je t'offrais quelque chose, tu voulais toujours le laisser à la maison. Ce n'était pas parce que tu ne l'aimais pas, mais parce que tu voulais le garder, n'est-ce pas ?

— Exactement, répliquai-je.

33

Certains moments se distinguent des autres, pas parce qu'il s'agit de mauvais souvenirs, cette fois, mais parce qu'ils sont pratiquement parfaits. L'un d'entre eux correspond à un week-end, vers la fin des vacances d'été, alors que j'avais onze ans.

J'avais reçu l'autorisation de rentrer chez moi, pas pour une journée, mais pour trois. L'assistante sociale qui m'annonça la bonne nouvelle était plus jeune que toutes celles que j'avais rencontrées auparavant. Elle était aussi habillée différemment : au lieu d'une jupe grise ou bleu marine et d'un chemisier blanc, ce qui paraissait être l'uniforme de la profession, elle portait une jupe en jean et un tee-shirt bleu clair.

De même, contrairement aux autres qui étaient sans doute pleines de bonnes intentions, mais qui ignoraient totalement ce que je vivais, son visage n'était pas maquillé, et ses cheveux brun brillant n'étaient pas raides de laque, mais retenus lâchement en queue de cheval.

— Salut, Madeleine, avait-elle dit dès que j'étais

entrée dans le parloir où elle m'attendait. Je m'appelle Michelle ; je suis assistante sociale.

Quand elle souriait, ses yeux brun foncé se plissaient aux coins.

Je l'aimai d'emblée.

— Bien, Madeleine, avait-elle ajouté une fois qu'elle m'avait annoncé la visite qui m'attendait. Comme je sais qu'à cause de son asthme, ta mère s'épuise à monter cette colline, je lui ai proposé de venir te chercher pour lui éviter le trajet. Il faudra que tu sois prête à dix heures. N'oublie pas de prendre un maillot de bain parce que tu iras certainement à la plage.

Contente, je bégayai des remerciements.

Elle se mit à rire.

— Oh ! Madeleine, c'est un plaisir ! Inutile de me remercier. Ta mère est vraiment impatiente de t'avoir à la maison pour le week-end.

Rien que pour ça, j'aurais pu l'embrasser.

La nouvelle tomba un mercredi. « Seulement deux jours », pensai-je en sautillant presque dans les couloirs. Pendant ces quarante-huit heures, le sourire ne quitta pas mon visage. J'étais si contente à la perspective de retrouver ma famille ! C'était aussi la première fois que l'on me permettait d'y passer la nuit depuis mon retour à Haut-de-la-Garenne.

Au fond de moi, j'entretenais toujours l'espoir d'être autorisée à retourner vivre avec eux. Comme c'est souvent le cas chez les enfants, je ne me souvenais que des bons moments : Frank en train de fredonner pendant qu'il préparait le petit-déjeuner, ma mère qui me faisait un câlin, moi assise entre eux sur le canapé pour regarder la télévision et avoir le droit de me coucher plus tard le week-end. J'avais écarté les souvenirs des moments où elle buvait, les disputes, les piles de vaisselle sale, l'absence de nourriture et le coucher l'estomac vide. D'ailleurs, même si j'avais pensé aux voix chargées de colère, aux bouteilles vides qui jonchaient le sol et la fumée de cigarette qui flottait dans l'air, j'aurais toujours préféré être avec eux.

Ma joie ne cessa d'augmenter tandis que je laissais la graine de l'optimisme prendre racine. J'allais passer plus de temps que d'habitude avec ma famille : était-ce une sorte d'épreuve ?

Michelle était si gentille... Elle m'avait traitée comme n'importe quelle fille de mon âge et avait agi comme s'il était parfaitement normal qu'elle se charge d'organiser la visite chez ma mère. Elle devait certainement faire partie des gens qui pensent que les enfants doivent rester avec leurs proches.

Ce vendredi-là, je fus debout avant la sonnerie.

— Madeleine, dit la surveillante en entrant pour vérifier que nous étions bien réveillées, j'ai appris que tu partais en visite ce week-end.

Mon cœur s'arrêta. Elle avait dit cela d'un ton presque amical. Ma première pensée fut qu'elle cherchait une idée pour m'en empêcher, mais, non, elle ajouta simplement que je devais prendre un bain et me laver les cheveux.

— Nous tenons à ce que tu aies l'air à ton avantage lorsque ton taxi se présentera, plaisanta-t-elle. Mets ton ensemble du dimanche et prends ça.

Elle me donna une paire de chaussettes neuves avant d'ajouter :

— Ah oui, et, avant tout le reste, cire bien tes chaussures. Lorsque tu seras prête, tu iras prendre ton petit-déjeuner et tu reviendras me voir, d'accord ?

— Je devrai d'abord aider à débarrasser, dis-je.

— Laisse ça pour aujourd'hui. Nous n'avons pas envie de salir tes beaux vêtements, non ?

Surprise par son attitude, je n'en demandai cependant pas plus. Je fis ma toilette, m'habillai, emballai des vêtements de rechange dans un sac avec ma brosse à dents et je fus prête.

Comme j'étais en retard, je m'attendais à moitié à ce qu'on me dise qu'il n'y avait plus de petit-déjeuner pour moi, mais mon assiette contenait une portion plus copieuse que d'habitude.

Ensuite, je me rendis au bureau de la surveillante. « C'est là que le piège m'attend », pensai-je. Ils vont me dire qu'ils ont changé d'avis. En cognant à la porte, je les imaginais déjà en train de se tordre de rire à mes dépens.

Une fois encore, j'étais dans l'erreur.

La surveillante m'accueillit avec un sourire.

— Comme tu as l'air jolie ! dit-elle avant de vérifier rapidement si j'avais bien frotté mon cou et que mes ongles étaient nets.

— Ouais, tout va bien.

Et je fus libre de m'en aller.

Je sais qu'ils voulaient que je sois propre et nette de manière à offrir l'image d'un enfant heureux qui vivait dans un établissement bien dirigé. Elle n'avait pas besoin de s'inquiéter parce que mon enthousiasme à l'idée de passer du temps avec ma famille me donnait l'air de n'avoir pas un seul souci au monde.

Bien avant dix heures, je traînais déjà dans le hall à attendre Michelle. Dès que j'entendis approcher sa Hillman Imp, je me ruai dehors pour l'accueillir. En souriant, elle sortit de la petite voiture grenat. Cette fois, elle portait une jupe midi mauve et une tunique en dentelle blanche, une tenue qui était encore plus différente de la panoplie habituelle des assistantes sociales auxquelles j'étais habituée.

— Tu es très jolie, Madeleine, dit-elle en posant la main sur mon épaule.

Morag Jordan venait d'apparaître et lui tendait mon sac. En la voyant, la peur me noua le ventre. Allait-elle m'arrêter ? Non, ma visite ne devait plus être de son ressort. Les deux femmes échangèrent quelques mots uniquement au sujet de l'heure de mon retour. Et nous fumes prêtes à partir.

— Amuse-toi bien, ma puce ! lança Morag.

Je lui rendis un regard stupéfait et enfonçai mes ongles dans mes paumes pour réprimer un fou rire. « Salope à deux visages », pensai-je. Heureusement, je ne dis rien.

Nul doute que Michelle prit le sourire et les vœux comme authentiques.

— Une fois que je t'aurai déposée, Madeleine, m'expliqua-t-elle, je suis libre pour le reste de la journée et j'ai l'intention de faire une longue promenade sur la plage. Et toi ? As-tu prévu quelque chose ou vas-tu attendre de voir ce que ta mère a organisé ?

— J'adore la plage. J'espère qu'elle va m'y emmener. Après le dîner, je crois que j'aurai le droit de regarder la télévision.

Me voyant détendue, Michelle me posa plusieurs questions à propos de l'école. Elle me demanda si j'aimais ça et si j'étais impatiente d'aller au collège.

Je lui avouai que je n'aimais pas les leçons.

— Bon, sauf le sport. Et j'aime dessiner, mais j'ai du mal à lire. La maîtresse se met en colère, et le reste de la classe se moque de moi.

— Et que penses-tu du collège ?

— J'ai la trouille ! lançai-je à brûle-pourpoint (un aveu que j'avais jusqu'alors gardé pour moi). Les cours vont être encore plus difficiles, non ?

Comme Michelle ne répondait pas, je le pris pour un oui. Elle me jeta un rapide coup d'œil en coin.

— Madeleine, si tu pouvais aller dans une école différente, où les leçons ne seraient pas aussi difficiles, tes camarades te manqueraient-ils ?

— Quels camarades ? Ils pensent tous que je suis idiote parce que je ne sais toujours pas lire.

— Nous en reparlerons, reprit Michelle. Je ne peux rien te dire pour le moment, mais je pense que les choses vont s'améliorer.

J'eus beau l'assaillir de questions, elle se contenta de répondre que je n'avais rien à craindre.

— Pour le moment, amuse-toi bien avec ta famille, conclut-elle lorsqu'elle se gara.

Ma mère devait guetter mon arrivée par la fenêtre parce que, dès que Michelle coupa le moteur, elle se précipita à notre rencontre.

— J'ai expliqué à Madeleine qu'elle ne devait pas se faire de souci à propos du collège, dit Michelle.

Je surpris un regard complice entre les deux femmes, mais j'oubliai tout à l'instant où Michelle s'éloigna. J'ignorais totalement que cet échange de regards correspondait à un accord entre les deux femmes et qu'il bouleverserait les quelques années suivantes de ma vie.

L'appartement brillait comme un sou neuf. Des rideaux fraîchement lavés étaient suspendus aux fenêtres ouvertes, l'évier étincelait, pas une seule assiette sale ou une bouteille de bière vide en vue, et le sol était encore humide d'avoir été brossé.

Lorsque ma mère m'embrassa, elle sentait bon le savon et le shampoing, avec juste une note de tabac, mais pas de trace de l'haleine alcoolisée habituelle.

— Nous allons passer un vrai week-end en famille, déclara-t-elle. Nous avons prévu des tas de choses agréables. Bon, je sais que tu as déjà pris ton petit-déjeuner, mais il n'est jamais trop tôt pour manger du gâteau, non ?

Sans attendre ma réponse, elle posa un verre de sirop d'orange et un gâteau à la crème nappé de glaçage rose devant moi. Lorsque j'eus terminé, elle me dit d'aller me changer pour mettre le short qui se trouvait sur mon lit. Mon rêve allait se réaliser : nous allions passer la journée sur la plage de Havre-des-Pas.

Dans les années 1970, avant la construction des immeubles du front de mer, cette plage était une bande ensoleillée de sable doré, parfaite pour les enfants. C'était aussi la plus proche de notre appartement. Le bleu du ciel se reflétait sur la mer, une légère brise apportait le parfum de l'iode, et les vaguelettes léchaient doucement le rivage. Tout se conjuguait pour en faire une journée d'été idyllique, parfaite pour patauger dans l'eau. Nous marchâmes jusqu'à la plage, où ma mère, la jupe remontée au-dessus des genoux, s'appuya contre un rocher, une revue dans les mains et une expression détendue, presque rêveuse, sur le visage. Mon petit frère et moi, nous nous amusâmes à nous éclabousser dans les flaques avant de construire un château de sable en utilisant nos mains en coupe en guise de pelles.

Plus tard, ma mère sortit les sandwiches, encore du gâteau et du sirop d'orange, que nous mangeâmes avant que nous demandions, mon frère et moi d'une voix teintée d'espoir, si nous pouvions aussi avoir une glace. Nous considérions que c'était l'élément indispensable d'une journée à la plage.

— Ne vous bourrez pas, dit ma mère. Frank va apporter du poisson et des frites pour le dîner. Il sait que vous adorez ça.

Elle ne nous en offrit pas moins un cornet simple à chacun.

— Et il y a une autre surprise pour toi, Madeleine, ajouta-t-elle lorsqu'elle déclara qu'il était temps de rentrer.

— Qu'est-ce que c'est ?

— Tu le sauras à la maison. Alors, hop ! On se dépêche, mademoiselle !

Je n'eus pas besoin de plus pour remettre mes chaussures en un clin d'œil.

Ce n'est qu'après le dîner, alors que mon frère jouait sur le sol avec ses Lego, que je découvris ma surprise.

— Bon, commença Frank avec un sourire malicieux. Que crois-tu que nous ferons ce soir ?

— On va regarder la télé ?

— Non ! Mieux que ça ! Nous allons au cinéma voir le dernier film de James Bond, *Les diamants sont éternels.* Tu en penses quoi ?

Je fis des bonds de joie. Je n'étais allée qu'une fois au cinéma, un samedi en matinée, pour voir un film pour les enfants. Là, je savais qu'il s'agissait d'un film pour les grands, un film dont j'avais entendu parler à l'école.

— D'abord, tu dois ouvrir tes cadeaux, poursuivit Frank.

— Disons que ce sont des cadeaux d'anniversaire un peu en retard, ajouta ma mère en allant chercher deux paquets dans la chambre.

Les doigts tremblants, je dénouai la ficelle et arrachai le papier de couleur vive. Le premier paquet contenait un cardigan bleu et une jupe plissée grise, le second, une paire de ballerines souples, comme celles que toutes les filles de l'école voulaient.

— Tu devrais les essayer.

Sans hésiter, je filai me changer dans la chambre.

— Voilà que tu ressembles à une vraie demoiselle, dirent-ils lorsque je leur montrai ma nouvelle tenue en faisant virevolter la jupe.

— Je pense que tu ferais mieux de les garder sur toi, dit ma mère avant d'aller se préparer.

Nous déposâmes mon petit frère chez une voisine et nous partîmes tous les trois pour le cinéma.

J'ignorais alors que mes visites de cet été étaient les dernières que je leur rendrais pendant ce qui serait, pour un enfant, une très longue période. Pas plus que, pendant que je grignotais des barres maltées en regardant James Bond écarter les méchants et sauver une belle jeune fille, je ne savais qu'on avait déjà fait des projets pour moi.

34

Michelle s'était dit qu'il valait mieux que ce soit ma mère qui m'annonce que j'allais quitter Jersey. Je venais de passer l'examen des onze ans, comme tous les enfants le faisaient à l'époque. Il déterminait notre orientation pour la suite. Ce week-end-là, j'appris donc que je n'étais pas digne d'entrer au lycée classique et que le collège local ne me conviendrait pas. Mes lacunes en lecture avaient été jugées comme un faible niveau d'intelligence.

En outre, en raison de mon absence de concentration et ce qu'ils considéraient comme des accès occasionnels de violence (que je voyais comme une manière de me protéger), on posa le diagnostic de « problèmes d'ordre comportemental ». Personne n'avait pensé que l'épuisement et la dépression avaient pu gêner ma concentration ou que le second « problème » venait simplement du fait que j'étais harcelée par mes camarades d'école. Il avait donc été décidé que je serais davantage à ma place dans une école pour les enfants « avec des besoins spéciaux ».

J'aurais préféré qu'ils prennent leur décision avant

que je sois obligée de rester assise dans des pièces avec des professeurs qui ne parlaient qu'aux moments où on distribuait, puis récoltait les devoirs. Pendant une heure chaque fois, j'avais tenté de donner un sens à des questions que j'arrivais à peine à lire, encore moins à résoudre. Je savais que tout le monde devait se présenter à l'examen, et les parents pensaient qu'il était crucial puisqu'il allait déterminer le reste de la vie de leurs enfants. Nos enseignants nous avaient également tous affirmé qu'une solide éducation offrait de meilleures carrières. À l'approche du jour de l'examen, j'entendais les autres enfants évoquer leurs récompenses s'ils réussissaient : un nouveau vélo, un tourne-disque, un transistor… Personne ne raconta ce qui se passerait s'il échouait.

Pour ma part, je n'avais pas ce genre d'attentes. Même si ma mère avait pu acheter de tels objets luxueux, je ne risquais pas de mériter une récompense. Je savais que j'échouerais, une conviction que mes maîtresses partageaient, j'en suis sûre. Je me demande à présent pourquoi on m'a présentée à l'examen ! Mais je suis heureuse de l'avoir fait : mon échec m'a sauvé la vie.

Frank et ma mère attendirent le dimanche pour m'annoncer que je n'irais pas au collège local. On m'avait trouvé une autre école où, m'assurèrent-ils, je serais beaucoup plus heureuse.

— Une école où personne ne se moquera de toi parce que tu ne sais pas lire, insista ma mère. C'est vraiment un bel endroit. Une école dirigée par des nonnes. Michelle nous a montré des photos et elle a l'air parfaite pour toi.

Elle s'interrompit, comme si elle essayait d'ajouter autre chose de positif, et Frank continua à sa place d'une voix moins marquée par l'émotion :

— C'est une école spéciale, qui aide les enfants qui ont des difficultés à apprendre. Tous tes camarades ont eu du mal à apprendre leurs leçons dans les écoles ordinaires. Tu vois, vous serez dans le même tonneau. Et personne ne t'ennuiera plus. Comme ça, je n'aurai plus besoin de t'apprendre à te battre, termina-t-il en riant.

— Certainement pas, Frank. Je n'ai pas envie qu'elle soit renvoyée dès la première semaine. Les bagarres sont interdites, coupa ma mère en lui adressant un regard de reproche. Ne lui mets pas ce genre d'idées en tête !

— Tu veux dire que je n'aurai pas l'air idiote ? demandai-je en sentant poindre une petite lueur d'espoir.

— Non, ma chérie. D'ailleurs, ce n'est pas vrai. Personne ne va te traiter d'idiote parce que tu es un peu plus lente que les autres, répondit doucement ma mère. Les enfants peuvent se montrer cruels, tu sais. Alors, ce sera un soulagement pour nous de savoir que tu vas dans un endroit où on n'a pas le droit de t'embêter.

Décidément, cette nouvelle école commençait à me plaire.

— Où est-elle ?

Je me demandais comment j'allais m'y rendre tous

les matins. Si je n'en avais pas entendu parler, elle ne devait pas être tout près de Haut-de-la-Garenne.

— C'est dans une très jolie région d'Angleterre, répondit Frank.

Sous le choc, ma bouche forma un « O » sans prononcer un seul son. En Angleterre ? Mais c'était si loin ! Comment pourrais-je aller à l'école là-bas ? En voyant mon air désorienté, Frank me tapota les genoux de manière rassurante.

— C'est un internat, ce qui veut dire que tu dormiras sur place.

— Mais quand vais-je vous voir, toi et maman ? demandai-je, soudain pleine d'appréhension.

— Pendant les vacances, bien sûr, répliqua ma mère. Tu ne seras là-bas que pendant les trimestres. Et, d'après ce que Michelle nous a raconté, tu vas vraiment t'amuser. Avec toutes les activités, le temps va passer très vite.

— Il n'y aura pas que du calcul et de la lecture, dit Frank en nommant les deux matières que je haïssais, mais aussi beaucoup de sport et des leçons de danse. Tu vas adorer, c'est juste ce que tu aimes.

— On va aussi t'apprendre à cuisiner et à coudre, ajouta ma mère. Je sais que tu vas te faire beaucoup de nouveaux amis, là-bas. Je ne crois pas que nous allons te manquer le moins du monde.

Deux émotions très différentes s'affrontèrent alors en moi : le soulagement de quitter Haut-de-la-Garenne et l'appréhension de l'inconnu. J'allais non seulement devoir dormir dans un lieu différent, mais je ne verrais pas ma famille pendant des semaines d'affilée.

— Est-ce que vous viendrez me rendre visite ?

Bien qu'il s'agît d'une question à laquelle ils devaient s'attendre, elle fut accueillie par un profond silence.

— Tu sais, ma chérie, le voyage en Angleterre coûte très cher, et nous n'avons aucun endroit où loger, là-bas. Nous ne pouvons pas nous payer cela, finit par répondre Frank en rougissant.

Devant ma mine sombre, ma mère s'extasia aussitôt à propos des équipements de l'école. Il n'y avait pas de surveillantes, pas de dortoirs non plus. Les élèves étaient logés dans plusieurs maisonnettes.

— Et, ajouta-t-elle, ils ont même une grande télévision en couleurs dans la salle commune. Tu auras le droit de la regarder. Que penses-tu de ça ?

C'était encore mieux que prévu. Toutefois, je compris aussi à ce moment-là que tout ce que je pouvais penser ne ferait aucune différence. La décision avait déjà été prise par ceux qui détenaient l'autorité, ces personnes sans visage.

35

2011

En prison, le pire ennemi est l'ennui. Je ne me liais pas avec les autres détenues parce que je savais qu'elles voulaient parler de ce qui s'était passé à Haut-de-la-Garenne, et je n'avais aucune envie de partager ça avec elles. Tous les jours, j'allais marcher dans la cour, je fumais une cigarette et je réfléchissais à ce que j'allais faire de ma vie après ma sortie. D'abord, avant que je puisse changer quoi que ce soit, il me fallait exorciser mes démons réveillés par les interrogatoires de police.

Je l'ai dit : l'ordre chronologique de mes souvenirs reste flou, pour nombre de raisons, et je voulais que mon fils m'aide à les organiser parce que cela me paraissait la seule manière d'être en mesure, peut-être, de tourner la page.

Pour commencer, je voulais consulter les copies de cet examen des onze ans que j'avais présenté il y avait tant d'années et dont l'échec avait changé ma vie.

Lorsque je revis mon fils, je lui demandai s'il savait comment se les procurer.

— Bien sûr, maman, pas de problème. Je vais chercher sur Internet et je te les imprimerai.

Je doutais que cela soit aussi facile. L'informatique était un tel mystère pour moi ! Mais, lors de la visite suivante, il s'exclama « Je les ai ! » avant même que j'aie le temps de lui donner l'étreinte autorisée.

Le gardien s'amusa beaucoup à les parcourir pour vérifier que je pouvais les prendre. Quand il me tendit enfin la petite liasse de papier, il déclara :

— Je vais vous dire une chose : les questions ne sont pas faciles, faciles. Je ne vois pas comment les gosses pouvaient réussir. Je ne suis pas surpris qu'on ait supprimé cet examen. Regardez-moi ça… Le test d'intelligence… Juste ce qu'il faut pour une personne dyslexique !

Après son départ, j'étalai les feuillets sur le lit de ma cellule. Je baissai les yeux sur le devoir de maths, et les années disparurent. Je me revis dans cette salle de classe en train d'essayer de déchiffrer les questions. J'avais les mains en sueur, au point que j'arrivais à peine à tenir mon stylo pour écrire mon nom en haut de la copie. Je ne me sentis pas mieux en lisant la première question : *3755 est multiplié par 25 et le résultat est divisé par 125. Écrivez la réponse.* Le problème, c'est que je ne parvenais pas à lire ou à comprendre le sens de la plupart des autres questions.

La panique me tordait le ventre. Tout ce que j'avais devant les yeux, c'était un fouillis de virgules. J'entendis l'examinateur nous ordonner de poser notre stylo, puis les soupirs de soulagement de mes voisins. Lorsque l'homme traversa les rangs pour recueillir nos copies, je me demandai ce qu'il dirait en voyant que la mienne ne comportait pratiquement que des blancs, mais il garda ses pensées pour lui.

Nous fîmes une courte pause, pendant laquelle on nous distribua du lait. Tout autour de moi, les commentaires sur le devoir de maths fusaient. Certains affirmaient qu'il était difficile, d'autres prétendaient que non, mais personne ne dit qu'il n'avait rien compris aux questions.

Le devoir d'anglais fut tout aussi catastrophique, mais le pire était à venir avec le test d'intelligence. *Les lettres ANIP correspondent au mot PAIN, mais elles sont dans le désordre*, disait le sujet. Pour une dyslexique, cela ne changeait rien à l'affaire. *Remettez les lettres des mots suivants dans l'ordre :*

(a) AAENNB est un fruit exotique.
(b) HVEACL est un gros animal.
(c) RRECONI est un nom de fille.
(d) MRRAEIO est un meuble.
(e) les SAIRINS servent à faire du vin.

Pour moi, toutes les questions étaient impossibles. Ce jour-là, j'avais éprouvé tant de honte, tant de désespoir que, sans me soucier de ce que penseraient les autres, j'avais mis ma tête entre mes mains et attendu que tout soit terminé.

Michelle s'était battue pour que je sois envoyée à une école différente de celle où on m'avait inscrite. Elle avait compris que ma difficulté à apprendre à lire m'avait isolée, mais aussi transformée en cible pour les railleries des autres élèves. Le lundi matin, lorsqu'elle vint me chercher, elle monta à l'appartement et accepta la tasse de thé que lui offrait ma mère. Assise à la table de la cuisine, après avoir vérifié que j'avais été mise au courant pour la nouvelle école, elle déclara :

— Madeleine, je comprends à quel point ça peut te perturber de quitter Jersey pour la première fois. Ce serait anormal que ça ne le soit pas. Mais je veux que tu y penses comme si c'était une aventure. D'abord, ce sera ton premier voyage en avion. Mais, ce qui est plus important, c'est que tu vas prendre un nouveau départ. Dans ta nouvelle école, personne ne va te juger parce que tu ne sais pas lire. Tu dois croire que je ne t'aurais pas recommandé d'aller là-bas si je pensais autrement.

Je hochai la tête sans pouvoir articuler un mot à cause de la boule qui s'était formée dans ma gorge. C'était sa gentillesse plus que ce qu'elle disait qui l'avait provoquée. En voyant mes yeux se gonfler de larmes, elle posa la main sur la mienne.

— Madeleine, personne ne devrait avoir honte s'il fait de son mieux. Et on ne doit pas plus dire que le mieux n'est pas suffisant. C'est pour cela que je voulais t'envoyer dans une école où les gens qui s'occuperont de toi ne feront jamais une telle chose. Tu comprends ça ?

— Oui, je crois que oui.

— Parfait. Maintenant, dis-moi ce que tu fais de mieux que tes camarades. Tes professeurs m'ont dit qu'il y avait une chose à laquelle tu étais vraiment bonne.

— L'éducation physique, dis-je en souriant. Et je suis vraiment bonne aux barres asymétriques.

— Bien, et y a-t-il quelque chose que tu voudrais apprendre ?

Je réfléchis avant de répondre.

— La cuisine. J'aimerais apprendre à faire la cuisine.

— J'en parlerai à la directrice de ta nouvelle école.

Elle bavarda un peu avec ma mère avant de me reconduire au foyer. Juste avant que je descende de voiture, elle me répéta qu'elle était sûre que j'allais être heureuse à Pield Heath, ma nouvelle école.

Les semaines suivantes passèrent à toute allure. Les surveillants me fichaient la paix et j'eus le droit de retourner voir ma famille. La veille du jour de mon départ, ma mère arriva avec une valise presque neuve.

— Tu n'auras à porter ton uniforme scolaire que le dimanche, dit-elle en me la tendant.

À l'intérieur, je trouvai tout un assortiment de vêtements pour lesquels le père Paul lui avait remis de l'argent. Lorsque vint l'heure pour elle d'aller reprendre le bus, nous échangeâmes force câlins et larmes, et elle me rassura encore et encore en affirmant que j'allais être très heureuse là où j'allais.

Puis, elle ne fut plus là.

36

Le lendemain matin, Michelle m'accompagna à l'aéroport. Elle me confia à un employé qui me conduisit jusqu'à l'avion, où une hôtesse de l'air m'attendait. La jeune femme me montra comment attacher ma ceinture et me demanda si j'étais contente à l'idée de voyager jusqu'à Londres, où nous devions arriver une heure plus tard. Les portes se fermèrent, et le commandant de bord nous informa qu'à Londres, il faisait beau et chaud. Je sentis la poussée de l'accélération et aperçus, par le minuscule hublot, le nez de l'appareil qui grimpait dans le ciel. En regardant Jersey disparaître derrière moi, je me demandai si ma mère voyait l'avion dans le ciel. Et si elle le voyait, savait-elle que j'étais dedans ? J'avais été déçue de ne pas la voir à l'aéroport. Jusqu'au moment où j'avais grimpé sur la passerelle, j'avais espéré qu'elle apparaîtrait. Toutefois, avant que je ne finisse par être trop abattue, l'hôtesse était là et m'offrait un jus d'orange et un sachet de cacahuètes. Avec le sentiment d'être très adulte, je les acceptai, m'adossai à mon siège et me décidai à savourer pleinement mon premier vol en avion.

À peine avais-je terminé mon en-cas que le commandant annonçait que nous allions entamer la descente. Je tordis le cou pour voir à quoi ressemblait Londres depuis le ciel. J'aperçus d'abord un patchwork multicolore de champs sillonné par un réseau de longues routes tortueuses où les automobiles, qui évoquaient des jouets Dinky ou Corgi, semblaient progresser lentement. Comme nous perdions de l'altitude, je distinguai les rangées de maisonnettes en briques rouges avec leur petit jardin tout en longueur, une rivière et, enfin, l'aéroport. « Nous y sommes », me dis-je en sentant une bouffée de joie tandis que, dans une légère secousse, l'avion se posait.

La même hôtesse m'accompagna au retrait des bagages et, lorsque j'eus récupéré ma valise, m'escorta vers la sortie, où je retrouvai les nonnes qui m'attendaient. Comme le seul autre aéroport que je connaissais était le minuscule terrain de Jersey, le vacarme de Heathrow me parut assourdissant avec les haut-parleurs qui hurlaient, les appareils tournoyant au-dessus de ma tête et les bavardages de centaines de gens qui parlaient dans des langues différentes. J'avais l'impression d'avoir atterri sur une autre planète.

Les nonnes devaient éprouver la même chose, car elles me conduisirent très vite à l'endroit où elles s'étaient garées. Elles me demandèrent avec un sourire amical comment s'était passé mon voyage et me précisèrent que le trajet jusqu'à l'école était assez court et que nous y serions à temps pour le dîner. Ensuite, elles se concentrèrent sur la route pour sortir de l'aéroport, ce qui me laissa tout loisir d'observer le paysage. De temps à autre, elles m'indiquaient un site intéressant, mais j'étais trop nerveuse et trop enthousiaste pour y prêter grande attention.

Mon esprit était entièrement tourné vers l'endroit où j'allais passer le reste de ma scolarité. Comment seraient les autres enfants ? Me ferais-je des amis ? Et comment me traiteraient les nonnes ? Celles qui étaient venues me chercher à l'aéroport semblaient gentilles, mais il pouvait y en avoir d'autres qui ne seraient pas mieux que les surveillants de Haut-de-la-Garenne. Certaines rôderaient-elles la nuit pour projeter la lumière de leur torche sur les visages endormis ? Les expériences de mon enfance m'avaient appris à ne jamais me fier à ceux qui commandaient. Toutes mes questions et mes doutes refaisaient surface. Soudain, nous nous retrouvâmes devant l'école. Quand je sortis de la voiture, je fus accueillie par une nouvelle nonne qui m'adressa un sourire si chaleureux que mon appréhension s'atténua.

— Bonjour, Madeleine, dit-elle, sois la bienvenue à Pield Heath. Je suis sûre que tu y seras très heureuse.

Elle fit avancer une fille de mon âge, avec les cheveux roux et un petit visage poupin taché de son.

— Voici Lucy, Madeleine, dit-elle en posant la main sur l'épaule de la fillette. C'est aussi son premier jour, et vous allez toutes deux loger dans le même cottage.

Elle nous guida le long d'une allée jusqu'à une petite maison en expliquant que, pendant le trimestre, seize élèves et une sœur (elle-même dans notre cas) vivaient là.

— Et, ajouta-t-elle sans cesser de sourire, je suis médecin. Si vous êtes souffrantes, vous serez en de bonnes mains.

Lorsque nous fûmes à l'intérieur, j'en restai bouche bée. Je n'avais jamais imaginé que l'endroit pouvait être aussi chaleureux et confortable. Il y avait un groupe de fauteuils disposés en demi-cercle, une table basse posée sur un immense tapis et le fameux poste de télévision. Sœur Carmen nous assura qu'il s'agissait bien d'un modèle en couleurs.

L'un des murs, de nuance claire, était garni de rayonnages, où j'aperçus toutes sortes de boîtes de puzzles et de jeux, ainsi que des livres ; l'autre mur était orné de tout un assortiment d'illustrations. Il y avait aussi une salle à manger, avec plusieurs petites tables rondes, des chambres ravissantes et une grande salle de douches.

La sœur nous fit aussi visiter le jardin qui comportait assez de bancs et de sièges pour les seize élèves.

Enfin, elle nous indiqua, à Lucy et à moi, notre lit et où nous pouvions suspendre nos vêtements. Dès que nous eûmes fini de déballer nos affaires, nous entendîmes des voix qui nous annoncèrent que nos colocataires venaient d'arriver.

— C'est l'heure du goûter, dit sœur Carmen.

Elle nous présenta aux autres filles, qui se montrèrent toutes très gentilles. Elles posèrent plein de questions à notre sujet : d'où nous venions et ce que nous pensions de Pield Heath. Deux d'entre elles proposèrent de nous faire visiter les lieux après le goûter. Il y avait un terrain de jeux pour les récréations, un grand terrain de sport, un potager et un verger qui regorgeait de pommiers et de poiriers. Après la visite, nous rentrâmes au cottage, où nous regardâmes *Blue Peter*, l'émission pour enfants de la BBC.

Au dîner, après le bénédicité, j'eus la sensation d'appartenir à une grande famille réunie autour de la table. Au lieu d'être contraintes de manger en silence au risque d'être punies, nous étions plutôt encouragées à bavarder. Sœur Carmen participait aux conversations et faisait de son mieux pour inclure toutes les filles, même la plus timide. Quant à la nourriture, elle était délicieuse.

Plus tard, allongée dans mon lit moelleux, je pensai que Michelle avait dit vrai : ma vie avait pris un virage radical pour le meilleur.

Il ne me fut guère difficile de m'adapter à la routine de Pield Heath et, en peu de temps, je m'y sentis chez moi. Tous les matins, nous nous rassemblions pour dire les prières avant d'aller en classe. Les leçons étaient assez simples dans la mesure où nombre des élèves avaient des difficultés scolaires. Une grande partie s'appuyait sur la pratique et la manipulation, comme les cours de couture avec sœur Xavier. La nonne qui enseignait la lecture utilisait une méthode que personne n'avait jamais essayée auparavant. Au lieu de lettres noires sur fond blanc, elle affirmait qu'il était plus facile de lire des lettres de couleur vive. À ma grande surprise, je constatai qu'elle avait raison.

— N'essaie pas non plus d'écrire en cursive, ajouta-t-elle. C'est beaucoup plus difficile pour toi que les lettres d'imprimerie.

Elle avait également recours à des images accompagnées de mots, de manière à me permettre d'apprendre à partir des formes. Elle transformait la lecture en jeu. Sous son enseignement, je cessai d'avoir peur des mots, et mes compétences en lecture s'améliorèrent.

Le samedi, comme nous n'avions pas cours, nous avions le droit de dormir plus longtemps. Après le petit-déjeuner, nous étions libres de jouer ou d'explorer le parc.

— N'avons-nous pas de corvées à faire ? demandai-je à sœur Carmen lors de ma première semaine.

— Oui, vous devez faire votre lit et ranger votre chambre.

Je n'arrivai pas à en croire mes oreilles.

Le dimanche, après la prière, nous allions à la messe en uniforme grenat.

Mes craintes que les nonnes soient comme les surveillants de Haut-de-la-Garenne étaient sans fondement. Elles étaient sans doute strictes mais bienveillantes. Elles nous lisaient des livres, nous racontaient des histoires et nous encourageaient à aller brûler notre énergie dehors.

Si je fus surprise d'avoir le droit de faire la grasse matinée le week-end, je le fus encore plus de recevoir des câlins et des louanges. Bizarrement, malgré mon besoin d'affection, j'avais des difficultés à accepter ces manifestations et je réprimais tant bien que mal un mouvement de recul lorsqu'on me passait le bras autour des épaules. Si elles l'avaient remarqué (et je suis sûre que c'était le cas), elles n'ont jamais fait un seul commentaire.

Il n'y avait que deux choses qui me préoccupaient à l'école. La première était que ma famille me manquait. Les autres filles appelaient chez elles toutes les semaines, alors que je ne le pouvais pas parce que ma mère n'avait pas le téléphone. En revanche, elle m'écrivait et, avec l'aide de sœur Carmen, je parvenais à lui répondre, mais ce n'était pas la même chose que d'entendre sa voix. Le second problème concernait certains des autres élèves, qui semblaient avoir des difficultés bien plus graves que l'apprentissage de la lecture. La plupart avaient l'air tout à fait normaux, mais pas tous, et certains me faisaient peur.

Lors de mon premier jour à l'école, pendant la récréation, je remarquai deux garçons extrêmement grands. Pas grands et musclés, mais aux épaules étroites et au visage flasque. Ils avaient les lèvres épaisses, le cou court, et leur tête était beaucoup trop grosse par rapport à leur corps. À ma grande surprise, lorsqu'ils me virent regarder dans leur direction, ils m'adressèrent le plus doux des sourires. L'un se traîna jusqu'à moi.

Je reculai, pensant qu'il était furieux que je l'aie dévisagé. Pas du tout ! Il me demanda mon nom, d'une voix plus lente que celle des autres enfants, presque en bafouillant. Lorsque je lui dis que je m'appelais Madeleine, un autre sourire éclatant illumina son visage.

— C'est joli, dit-il.

Je me détendis et lui demandai à mon tour comment il s'appelait. Il me répondit que son nom était David et que son ami s'appelait Sam, et je décidai que, malgré son allure, il était gentil.

La fillette en chaise roulante qui regardait constamment dans le vide me troubla davantage. J'aurais voulu détourner les yeux, mais elle me fascinait, notamment parce qu'elle ne cessait de pousser des petits cris suivis de marmonnements saccadés. Ensuite, elle se mit à se balancer d'avant en arrière avec une telle violence que je craignis de la voir basculer.

Une nonne s'approcha d'elle, pas trop près, et s'assit pour lui parler. Je ne distinguais pas les mots, mais le ton était doux et rassurant et, peu à peu, la fillette cessa de se balancer.

Il y avait d'autres enfants, comme le garçon qui ne regardait jamais personne dans les yeux et triait sans dire un mot ses aliments par couleurs avant de pouvoir manger ; ou celui pour lequel il fallait tout découper en très petits morceaux pour qu'il accepte de manger.

Mais celui qui me perturbait le plus était un garçon d'à peu près mon âge, qui se mettait à s'agiter comme un fou dans la classe, sans prévenir, un peu comme mon frère Alfie le faisait quand il était petit. La différence, c'est que ce garçon avait plus de onze ans et pas deux !

Qu'est-ce qui n'allait pas chez ces enfants ? Voilà la question que je me posai, immédiatement suivie par une autre : pensaient-ils que j'avais quelque chose de travers et que c'était pour cela qu'on m'avait envoyée dans cette école ?

Sœur Carmen finit par me rassurer. Un jour où j'étais dans son bureau, elle me dit :

— Madeleine, t'a-t-on expliqué ce que nous essayons d'accomplir ici ?

Je réfléchis soigneusement avant de répondre.

— Vous aidez les enfants qui ont des difficultés à apprendre.

— C'est exact, mais nous aidons également des enfants qui ont d'autres types de difficultés.

« Oui, pensai-je, comme ceux qui ont des comportements bizarres. »

— Tous les enfants ne sont pas pareils, dit doucement sœur Carmen, comme si elle lisait dans mes pensées. Ici, c'est une école spéciale pour des enfants spéciaux qui ont besoin d'être guidés et soutenus.

— Qu'a donc la fille dans la chaise roulante ? Pourquoi se balançait-elle comme ça ?

— Elle a du mal à parler et, si elle se sent mal, elle nous le montre en se balançant. Il y a aussi les élèves comme le garçon auquel tu as parlé. Avec son ami Sam, David trouve que les leçons sont extrêmement difficiles, bien plus que toi. Nous leurs enseignons ce que nous appelons les « compétences sociales » ainsi qu'à prendre soin d'eux-mêmes. Notre objectif est qu'ils partent d'ici en étant capables d'être indépendants. Nous accueillons aussi des enfants qui ne viennent que pendant un court séjour pour que leurs parents puissent souffler ou prendre des vacances. C'est le cas de la fillette dans le fauteuil roulant. Ces enfants ont besoin de beaucoup de soins, et cela peut être exténuant pour leurs parents.

— Est-ce qu'elle va guérir ? demandai-je.

— Si tu veux savoir si elle sera un jour capable de marcher et de vivre seule, la réponse est non. Ce que je veux que tu comprennes, c'est qu'il y aura des moments où tu assisteras à des comportements que tu risques de trouver…, disons, étranges. Il n'est pas nécessaire que tu comprennes pourquoi. Nous sommes là pour ça. Mais tu ne dois jamais avoir peur d'une personne ou être méchante avec elle parce qu'elle est différente. À présent, as-tu d'autres questions ?

— Eh bien, sœur Carmen, ce garçon qui s'agite en classe. Qu'est-ce qu'il a, lui ?

— Tu veux parler de Jason ? C'est l'un de nos meilleurs élèves. Cela te surprend ? Je vais essayer de t'expliquer quel est son problème principal. Tu penses qu'il a fait une crise, mais ce n'est pas le cas. Il ne se met pas en colère, mais il est frustré. Il faut être capable de deviner ce qu'il a dans la tête ou de lire le langage de son corps pour savoir qu'il va s'effondrer. Nous essayons du mieux que possible de faire en sorte que cela ne se produise pas. Pense à ta dernière école, lorsque tu n'arrivais pas à obtenir de bons résultats malgré tous tes efforts. Comment te sentais-tu ?

— J'étais furieuse contre moi.

— Eh bien, c'est ce qu'il ressent parfois. Pas parce qu'il est incapable de lire, mais parce qu'il ne sait pas s'adapter. Prenons un exemple : si tu étais devant une porte coincée et tu avais un tournevis à portée de main, que ferais-tu ?

C'était facile parce que j'avais vu Frank le faire lorsqu'une fenêtre ne s'ouvrait pas.

— Je glisserais le tournevis là où ça coince, répondis-je promptement.

— Bien, c'est ce que tu ferais, toi, mais Jason en serait incapable. Tu vois, pour lui, un tournevis sert à visser des vis et, pour décoincer une porte, il sait qu'on utilise une pince-monseigneur. Ainsi, s'il ne possède pas l'outil adéquat, il est tout simplement incapable de trouver une autre solution. C'est alors qu'il ressent cette frustration. Je vais te poser une autre question, Madeleine : comment te sentais-tu quand tu as dû passer l'examen des onze ans ?

— Très mal.

— Désespérée ?

— Oui.

— Tu sais donc un peu ce qu'il ressent, n'est-ce pas ? dit-elle en souriant. Pendant le temps que tu passeras ici, tu apprendras à ne pas juger les gens par leur allure ou leur comportement. Tu dois apprendre à déceler ce qui est important. N'oublie pas que la beauté de l'âme réside dans la bonté. Maintenant, je voudrais que nous parlions un peu de toi. Je sais que tu as des difficultés en lecture. C'est un point sur lequel nous travaillons ensemble pour te faciliter les choses. Aimes-tu cela ?

— Oui, je veux dire… Je me rappelle combien j'étais en colère de ne pas savoir lire ! Ils se moquaient de moi et j'avais horreur de ça !

C'était la première fois que j'étais capable d'avouer ce que j'avais ressenti.

— Ici, personne ne se moquera de toi, je peux te le promettre. Maintenant, tu comprends peut-être pourquoi on t'a envoyée ici. Tout comme Jason a besoin qu'on l'aide à travailler de manière différente que dans les écoles ordinaires, les enfants qui ont des difficultés uniquement scolaires ont aussi besoin de nous. Comprends-tu ce que nous voulons faire ici ?

— Oui, sœur Carmen, je comprends.

Elle m'entoura de ses bras et me serra contre elle. Pendant ce bref instant, j'éprouvai un sentiment que je n'avais plus éprouvé depuis mon départ de la crèche : un sentiment de sécurité.

Sœur Carmen avait raison : je lisais mieux, j'avais davantage confiance en moi, j'appris à dépasser les apparences et, pour la première fois depuis de nombreuses années, je faisais confiance aux adultes qui s'occupaient de moi.

Les congés de mi-trimestre arrivèrent et je restai à l'école. Lors des vacances suivantes, pour Noël, je rentrai à Jersey.

37

2011

Je pris conscience que Morag Jordan m'observait autant que je l'avais observée lors de mes premiers jours de prison. Était-elle surprise par mon calme ? Se demandait-elle si j'étais simplement en train de gagner du temps ? S'attendait-elle à ce que je fasse le premier pas et que je la menace ?

Je doute qu'elle ait compris qu'elle n'avait plus d'importance à mes yeux. Depuis que mon fils m'avait parlé des articles au sujet de l'affaire Jordan sur Internet, j'étais convaincue que sa véritable punition interviendrait lorsqu'elle serait libérée. Personne n'aime être vilipendé, et c'était ce qui était en train de se passer. Aurait-elle conscience, lorsqu'on lui remettrait ses possessions pour qu'elle aille vers la liberté, que les journalistes l'attendraient de pied ferme ? Imaginait-elle qu'au moment où les lourdes portes de la prison s'ouvriraient devant elle que les questions fuseraient de manière assourdissante et qu'elle serait éblouie par les flashes des appareils photo et le regard scrutateur des caméras de télé ? Et, pendant qu'elle patientait à l'extérieur, désorientée par le bruit, ses victimes d'il y a quarante ans, qu'elle avait agressées et humiliées, seraient-elles là pour hurler leur haine ? Je me réconfortais en imaginant le désormais célèbre couple qui serait reconnu partout où il irait. On les montrerait du doigt, et les visages seraient hostiles. Pour eux, il n'y aurait plus moyen de se glisser dans le pub local ou de faire leurs courses là où, autrefois, ils avaient été chaleureusement accueillis.

Il y avait un souvenir que je souhaitais repousser dans le néant, mais qui refusait de se faire oublier : mon retour à Haut-de-la-Garenne après mon premier trimestre à Pield Heath.

Il suffisait qu'il revienne pour ramener toute la détresse que j'éprouvai alors.

Dans le vol pour Jersey, j'étais si contente à l'idée de revoir ma mère après toutes ces semaines et j'avais tellement de choses à lui raconter. J'étais impatiente. Serait-elle là à m'attendre ? J'en étais si sûre que je ne perdis pas une minute, m'emparai de ma valise et courus pratiquement jusqu'à la sortie. Les yeux pleins d'espoir, je regardai les personnes qui attendaient et je découvris Michelle.

— Où est ma mère ? demandai-je aussitôt.

Elle eut l'air gênée.

— Tu la verras bientôt. Elle viendra te rendre visite demain.

— Quoi ? Me rendre visite ? Mais pourquoi ne vais-je pas rester avec elle ?

Je n'attendis pas la réponse et posai aussitôt la suivante. Parce que c'est la réponse qui m'inquiétait.

— Mais où vais-je passer mes vacances ?

Je craignais déjà la réponse.

— À Haut-de-la-Garenne, bien sûr.

Je la suppliai de ne pas m'y conduire. Lorsque nous arrivâmes à sa voiture, j'étais en larmes.

— Madeleine, je n'y suis pour rien, dit-elle dès que je fus installée dans le siège passager. Je ne peux rien y faire. C'est le tribunal qui a pris la décision de te mettre sous tutelle lorsque tu as failli mourir. On te l'a déjà expliqué. Je sais que tu aimes ta mère et que ta mère t'aime, mais elle ne peut pas prendre soin de toi. On considère que Haut-de-la-Garenne est mieux pour toi. Nous pensons à ton bien-être, tu le sais.

Pourquoi ? Pourquoi n'ai-je rien dit alors ? C'était le moment ou jamais de raconter ce qui se tramait dans cette grande bâtisse grise et d'expliquer que l'homme qui était justement censé prendre soin de moi n'était qu'un monstre.

Malgré ma difficulté à trouver les mots, j'aurais dû lui raconter les actes sexuels que Colin Tilbrook m'avait forcée à faire depuis que j'avais cinq ans. Même après son départ, alors que j'avais onze ans, son influence perdurait dans la brutalité des Jordan, et tout le monde détournait les yeux pour ne pas voir les membres du personnel violer les enfants. Si seulement j'avais parlé à ce moment-là, quelle différence cela aurait-il pu faire ! Pas seulement pour moi, mais pour de nombreux autres. Parce qu'après son départ de Haut-de-la-Garenne, Tilbrook continua à travailler dans d'autres foyers pour enfants.

Après des années de culpabilité, j'ai enfin compris pourquoi les enfants ne parlent pas. Comme tant d'autres enfants souffrant de sévices, j'ai aussi entendu souvent dire que, si je parlais, j'aurais droit à des punitions plus que sévères. Personne ne me croirait et, le cas échéant, c'est moi aussi qui serais blâmée. Colin Tilbrook m'avait manipulée à tel point que j'étais devenue sa complice pour dissimuler les violences. Je lui avais souri en public, j'avais dit « Oui, monsieur » et « S'il vous plaît » et « Merci ». Et je n'avais jamais montré ma terreur ou ma haine. À l'âge de onze ans, je me sentais coupable. J'avais dissimulé ce secret pour aussi longtemps que je me souvienne. J'avais honte, et la crainte des représailles m'empêchait de laisser jaillir les mots. Non, je pinçai les lèvres, réprimai les larmes et je ne dis rien.

En pensant que mon silence prouvait que j'acceptais les dispositions prises, Michelle ajouta qu'elle avait de bonnes nouvelles parce que j'allais passer le lendemain de Noël avec ma famille.

— J'ai aussi demandé à monsieur Tilbrook si tu pouvais aussi y aller le 25 décembre, mais, comme tu le sais, il est très strict à ce sujet. Il veut que tout le monde reste ensemble. Mais j'ai quand même réussi à le convaincre de t'y laisser aller après. Allez, ce n'est pas si loin ! Maintenant, je veux que tu me racontes tout sur ta nouvelle école. J'ai eu une lettre de sœur Carmen qui ne dit que du bien de toi. Elle dit que tu t'es très bien adaptée et que tu travailles dur.

Je réussis à lui confier à quel point j'aimais l'école et que je prenais beaucoup de plaisir à apprendre à lire.

— C'est bien, Madeleine ! En un seul trimestre !

— Ils donnent l'impression que c'est amusant, dis-je.

Je prononçai les mots qu'il fallait, mais mon ventre était noué. Je savais ce qui m'attendait. Michelle l'ignorait.

Colin Tilbrook envoya un garçon me chercher dès le premier soir.

À chaque pas dans le couloir, je voyais déjà ce qui se passerait dès que je franchirais le seuil de ce bureau lugubre. Lorsque nous arrivâmes à la porte, le garçon leva la main et frappa une seule fois. La voix de Colin Tilbrook nous dit d'entrer.

— Bonjour, Madeleine, commença l'homme que je craignais et haïssais.

Il renvoya le garçon et me laissa là, debout à côté de sa table. Brusquement, il sourit, et mes genoux se mirent à flageoler. Son expression me disait que ce qu'il avait prévu devait être pire que tout ce qu'il avait fait auparavant.

— Eh bien, Madeleine, un voyage depuis Londres ! Et toute seule comme une grande ! Très sophistiquée, n'est-ce pas ? Onze ans, tu es presque une femme ! Je suppose donc que tu es désormais très au fait des choses de la vie. Tu sais comment on fait les bébés et tout ça. Les nonnes ont dû t'expliquer ces choses, non ?

— Oui, murmurai-je.

J'aurais pu lui dire que j'étais déjà au courant avant de partir de Haut-de-la-Garenne.

— Est-ce que tu as déjà tes règles ?

Le visage brûlant, je me dis qu'il essayait simplement de me mettre mal à l'aise. Il me fallut cependant plusieurs années pour comprendre pourquoi il m'avait posé la question.

Colin Tilbrook n'aimait pas que les filles dont il avait la charge tombent enceintes. Trop de questions pourraient être posées. Lorsque cela se produisait, comme c'était parfois le cas, la jeune fille concernée devait être rapidement envoyée ailleurs. Mais moi, j'étais sous tutelle du tribunal et il n'était pas facile de me faire disparaître. Puisque j'étais un peu plus âgée, il avait décidé que ce serait plus intéressant que ce qu'une fillette de cinq ans était capable de subir.

Ce soir-là, il me viola. Littéralement. Je me débattis, d'une manière pitoyable dans la mesure où je n'avais aucune chance de l'emporter sur lui. Je sus ce qu'il voulait dès qu'il tira les rideaux, verrouilla la porte et m'ordonna de me déshabiller. Je sus qu'il allait me faire mal. Pis encore que la douleur qu'il allait m'infliger était l'idée qu'il poussait cette partie de son corps en moi. Comme il n'avait pas de coussin ou d'oreiller à sa disposition, il posa sa main, qui puait le tabac rance, sur ma bouche.

— Arrête de te débattre, Madeleine, siffla-t-il en me repoussant contre la table jusqu'à ce que mes épaules la touchent.

Je tentai de mordre ses gros doigts. Je voulais faire couler son sang. Il se mit à rire avant de me frapper sur la tête. Pas suffisamment fort pour que je perde connaissance (cela aurait gâché son plaisir), mais assez pour faire jaillir des larmes de terreur dans mes yeux.

Il retira d'un geste leste mes sous-vêtements, écarta mes jambes d'un coup de genou et, voilà, il était en moi. Chaque poussée me faisait si mal que j'avais l'impression qu'il me déchirait. Mes gémissements de douleur ne faisaient qu'ajouter à son excitation. Son souffle se fit plus intense, et ses poussées, plus violentes, tandis que tout son corps fut secoué d'un frisson avant de s'abattre sur moi. Pendant un moment, il demeura là. Puis, avec un grognement de satisfaction, il se releva.

La nausée monta en moi, et je ravalai mon amertume. Je ne voulais pas vomir à nouveau devant lui. Je ne voulais pas non plus pleurer, mais je ne pus m'en empêcher.

— Je vais le dire, c'est sûr, sanglotai-je une fois qu'il m'eut tourné le dos.

— Vraiment, Madeleine ? Tu crois donc que quelqu'un va croire une gamine comme toi ?

Il se mit à rire avant d'ajouter :

— Tu es tellement idiote que tu n'es même pas capable de fréquenter une école normale sur l'île ! Et quels sont les camarades de ta nouvelle école ? Des attardés, non ?

J'avais envie de hurler : mon école était destinée à des enfants spéciaux. Je m'y étais fait des amies et j'y étais plus heureuse que je ne l'avais jamais été, mais les larmes coulaient de mes yeux et dégringolaient sur mon nez, me bloquant la gorge et m'empêchant de parler.

Que lui importait une petite fille qui était pratiquement incohérente à cause du choc ?

Il continua à parler :

— Toutes ces nonnes que tu aimes, d'après ce que j'ai entendu dire, crois-tu vraiment qu'elles t'aimeraient encore si elles connaissaient les péchés mortels que tu as commis ? Elles ne te laisseraient même pas rester à l'école, Madeleine. Pas avec des pensées impures. Alors, où irais-tu ? Tu reviendrais ici. Parce qu'aucune autre école ou aucun autre foyer ne veut de toi.

Au-delà de ma douleur et de mon amertume, ses mots m'atteignaient. Chacun d'eux me frappait en plein cœur, et il le savait. Comme il était conscient qu'il l'avait emporté, sa voix se fit plus douce :

— Allons, Madeleine, ce n'est pas si grave. Tu vas finir par aimer ça. La première fois, cela fait toujours mal. Je vais te donner quelque chose pour que tu te sentes mieux.

Il me tendit un verre de liquide ambré.

— Quand tu partiras d'ici, il y aura beaucoup de garçons qui auront envie de toi, me dit-il.

La douleur me tordait le ventre, et le sang coulait entre mes jambes.

— Allez, bois ça.

Tremblante, j'approchai le verre de mes lèvres, mais l'odeur forte me fit hésiter.

— Avale ça ! commanda-t-il.

Je pris une grande gorgée. Il avait raison : le liquide brûlant m'apaisa, même si je ne me sentais pas mieux.

— Un peu de brandy et de Coca-Cola, c'est très bon.

Il reprit le verre pour le remplir à nouveau.

La pièce tournoyait et, de loin, je l'entendis me dire que ma mère allait venir le lendemain.

— Tu as envie de la voir, n'est-ce pas ?

— Oui, répondis-je.

— Dans ce cas, il faut que tu te conduises bien, Madeleine, c'est tout ce que je te demande. Pas de menaces de petite fille, d'accord ?

Je le comprenais et je répondis que oui.

— Oui qui, Madeleine ?

— Oui, monsieur.

38

La nuit, Colin Tilbrook se glissait dans mes rêves. Allongée dans la prison de mon lit étroit, j'imaginais sa silhouette corpulente, sa masse sombre, un oreiller dans les mains. La peur me nouait la gorge. Il s'approche de mon lit, de plus en plus près jusqu'à ce qu'il soit juste au-dessus de moi. Je sens son souffle sur ma peau, imposant et aigre. J'essaie de crier, mais je n'arrive qu'à émettre un grognement. Puis, je suis réveillée, le cœur battant la chamade, les cheveux trempés de sueur. J'ai trop peur pour me rendormir. Est-ce que c'est la proximité de Morag Jordan qui provoque ces cauchemars ? Je ne veux pas revoir ces rêves. Sinon, j'entendrai sa voix, les moqueries dont je me souviens si bien, et ses mains qui courent sur mon corps qui a soudain onze ans. L'air de ma cellule me paraît raréfié, ma gorge se serre, tandis que je suis allongée là, les poings serrés, en attendant que la terreur s'évanouisse. J'accueille la sonnerie avec joie parce que cela signifie que c'est l'heure. Je perçois les bruits de pas de la surveillante, on ouvre ma porte et, abrutie, je vais prendre le petit-déjeuner. Tilbrook va revenir avec les autres fantômes de mon enfance. Ma seule solution est d'affronter mon passé, de le regarder en face pour trouver la paix avant de remettre les images dans la boîte étiquetée « terminé », là où ils doivent être. Je sais que j'ai oublié certaines des choses qui me sont arrivées. On m'a expliqué que c'est une manière dont le subconscient se protège des souvenirs que l'on trouve trop difficiles à affronter. Cependant, si tel est le cas, je me demande pourquoi je me souviens avec une telle précision des années qui ont précédé mes onze ans. Ce n'est que lorsque j'essaie de me rappeler les années suivantes que mes réminiscences deviennent si confuses qu'elles paraissent pratiquement irréelles.

Que s'est-il passé ensuite pendant ces vacances de Noël ? J'en ai mal à la tête à tenter de me souvenir. Je sais qu'il y avait de la neige parce que je me vois en train de trébucher dans les couches épaisses, et aussi un petit sapin artificiel décoré de lumières scintillantes dans un coin du minuscule appartement de ma mère. J'ai certainement reçu des cadeaux, mais je n'arrive pas à voir de quoi il s'agissait. Je m'efforce de me concentrer et je réussis quand même à retrouver un petit morceau de cette période.

C'est la nuit. Derrière les fenêtres, l'obscurité est totale. Une lampe électrique brille, la lumière m'éblouit. Je distingue des ombres, j'entends des murmures, des rires étouffés. Des mains me prennent par les bras pour me tirer du lit. D'autres fillettes ont droit au même traitement, et notre peur imprègne toute l'atmosphère, nous empêche de parler, de protester.

Nous nous tenons debout au milieu du dortoir, nous frissonnons de froid et de terreur.

— C'est la fête, dit l'une des voix derrière les torches.

En nous tenant par le bras ou l'épaule, les ombres nous poussent jusqu'à l'escalier qui conduit aux caves. Nous ne pouvons toujours pas prononcer un seul mot, pas même demander ce qu'on nous veut. Pour l'instant, l'alcool les a rendus joyeux, mais nous savons qu'ils peuvent sans prévenir devenir méchants. Le fait de poser des questions nous a trop souvent valu un coup de pied ou de poing. Nous sommes impuissantes et n'avons qu'à faire ce qu'ils nous demandent, en espérant qu'ils seront vite lassés de nous. Nous sommes leurs jouets.

En bas, les pièces à plafond bas résonnent des voix d'hommes et de femmes. La musique, faite de sonorités de basses dures, ajoute à mon énorme sensation de frayeur.

— Avale ça, Madeleine, tu te sentiras mieux, dit une voix.

Un comprimé entre mes lèvres, mon menton qu'on tient relevé jusqu'à ce que j'avale. Nous continuons dans le passage qui conduit à la pièce d'où provient la musique. J'ai l'impression de flotter. Dans la lueur vacillante des chandelles, je vois des silhouettes se tordre sur un amas de coussins et, par-dessus la musique, je perçois les rires et les grognements des hommes et des femmes dénudés qui se touchent, se frottent et s'empoignent. J'ai dans la bouche le goût de ma première cigarette, mais aussi l'accès de toux qui suit. Des mains me caressent, des voix me disent que je suis jolie ; on déboutonne mon haut de pyjama, et des mains touchent ma poitrine encore plate ; des doigts se glissent sous l'élastique du bas. Ensuite..., plus rien.

Je me réveille des heures plus tard dans mon lit. La tête martelée par la migraine et le corps douloureux. L'adulte que je suis comprend que ce n'est pas mon esprit qui a endigué ce qui s'est passé : c'est le comprimé. Était-ce aussi pendant ces vacances que je vis le garçon dans la douche ? Le deuxième qui s'était suicidé. Je sais que j'étais encore très jeune. Une autre fille, qui suffoquait sous le choc, entra en courant dans la salle commune et en hurlant qu'il y avait un garçon mort dans les douches. Avant qu'on ne puisse nous en empêcher, nous nous précipitâmes comme un seul homme. Comme le garçon de l'arbre, il s'était pendu.

Je tentai de me concentrer sur ses pieds qui continuaient à se balancer, presque imperceptiblement, comme le pendule d'une horloge qui a cessé de battre. Je ne levai pas la tête (je ne pouvais supporter d'affronter ses yeux morts) et je ne le vis qu'à partir de la taille. Il portait un pantalon gris. Je savais de qui il s'agissait. Avec sa sœur, ils étaient arrivés au foyer seulement quelques semaines plus tôt. Je me sentis encore plus triste pour eux lorsque j'appris qu'ils étaient là parce que leur mère était trop souffrante pour prendre soin d'eux. Je les avais remarqués parce qu'ils semblaient très proches. C'était un garçon fluet d'une dizaine d'années, qui ne quittait pas sa sœur alors qu'elle, qui n'avait pas plus de douze ans, l'entourait de son bras et lui parlait avec douceur. Ils paraissaient inséparables. Mais pas suffisamment inséparables, semble-t-il, pour le protéger des prédateurs.

Je ne sais pas ce qu'elle est devenue. Après ce jour-là, je ne l'ai plus revue. En revanche, je savais exactement quel était le destin inévitable des petits garçons, d'autant plus lorsqu'ils étaient mignons. Et il l'était. S'il avait eu le temps de grandir, il serait devenu un très bel homme, avec une épaisse chevelure blonde et de grands yeux tristes. Comme d'autres garçons, avant et après lui, il avait été emmené dans la tour Victoria, un vieux bâtiment circulaire avec un escalier qui reliait les trois petites pièces superposées et qui trônait au milieu de pentes boisées dominant le château et la baie d'Anne Port. C'était un très bel endroit. Mais il n'y avait aucune beauté dans ce qui se déroulait à l'intérieur.

Un surveillant l'avait violé. Lorsqu'on l'avait emmené, trois d'entre nous l'avaient discrètement suivi jusqu'à l'extérieur de la tour. Nous avions entendu ses gémissements de désespoir, suivis d'un hurlement atroce. Instinctivement, nous sûmes ce qui s'était passé. Nous savions aussi qu'il nous était impossible d'intervenir et, rongées par la culpabilité, nous quittâmes notre cachette et nous nous en retournâmes sans échanger un seul mot jusqu'à la salle commune.

Il s'était évadé de Haut-de-la-Garenne de la seule manière qu'il connaissait : il était monté sur une chaise, avait noué l'extrémité d'un drap autour de son cou et l'autre à la canalisation des douches. Cette nuit-là, comme les autres filles qui étaient avec moi lorsque nous l'avions suivi à la tour, je pleurai toutes les larmes de mon corps. Nous partagions son secret et notre culpabilité.

39

Colin Tilbrook m'envoya-t-il chercher à nouveau ? Certainement, mais il y a un vide bienveillant à la place de ce souvenir, de même qu'au sujet de mon retour à l'école en Angleterre. Toutefois, lorsque je ferme les yeux, les cauchemars que je fis pendant tout le trimestre suivant se glissent dans ma tête et continuent de me hanter. Ils réveillaient sœur Carmen, qui se précipitait dans ma chambre.

— Ce n'est qu'un mauvais rêve, Madeleine, assurait-elle avec douceur en attendant que je me rendorme. Tu as peut-être vu des films d'horreur à la télévision ? demandait-elle.

Si c'était son explication, je ne la détrompai pas. Peu à peu, les cauchemars se firent moins fréquents avant de cesser complètement. Rien de mal n'allait m'arriver dans cette école. Personne n'allait me tirer du lit pour m'emmener Dieu sait où.

À l'approche des vacances de Pâques, les autres filles ne cessaient d'évoquer leurs projets. « Peut-être penseront-ils que les congés sont trop courts pour me renvoyer à Jersey », espérais-je.

Je me trompais.

Michelle m'attendait.

— Bonne nouvelle, m'annonça-t-elle avec un grand sourire. J'ai tout organisé pour que tu passes ces vacances à La Préférence. Madeleine, c'est un endroit super. Je connais certains membres du personnel, et ils veillent à ce que ces vacances soient vraiment agréables. Ce n'est pas aussi grand que Haut-de-la-Garenne. C'est plus joli et plus confortable, et il y a des tas d'activités.

Elle avait raison. C'était encore mieux que ce qu'elle avait décrit. Il y avait des bicyclettes pour que nous puissions partir en groupe nous promener dans la campagne, un tourne-disque, de la musique, des livres et toutes sortes de jeux et de jouets. Il y avait même des exemplaires de *Jackie*, un magazine très apprécié des jeunes filles de l'époque. Chaque jour apportait son lot de nouveautés, et le personnel nous encourageait à sortir sauf lorsqu'il pleuvait. Alors, nous jouions aux puzzles et aux jeux de plateau. Lorsque ma mère vint me rendre visite, elle fut bien accueillie. On lui offrit du thé, et j'eus la permission d'aller la voir à plusieurs reprises. Cette fois, les journées passèrent bien trop vite.

Ce n'est que lorsqu'elle vint me chercher à la fin des vacances que Michelle m'expliqua qu'elle allait quitter Jersey pour de bon le mois suivant et qu'elle ne serait donc pas là quand je reviendrais pour les vacances d'été. Elle m'assura qu'elle m'écrirait et qu'elle voulait que je lui parle de mes progrès à l'école. Mais elle eut beau faire, je me sentais abandonnée. De tous les adultes des services sociaux que j'avais rencontrés, elle était la seule qui me donnait l'impression de compter. Elle me serra dans ses bras en me disant adieu à l'aéroport et répéta sa promesse d'écrire. Un dernier geste de la main, quelques larmes… et je me dirigeai vers la porte d'embarquement.

40

Les longues vacances d'été arrivèrent. J'aurais préféré séjourner chez ma mère, mais j'étais impatiente de retourner à La Préférence. Malgré la brièveté de mon séjour à Pâques, je m'y étais fait des amis. J'observai les autres passagers de l'avion. Il y avait bien plusieurs adolescents qui devaient rentrer aussi à Jersey pour les vacances, mais, comme d'habitude, j'étais la seule qui voyageait non accompagnée. Il y avait un petit groupe de filles légèrement plus âgées que moi et, d'après les bribes de conversation que je surpris, elles semblaient fréquenter la même pension et étaient toutes contentes à l'idée de passer leurs vacances à s'amuser. Le vol était court, et j'étais impatiente de revoir ma famille. Aussi, je pensai à tout ce que je voulais faire à La Préférence.

J'avais demandé si ma mère pouvait venir me chercher à l'aéroport et me conduire à La Préférence, mais sœur Carmen m'avait expliqué que je n'avais pas le choix : le tribunal avait statué que je devais être accompagnée par un travailleur social. Je fis donc la connaissance de Mme Henry, une femme trapue, dans la trentaine, qui m'adressa son sourire d'assistante sociale tout en me dévisageant de haut en bas.

J'aperçus le groupe de jeunes filles de l'avion qui s'élançait vers leurs parents, les cris de joie, les bras tendus. Je ne pouvais que deviner ce qu'on leur disait tout en les embrassant et en les serrant : qu'elles avaient l'air en forme, qu'elles avaient manqué à leurs parents et qu'on leur avait prévu toutes sortes de choses amusantes à faire. J'aurais tellement voulu être accueillie de la sorte ! J'en avais tellement envie que c'en était douloureux.

— Alors, Madeleine, es-tu contente de rentrer ? demanda Mme Henry en brisant là mon rêve éveillé.

Je hochai la tête, mais Michelle, avec ses manières amicales, détendues et son sourire bienveillant qui me donnaient toujours l'impression qu'elle était vraiment heureuse de passer du temps avec moi, me manquait cruellement.

— J'ai parlé à ta mère. Elle est très impatiente de te voir.

Je ne sus que répondre parce que je savais parfaitement que je lui manquais.

— Et je suppose que tu es aussi impatiente de la voir ? insista-t-elle.

Je hochai la tête et, sans se soucier de mon silence, elle continua son discours tout fait. Au bout de quelques questions classiques sur l'école, les copines et les leçons que je préférais, elle renonça. À présent, je pouvais me détendre.

J'étais perdue dans d'autres rêves, où j'allais à la plage avec ma mère, le soleil sur notre visage, et je ne remarquai pas immédiatement que nous ne prenions pas la bonne route.

— Ce n'est pas le chemin de La Préférence, dis-je tandis que je sentais monter les premiers signes d'un malaise.

— Oh ! on ne t'a rien dit ?

Elle savait parfaitement que non.

— Dit quoi ?

— Nous avons été contraints de prendre d'autres dispositions parce qu'il n'y avait pas de place à La Préférence, mais nous avons trouvé une place dans un endroit tout aussi convenable.

— Alors, je vais où ?

J'avais l'impression qu'une énorme pierre venait de tomber dans mon ventre.

— Tu vas passer les vacances à Haut-de-la-Garenne.

La simple évocation du nom suffit à ce que mes mains se couvrent de sueur et que mon cœur se mette à battre la chamade. Je me reculai dans mon siège.

— Non !

Je suis sûre qu'on lui avait dit que j'allais réagir ainsi et qu'elle avait essayé d'arriver au foyer avant que je comprenne où on m'emmenait. Je savais que rien ne l'inciterait à faire demi-tour pour aller où je voulais, mais cela ne m'empêcha pas de protester. Je ne voulais pas avoir l'air d'une enfant irascible, mais les mots refusèrent de rester en moi. En parlant à tort et à travers, je déclarai que je détestais Haut-de-la-Garenne, que ce n'était pas juste qu'on m'y emmène, que je ne comprenais pas pourquoi je ne pouvais pas rester avec ma mère, et que, si Michelle était encore là, ce ne serait pas arrivé. Autant de protestations qui tombèrent dans l'oreille d'une sourde. Mme Henry ne se demanda pas une seule seconde pourquoi un enfant qui paraissait normal, plutôt réservé à l'arrivée à l'aéroport, était brusquement pris d'hystérie en entendant le nom de Haut-de-la-Garenne.

Elle m'enjoignit de cesser mes sottises et ajouta qu'elle avait plus important à faire que d'écouter mes absurdités. Je fis un nouvel essai qui la mit en colère.

— Écoute, Madeleine, si tu ne cesses pas immédiatement, je vais devoir en parler à mon arrivée au foyer. Mais, ajouta-t-elle d'une voix légèrement plus douce, je n'en ai pas la moindre envie. Pas pour ton premier jour.

Je m'imposai le silence et le calme, mais les pensées tournoyaient furieusement dans ma tête. Je me dis qu'il fallait qu'elle pense que sa menace avait porté ses fruits, mais une petite voix me chuchotait : « Va-t'en, Madeleine ! » Je déclarai que j'étais désolée. J'avais besoin qu'elle cesse de se méfier. Je tendis discrètement la main pour libérer ma ceinture de sécurité. Elle ne remarqua ni que j'appuyais sur le bouton ni que je surveillais les feux de signalisation. Ils venaient de passer au vert et, comme les autres automobilistes devant moi, elle se mit lentement en marche. J'ouvris la portière et, avant qu'elle n'ait le temps de m'attraper, mes pieds étaient sur la chaussée. Elle se mit à hurler en exigeant que je revienne dans la voiture « tout de suite ». Comme si cela allait me faire changer d'avis !

— Bien fait pour toi ! me dis-je en riant.

Je filai sans demander mon reste. Elle, elle ne pouvait pas laisser la voiture au beau milieu de la chaussée avec les autres véhicules derrière elle. Elle ne pouvait rien faire tant qu'elle ne trouvait pas une place pour se garer. Alors que mes pieds touchaient à peine le sol, je ne tins pas compte du point de côté qui menaçait et tournai dans une petite rue pour continuer à courir.

Rien ne pouvait m'arrêter. Au cours de ces premières minutes, je ne pensai pas à une cachette éventuelle ou à ce que je ferais lorsque les autorités me retrouveraient. Ça, je pouvais l'affronter. Tout ce que j'avais dans la tête, c'était que j'étais libre et que j'avais enfin fait un pied de nez à ceux qui dirigeaient ma vie.

Il était hors de question que je me rende chez ma mère. Son appartement serait le premier endroit où on me chercherait. Dès que la police serait mise au courant de ma fugue, une voiture de patrouille avec deux policiers costauds irait lui rendre une petite visite. Pour la première fois, j'éprouvai un pincement de remords. Ceux qui iraient la voir agiraient comme s'ils ne croyaient pas un seul mot de ce que ma mère pourrait leur dire. Ils l'accuseraient de mentir et insisteraient pour fouiller toutes les pièces. Je pensai à sa détresse, pas seulement parce que j'avais disparu, mais aussi à cause du mépris qu'elle verrait s'afficher sur leur visage.

L'aventure paraissait déjà moins enthousiasmante.

Finalement, j'allai chez l'une des amies de ma mère.

— Tu vas t'attirer des ennuis, c'est sûr, dit-elle lorsque je lui racontai ce que j'avais fait. Bref, autant que tu en profites avant qu'ils te trouvent.

Elle accepta de passer à l'appartement de ma mère pour vérifier si la voie était libre.

— Mais pas avant que la police ne soit venue et repartie, ajouta-t-elle avec bon sens. Tu ne veux pas causer des ennuis à ta mère, non ?

Il faisait donc sombre quand, sous le couvert de la nuit, j'allai jusqu'au petit immeuble où habitait ma mère.

— Madeleine, ma chérie ! Qu'as-tu fait ? La police est venue te chercher ici ! s'exclama-t-elle en me voyant. Ils nous ont dit que, si tu venais nous voir, nous devions les contacter sans perdre une minute. Que si nous te laissions rester, nous aurions à en répondre devant le juge. Non, mais quel culot ! Dire qu'on va avoir des ennuis parce que je veux passer du temps avec ma propre fille, ajouta-t-elle d'un ton indigné.

— J'ai fait une fugue. Je ne veux pas retourner à Haut-de-la-Garenne, maman. Je ne peux pas, c'est tout.

— Je sais que tu détestes cet endroit, ma puce, mais avons-nous le choix ? Ce n'est que pour quelques semaines et, ensuite, tu seras de retour dans ta jolie école. Tu n'as pas envie de gâcher cette chance, non ? Tu es si heureuse là-bas.

— Tu sais que ta mère a raison, Madeleine, intervint Frank. Tu dois y retourner. Nous risquons d'avoir beaucoup d'ennuis, nous aussi, sinon. Il vaut mieux que tu rentres sans attendre qu'ils te trouvent. Écoute, si tu veux, je viens avec toi. Je t'emmène au bureau des services sociaux et pas à la police. Alors, tu peux t'excuser et ils t'emmèneront à Haut-de-la-Garenne. C'est la seule solution, Madeleine.

Je savais qu'il avait raison. Je voyais à l'expression inquiète de ma mère qu'elle craignait les représailles si j'étais prise à l'appartement.

— S'ils pensent que c'est moi qui t'ai donné cette idée, ils risquent de m'empêcher de te voir, dit-elle.

Lorsque je perçus que les larmes n'étaient pas loin, toute velléité de lutte s'évanouit en moi. Évidemment qu'ils avaient raison : jusqu'à ce que je rentre au foyer, la police continuerait à venir à l'appartement de ma mère. Jersey était un si petit monde !

— Est-ce que je peux manger quelque chose, d'abord ? demandai-je.

— Après, nous irons aux services sociaux, commenta Frank.

— Non, j'irai seule. Tu n'as pas besoin de venir.

J'avais soudain compris à quel point les autorités les effrayaient. J'avais entendu ma mère les maudire, mais je n'avais pas réalisé qu'elle craignait la police et les travailleurs sociaux. Elle pensait peut-être qu'une seule erreur lui coûterait aussi Alfie.

— Si j'y vais seule, ils imagineront que vous ne m'avez pas vue, dit-il.

Frank me serra dans ses bras, et cette manifestation de gratitude me réchauffa le cœur.

Dans une poêle usagée, ils firent fondre un beau morceau de beurre avant d'ajouter une tranche de pain, deux œufs et une épaisse tranche de poitrine de porc. Quelques minutes plus tard, je dévorais la « friture irlandaise»... Il ne manquait à ce repas traditionnel que le boudin et les rires.

Je savais ce qui m'attendait et eux aussi.

Dès que j'eus avalé la dernière bouchée, je partis. J'avais en poche les pièces que Frank m'avait confiées pour passer un coup de téléphone, et un morceau de papier avec le numéro du service de protection des jeunes enfants.

Je n'eus pas le temps d'atteindre la cabine qu'une voiture de police me repérait et m'emmenait au commissariat. Les deux personnes de Haut-de-la-Garenne qui vinrent me chercher étaient Morag et Anthony Jordan. Ils me poussèrent à l'arrière de la voiture, et Morag prit place à côté de moi.

— Je n'essaierais pas de m'enfuir si j'étais toi. Anthony pourrait bien t'écraser en se lançant à ta poursuite, déclara-t-elle en riant.

À notre arrivée, ils me saisirent par les bras, me firent descendre l'escalier et me jetèrent dans une cellule. Je hurlai et me débattis ; je poussai de toutes mes forces contre le mur pour les empêcher de m'y faire entrer : en vain. Heureusement, ils ne me déshabillèrent pas, cette fois, mais il n'y avait pas de couverture et, malgré la soirée d'été, j'eus immédiatement froid. Ils coupèrent la lumière et me laissèrent dans le noir, recroquevillée dans le coin le plus éloigné de la porte.

41

La porte s'ouvrit et laissa entrer la lumière. Pensant qu'on allait m'arracher mes vêtements, j'enroulai mes bras autour de mon corps et demeurai dans le coin, la tête baissée.

— Tout va bien, Madeleine.

À travers ma terreur, j'entendis la voix d'Anne pour la première fois. Elle disait qu'on l'avait envoyée me chercher et que tout se passerait bien. Même à cet instant, je perçus dans sa voix quelque chose qui me disait qu'elle n'allait pas se transformer en tyran sadique comme la majorité de ses collègues.

— Je t'emmène prendre ton petit-déjeuner.

En levant les yeux, je vis une jeune femme au visage tout en rondeurs, dont les doux yeux café me regardaient avec compassion. Elle me prit la main, enroula ses doigts chauds autour des miens et m'aida à me redresser gentiment.

— Viens avec moi, dit-elle en me faisant sortir de la cellule.

Une fois que nous eûmes remonté la volée de marches qui débouchait sur la partie principale de la bâtisse, elle m'annonça qu'on lui avait demandé de me parler.

— De quoi ?

J'étais méfiante parce que, en général, les surveillants évitaient toute conversation. Ils ne faisaient qu'aboyer des ordres et ordonner les punitions.

— L'un des responsables des services sociaux va venir te voir dans la journée. Avant son arrivée, nous souhaitons réfléchir à la manière de faire en sorte que tu ne sois plus malheureuse ici. Madame Henry a rapporté que ce n'est que lorsqu'elle t'a annoncé que tu venais à Haut-de-la-Garenne que tu as été prise d'hystérie. Elle a dit que, jusque-là, tu semblais très contente de rentrer.

Je lui jetai un regard incrédule. Ignorait-elle vraiment ce qui se passait à Haut-de-la-Garenne ? Ou pourquoi aucun enfant sain d'esprit ne voulait y retourner ?

— Pensez-vous qu'elle peut demander que j'aille ailleurs ? m'enquis-je sur un ton d'espoir.

Elle avait parlé d'être moins malheureuse *ici*. Il suffisait de ne plus y être, non ?

— Non, Madeleine. Mais elle risque de souligner dans son rapport que ton comportement est celui d'une délinquante. Je t'assure que ce n'est pas du tout souhaitable. Cela fait longtemps que tu viens ici et il n'y a rien dans les notes des travailleurs sociaux qui indique que tu t'es déjà plainte de mauvais traitements. Je doute que tu puisses rendre responsable le foyer de ce que tu as fait. Je sais qu'il y a eu des incidents, mais je ne suis pas la seule nouvelle arrivée. Colin Tilbrook a également été remplacé.

Une énorme vague de soulagement me submergea. Toutefois, il n'était pas le seul à avoir abusé de moi. À cette pensée, je lui lançai un regard soupçonneux en me demandant si elle n'était pas simplement en train de me prévenir que je pouvais dire tout ce que je voulais au responsable des services sociaux, il ne me croirait pas. Devais-je lui raconter tout ce qui était arrivé, pas seulement à moi, mais aussi aux autres enfants ? Je serais peut-être accusée d'inventer des histoires dégoûtantes. Je frissonnai. Anne n'avait peut-être aucune idée de la cruauté et des violences qui avaient incité au moins deux enfants désespérés à se tuer.

— Quoi qu'il en soit, continua-t-elle, tu vas d'abord aller à la salle à manger pour prendre quelque chose. Nous aurons une petite conversation après.

Elle me poussa légèrement en direction des portes et s'éloigna.

Ensuite, elle veilla à ce que nous ayons cette « petite conversation ». Après le petit-déjeuner, je la trouvai en train de m'attendre. Nous allâmes dans l'une des pièces réservées au personnel où, au lieu de rester debout à écouter combien ma conduite méritait d'être punie, elle me fit signe de m'asseoir en face d'elle. Je m'attendais à un sermon, mais elle me posa une question qui, pour autant que je sache, n'avait pas grand-chose à voir avec la raison pour laquelle nous devions parler.

— Connais-tu l'histoire du Saut de Geoffroy ?

Perplexe, je secouai la tête.

— Il y a très longtemps, raconta-t-elle, un homme que l'on connaissait sous le nom de Geoffroy commit un crime abominable. Un crime qui méritait la mort. Pas par pendaison – elle était réservée à des péchés moindres. Le crime de Geoffroy était si odieux qu'il fut décidé qu'on le jetterait du point le plus élevé de l'île dans la mer. Bien sûr, continua Anne quand elle vit que j'étais pendue à ses lèvres, il aurait pu s'enfuir, comme d'autres hommes l'auraient fait. Il y a un sentier étroit qui part derrière l'église pour rejoindre la plage connue sous le nom de « Sanctuaire », une terre considérée comme sacrée. Il lui suffisait de mettre le pied là-bas pour être en sécurité, et personne n'aurait osé s'interposer. D'après la légende, ses amis le pressèrent de choisir cette solution. Ils affirmaient qu'ils feraient armer un voilier pour lui faire traverser la vingtaine de kilomètres jusqu'à la France. Mais Geoffroy était un jeune homme plutôt effronté et, au lieu de prendre la fuite, il choisit de défier le bourreau et affirma qu'il survivrait à la chute.

— Et ce fut le cas ?

— Une minute, Madeleine ! Écoute bien la suite. La foule se rassembla pour venir assister au spectacle. À l'époque, ce genre de chose était considéré comme un divertissement. Deux gardes musclés escortèrent Geoffroy jusqu'en haut du promontoire rocheux où l'attendait le bourreau, une véritable armoire à glace, qui dissimulait son visage sous une cagoule en cuir. Lorsque l'homme masqué s'empara de Geoffroy aussi facilement que si celui-ci n'avait pas plus pesé qu'un enfant, la foule rugit de plaisir. Le bourreau le souleva dans les airs et le projeta de toutes ses forces par-dessus la falaise, vers les rochers qui bordaient la mer. À la stupéfaction de la foule, et je pense aussi du bourreau, Geoffroy fit ce qu'aucun homme avant lui n'avait réussi : il déploya les bras et exécuta un plongeon parfait dans l'eau avant de revenir à la nage. La foule devint hystérique. Le bourreau n'avait pas accompli son devoir ! hurlait-elle, et il devait recommencer. Geoffroy devait être à nouveau précipité dans la mer. D'autres, essentiellement des femmes parce que ce Geoffroy était un fort bel homme, crièrent qu'il fallait lui laisser la vie sauve. Il avait eu droit à la sentence et, puisque la mort n'avait pas voulu de lui, il devait être libéré. Or, comme je l'ai dit, Geoffroy était un jeune homme fort arrogant. Ravi de l'attention de ces dames, il se pavana devant la foule et se tourna vers le public en déclarant qu'il acceptait que le bourreau réitère son œuvre et tente de le précipiter à nouveau du haut de la falaise.

— Et alors ? demandai-je, impatiente de connaître la fin.

— Il n'eut pas de seconde chance. Cette fois, il se noya.

Plus tard, lorsque j'appris que le crime abominable dont il était accusé était d'avoir violé une jeune fille, je jugeai qu'il méritait sa fin fatale, mais, la première fois que j'avais entendu l'histoire, je m'étais sentie un peu désolée pour lui.

— Cela prouve que l'orgueil précède toujours la chute, Madeleine, dit Anne.

Je ne répondis rien. Je savais qu'elle avait une

bonne raison de me raconter cette histoire et j'attendais qu'elle me dise laquelle.

— Le bon côté de l'histoire, continua-t-elle d'un ton plus gai, c'est que, trois cents ans plus tard, le promontoire baptisé « Saut de Geoffroy » est devenu une grande attraction touristique. Les touristes qui viennent à Jersey adorent qu'on leur raconte les péripéties de Geoffroy. Et, à ton avis, une fois qu'ils ont entendu la légende la plus sinistre de la région, grimpé jusqu'au rocher et admiré la vue en se dorant au soleil, que veulent ces touristes ?

Avant que je puisse répondre que je l'ignorais, elle ajouta :

— Une bonne tasse de thé ! En tout cas, c'est ce dont rêvent les visiteurs anglais. Je ne suis pas si sûre des goûts des Français !

Je ne voyais toujours pas ce que cela avait à voir avec moi, mais, comme tout valait mieux qu'une réprimande pour mon impertinence, je ne l'interrompis pas.

— Ne fais pas cette tête, Madeleine. J'en viens à la partie que tu vas adorer. Tu veux savoir où je veux en venir ?

Je hochai la tête, et elle poursuivit :

— Je connais le couple qui dirige le salon de thé près de ce fameux promontoire. Je leur ai parlé de toi et ils ont accepté de te faire travailler à temps partiel pendant les vacances. Ce qui signifie que tu vas gagner de l'argent. N'est-ce pas une bonne chose ? Tu as besoin de nouveaux vêtements, et je pense que tu trouveras agréable de les choisir toi-même et de pouvoir les payer avec ton argent, non ?

Je pouvais à peine en croire mes oreilles. Si j'avais envie de gagner de l'argent ? Bien entendu ! Quelle question ! C'était trop beau pour être vrai !

— Et, poursuivit Anne, cela signifie que tu ne passeras pas tout ton temps ici. En outre, tu pourras rendre visite à ta mère, du moment que tu me donnes ta parole que tu ne chercheras plus à t'enfuir. Puis-je dire aux propriétaires du salon de thé que tu aimerais travailler chez eux ?

— Oui ! Oh oui ! S'il vous plaît, mademoiselle ! soufflai-je.

— Et tu es prête à me promettre que, dans ce cas, tu ne feras plus de fugue ?

— Je n'essaierai plus de m'enfuir, je le promets, déclarai-je.

— Bien. Je te fais confiance ; alors, ne me déçois pas. Demain, lorsque le travailleur social se présentera, tu lui expliqueras que tu étais si impatiente de voir ta mère que tu n'as pas réfléchi aux conséquences. Je pense que c'est la meilleure explication, tu ne crois pas ?

Lorsque les choses étaient formulées ainsi, je savais reconnaître un marché. Si je ne me plaignais pas du personnel du foyer, ils rendraient ma vie un peu plus facile. Pour le moment, en tout cas.

— D'accord, répondis-je.

42

Dès le lendemain, je commençai à travailler au salon de thé. Deux heures au déjeuner et un peu plus longtemps le samedi, me dirent-ils. L'endroit était fréquenté par de nombreux touristes sympathiques.

— Tu n'es pas un peu jeune ? me dirent certains.

— Je travaille pendant les vacances pour m'acheter de nouveaux vêtements.

Des mots magiques lorsqu'il s'agissait de me donner un pourboire. Je récupérais des pièces ainsi que, de temps à autre, un billet que les clients déposaient dans la boîte en fer. À la fin de la semaine, on me remit ma part. Je n'avais jamais eu autant d'argent à moi.

Je demandai à Anne de venir avec moi pour choisir une nouvelle robe. Après plusieurs essayages, j'optai finalement pour un joli modèle bleu avec une jupe à volants et un décolleté carré gansé de blanc. Quelle fierté d'utiliser mon propre argent au moment de payer ! Après, nous allâmes prendre le thé dans l'un des nombreux cafés qui avaient ouvert dans le centre-ville.

Une fois que nous fumes installées, je cessai de la

considérer comme une surveillante, mais plus comme quelqu'un qui s'était donné du mal pour m'aider. « Pourquoi fait-elle cela ? » me demandai-je. Je lui posai la question et elle me regarda d'un air entendu.

— Il y a eu quelques changements au foyer. Je pense que les choses se passent mieux, désormais. Elles ne sont pas aussi strictes qu'avant. Alors, je me suis dit qu'il valait mieux que tu dises aux services sociaux que tu n'avais plus l'intention de fuguer et que tu étais désolée. Et tu te sens mieux là-bas, non ?

Sur le moment, je ne compris pas vraiment le sens de ses paroles, mais j'en mesure aujourd'hui toute la portée. Il est possible que, lorsqu'elle avait évoqué l'attitude que je devais adopter en échange de sa proposition, Anne savait parfaitement que, si je parlais, personne ne me croirait.

Elle ignorait peut-être par ailleurs toute l'étendue des atrocités qui avaient eu lieu dans le foyer, mais elle avait certainement deviné un certain nombre de choses, que ce soit en parlant avec les autres enfants ou en les observant. Hélas, sans preuve, elle n'aurait été qu'une voix solitaire si elle avait confié ses soupçons aux autorités.

Elle n'était là que pour un an et, au cours de cette période, les sévices physiques diminuèrent un peu. Comme celui de Michelle, son départ creusa un nouveau vide dans mon existence.

Le reste de l'été s'écoula sans heurt. Je n'en étais pas pour autant rendue à me fier aux surveillants, mais, si je détestais encore Haut-de-la-Garenne, j'eus le droit de rendre visite à ma mère, d'économiser de l'argent, et le couple du salon de thé était vraiment gentil.

J'avais conscience que ces quelques semaines de calme étaient largement dues à la présence d'Anne. Elle était sans doute plus jeune que la plupart des autres surveillants, mais elle avait des principes. Si elle avait été témoin de cruauté extrême, elle en aurait parlé.

C'est lors des vacances suivantes qu'elle me dit qu'elle quittait Jersey pour émigrer en Australie.

— Je t'écrirai, Madeleine.

Michelle m'avait dit la même chose.

Je fis de mon mieux pour ne pas lui montrer que la nouvelle me perturbait, mais j'étais anéantie d'apprendre que la deuxième personne en laquelle j'avais fini par avoir confiance partait aussi. Devant mes yeux brillants, elle se pencha et me prit la main.

— Madeleine, tu t'en sors si bien. Au salon de thé, ils t'adorent et ils ont dit qu'ils te garderaient la place pour l'été prochain. Tu sais, il ne reste pas beaucoup d'étés avant que tu aies terminé l'école et que tu prennes ton indépendance. C'est ce que je te souhaite. Je vais garder le contact et tu me raconteras tes progrès. Nous sommes d'accord ?

Je réussis à esquisser un faible sourire avant de la rassurer. Mais rien ne pouvait me consoler de son départ. De tous les travailleurs sociaux et des surveillants que j'avais connus, il n'y en avait eu que deux qui m'avaient donné confiance. La première était déjà partie, et la deuxième s'apprêtait à le faire.

Lorsque vint le moment de retourner à l'école,

Morag Jordan vint à la porte, une grimace suffisante sur le visage.

— Je suppose qu'Anne va te manquer la prochaine fois que tu viendras, dit-elle.

Son message était clair : si je me mettais en travers de son chemin, personne ne viendrait me sortir de ma cellule.

43

2011

J'ai l'impression que, à mesure que les souvenirs anciens remontent à la surface, je revis de nombreux événements de mon enfance que j'avais oubliés.

Lorsque Colin Tilbrook était encore au foyer, je ne comprenais pas pourquoi des hommes aussi riches et puissants venaient à Haut-de-la-Garenne. Aujourd'hui, j'en déduis qu'ils devaient former un club avec ses propres codes secrets. Un club où l'impensable était acceptable et dont les membres s'aidaient mutuellement pour obtenir ce qu'ils voulaient par-dessus tout. C'étaient des prédateurs qui chassaient dans les terres giboyeuses que représentaient les établissements accueillant les enfants rejetés par la société. Ils y venaient sous divers prétextes, dissimulant leur véritable nature sous un masque de bienveillance, et ils se délectaient des louanges qu'on leur adressait parce qu'ils consacraient de leur temps à ces petits malheureux.

Morag Jordan était-elle là lors des visites de Jimmy

Savile ? Je n'en suis pas sûre. Cela n'a pas vraiment d'importance. Ce qui est sûr, c'est que Colin Tilbrook y était.

Je me souviens de notre euphorie lorsqu'on nous annonça que le célèbre disc-jockey et présentateur venait à Haut-de-la-Garenne. Nous l'avions vu à la télévision et avions du mal à croire qu'une telle célébrité fît le voyage jusqu'à Jersey uniquement pour nous rendre visite. Comment pourrais-je décrire ma première impression ? Ses longs cheveux blonds, presque blancs, ses énormes lunettes de soleil et son gigantesque sourire lui donnaient un air répugnant. Heureusement, je n'en soufflai mot, mais il ne me fallut pas longtemps pour le reconnaître tel qu'il était.

Je l'observai alors qu'il bavardait avec des groupes d'enfants, qu'il leur relevait le menton ou leur caressait le bras tout en tirant sur son énorme cigare et en sortant ses blagues vaseuses. Je décidai de ne pas m'approcher. Non, je restai en marge à le surveiller.

Il affirma aux gosses qui étaient pendus à ses lèvres qu'il voulait des photos de tous. Il se mettrait au milieu, ajouta-t-il tout en agitant son cigare de manière emphatique.

Les adolescents, subjugués par la star, acceptèrent sans hésiter.

Ils voulaient tous être le plus près de cet homme qui adorait les enfants, soutenait les bonnes causes, et dont les amis étaient des politiciens et des membres de la famille royale. Plus ils étaient proches, plus ils seraient fiers de la photo qu'ils montreraient à toute l'école.

— Parfait, rapprochez-vous, dit le reporter qui, comme par magie, s'était présenté. Souriez !

La photo fut publiée dans le journal local.

De nombreuses années plus tard, lorsqu'on évoqua enfin les détails des abus commis au foyer, c'est cette photo qui révéla les mensonges de Jimmy Savile, qui niait s'être rendu à Haut-de-la-Garenne.

J'avais mentionné sa présence à la police, ce qui les avait beaucoup amusés. À l'époque, il était toujours en vie, et sa réputation était intacte. Un homme décoré de l'ordre de l'Empire britannique, un « chevalier » ! M'avait-il touchée ? m'avait demandé la police avec ses sourires moqueurs et ses regards en coin.

— Non, pas vraiment, avais-je répondu. Il a juste essayé de me toucher les fesses lorsqu'il pensait que personne ne le regardait.

— Une petite tape sur les fesses est loin de représenter un véritable crime, non ?

Voilà tout ce qu'ils avaient trouvé à répondre.

— Je pense que si, rétorquai-je d'un ton d'indignation qu'ils ne partageaient clairement pas.

Lorsque j'affirme que je l'ai percé à jour lors de cette visite, ce n'est pas une question d'intelligence. Il avait un côté lubrique dans son sourire, de l'autosuffisance dans son expression, de l'arrogance dans ses caresses et de l'assurance dans son comportement de prédateur d'enfants. J'avais appris à en repérer les caractéristiques bien avant l'âge de onze ans. Quand j'étais déjà très jeune, j'étais capable de faire la différence entre une étreinte affectueuse et un geste plus sinistre. Je savais ce que signifiait le fait de toucher les fesses d'un enfant.

— En avez-vous parlé à qui que ce soit ? demanda le policier tout en réprimant un rire.

— Non.

C'était tout ce que je pouvais dire. Je n'allais pas les encourager à s'amuser davantage à mes dépens en leur expliquant que j'avais traité Jimmy Savile de vieux cochon pour qu'il retire ses sales pattes de moi. Son sourire s'était déformé et, pendant une seconde, j'avais décelé le vice derrière le masque.

Ce fut un an après ma sortie de prison que le scandale éclata à propos de ce que Savile était réellement. À ce moment-là, on commença à croire à l'incroyable.

44

Si j'espérais que le départ de Colin Tilbrook améliorerait notre vie au foyer, ce fut de courte durée. Lorsque je revins après un autre trimestre à l'école, ce fut pour découvrir que, libérés de toute autorité supérieure, Morag Jordan et son mari disposaient d'un pouvoir accru.

Anthony Jordan semblait aimer bourrer les enfants de coups de pied et de coups de poing, notamment lorsqu'ils avaient moins de la moitié de sa taille. Je le vois encore rôder dans les couloirs, les yeux brillants de plaisir quand il décelait la terreur sur les petits visages. Comme lui, Morag prenait le moindre prétexte pour s'emparer de l'objet le plus proche (une chaussure, une brosse à cheveux, une ceinture, voire un cintre) pour nous frapper sur la tête et sur les épaules. Toutefois, ce qui lui plaisait le plus, c'était de traîner un enfant en train de hurler par les cheveux pour l'enfermer dans une cellule, où elle allait le réduire en loque rampante. C'est elle qui avait eu l'idée de déshabiller les petits prisonniers. Une autre de ses fourberies consistait à laisser la lumière allumée dans la cellule afin que sa proie ne puisse pas trouver le réconfort dans l'obscurité. Lorsque je voyais des enfants, plus jeunes que moi, terrorisés et battus, mes poings se serraient spontanément. Après toutes ces années, il y a encore des nuits où les geignements de souffrance pénètrent mon sommeil.

Avec le départ d'Anne, j'eus l'impression que tous les surveillants qui restaient étaient aussi cruels et impitoyables que les Jordan, qu'ils n'avaient pas le moindre souci ou la moindre compassion pour les enfants. Par exemple, lorsque nous étions malades, et à moins que notre affection exige un séjour à l'hôpital, personne ne faisait rien pour nous, et les blessures ou entorses étaient rarement traitées.

L'un des incidents qui me viennent à l'esprit me fait toujours trembler. C'était un si petit garçon ! Il n'avait que cinq ans et venait d'être transféré de la crèche. Il avait déjà le regard hanté d'un enfant terrifié par son ombre. D'autres garçons l'avaient emmené dehors pour jouer sur le portique. Il était tombé, et j'entendis son cri perçant lorsqu'il atterrit sur la barre inférieure. Ce n'est qu'à ce moment-là que nous nous précipitâmes pour voir ce qui lui était arrivé. Il était tombé directement sur ses testicules, et ses hurlements nous indiquaient à quel point il souffrait. Il avait le visage rouge vif, des larmes épaisses coulaient sur ses joues, et je compris qu'il était bloqué sur la barre.

C'est l'un des garçons, et non pas un surveillant, qui le dégagea. Avec une grande douceur, il le posa sur le sol et tira son short pour vérifier les dégâts. Sa blessure était déjà en train de gonfler et de bleuir, et nous ne savions pas comment l'aider.

— Retire son short, c'est tout. L'air va le soulager, déclara un surveillant avant de s'éloigner en le laissant gémir de douleur.

Incapable de serrer les jambes pendant des jours, ce petit garçon se déplaçait en clopinant. Au lieu de l'empathie qu'il aurait obtenue à la crèche, on se moquait de lui. Les surveillants le surnommaient « Boules bleues ».

— Voilà venir Boules bleues ! disaient-ils en éclatant de rire.

Je vois encore son petit visage égaré qui levait les yeux vers ses tortionnaires.

À l'orphelinat, il n'y avait jamais de fin heureuse. Jamais pour n'importe quel enfant qui était là. Lorsque ce garçon devint un adolescent, je n'étais plus au foyer, mais j'ai entendu dire qu'il continuait à être tyrannisé. L'enfant effrayé que j'avais connu devint un adulte effrayé. Après son départ, il sombra dans la déprime. Les médecins déclarèrent qu'il était malade, et personne ne put jamais l'aider à se débarrasser de ses terreurs. Près de quarante ans plus tard, il est toujours dans l'hôpital psychiatrique où on l'a placé quand il était adolescent.

Je pense que c'est cet été-là, l'été de l'accident, que les maçons firent leur apparition dans le parc de Haut-de-la-Garenne. Un riche bienfaiteur avait décidé que nous avions besoin d'une piscine. Lorsque nous apprîmes qu'on creusait un grand trou dans une partie du parc, tout le monde s'en réjouit. Une fois la piscine achevée et remplie, notre bienfaiteur arriva avec son épouse.

On distribua des maillots de bain aux filles et des caleçons aux garçons. On fit des discours et on prit des photographies des enfants joyeux en train de plonger dans l'eau. Voilà les clichés que l'homme emporta.

Nous aurions dû nous souvenir de ce qui était arrivé à nos cadeaux de Noël et de ce qu'on nous avait dit lorsque nous avions demandé où ils étaient passés. La piscine était le plus gros cadeau jamais offert au foyer, mais c'était un cadeau empoisonné qui donnait davantage de pouvoir aux surveillants. Et Morag Jordan en tira tout l'avantage possible.

— Pas aujourd'hui, disait-elle alors que le soleil brillait et que nous sentions presque cette eau fraîche sur notre peau brûlante.

— Vous n'avez pas bien fait votre lit. Il faut que nous vous fassions respecter un peu de discipline.

Sa liste de prétextes pour nous empêcher de nous baigner était sans fin : « Vous avez fait trop de bruit dans le couloir » ou « Je vous ai demandé de nous apporter du café et vous en avez renversé dans la soucoupe » ou « Non, notre piscine n'est pas pour vous ».

Désormais, les surveillants disposaient d'une nouvelle activité pour se divertir. Ils organisaient des fêtes auxquelles ils conviaient leurs amis, et la piscine était pleine d'adultes éméchés qui monopolisaient notre cadeau.

Un jour, c'était l'après-midi, les Jordan eurent une nouvelle idée.

— Vous pouvez aller vous baigner, dirent-ils.

C'était une invitation que je considérais avec méfiance et je m'éloignai autant que possible d'eux. Je me souvenais de la piscine dans le sous-sol et de ce qui s'y était passé. Comment aurais-je pu leur faire confiance ?

— Hé ! lança un surveillant à une jeune fille plutôt jolie de treize ans environ. Tu n'étais pas là lorsqu'on a distribué les costumes de bain.

Il lui en jeta un.

Je regardai la jolie adolescente, Jill, et les autres qui avaient plongé dans l'eau en me demandant pourquoi les surveillants paraissaient soudain si gentils. Ce n'est que lorsqu'ils hélèrent tout le monde pour boire un verre bien frais que je compris ce qu'ils avaient en tête. Tout le monde observait Jill. Avec un demi-sourire de contentement, elle était sortie de l'eau et avançait en toute confiance vers eux. Lorsqu'elle entendit les rires, elle se retourna pour voir ce qui était si amusant et comprit alors qu'ils se moquaient d'elle. Elle baissa les yeux sur son corps et les écarquilla : l'eau avait rendu son maillot totalement transparent et elle n'avait même pas une serviette avec laquelle se couvrir.

Jill était au foyer parce que sa mère souffrait d'un cancer. Elle avait de la famille en Irlande et elle n'ignorait pas qu'à la mort de sa mère, qu'elle savait proche, elle irait s'installer chez eux. Le fait qu'elle fasse partie d'une grande famille la mettait à l'abri de sévices sexuels, mais pas de l'humiliation.

Je devinai aussitôt les responsables de cette torture :

c'était signé Morag et Anthony Jordan sur toute la ligne.

C'est la dernière fois que je vis les enfants utiliser la piscine. Par la suite, lorsqu'ils s'en approchaient, c'était uniquement pour la nettoyer après les fêtes.

45

C'était un garçon, et son corps musculeux trompait sur son âge. Un garçon colérique qui aimait faire du mal. Je le voyais dans le parc totalement absorbé sur son rituel physique. Il s'échauffait, puis s'étirait avant de se pencher et de courir sur place pour terminer par des pompes. Je ne sais comment il s'était procuré des haltères, et je voyais les tendons de son cou ressortir tandis qu'il se soulevait, le maillot trempé de sueur.

Il ne se souciait guère qu'on l'observe ; il était bien trop concentré sur ses muscles. Aucun de nous n'osait le taquiner, et même les surveillants le laissaient tranquille. Ce qui n'avait pas toujours été le cas parce que, lorsqu'il était moins musclé et que son visage était encore lisse, il avait été l'un des garçons qui étaient partis sur les bateaux, les magnifiques yachts que possédaient les riches hommes souriants en pantalon de flanelle blanche et en blazer bleu marine. Des petits garçons enthousiastes à l'idée d'un séjour en mer, mais qui revenaient changés à tout jamais.

Il savait que je l'avais vu le jour de son retour de sa première sortie en mer. Il pleurait, les articulations de ses doigts enfoncés dans ses yeux pour arrêter les larmes. Je m'étais approchée pour le réconforter parce que j'avais décelé la coulée de sang révélatrice au dos de son short, qui racontait, plus que ses larmes, ce qu'il avait subi sur le yacht. Mais il avait repoussé ma main d'un geste furieux et s'était éloigné. Il ne m'avait jamais plus parlé depuis.

— Je ne suis pas un pédé ! cracha-t-il lorsqu'un homme, comme beaucoup qui ne venaient que pour un seul objectif, jeta un regard dans sa direction.

— Pédale, espèce de lopette ! aboya-t-il dans le dos de l'homme. Personne ne me touche !

Je pense qu'il espérait que quelqu'un allait poser la main sur son épaule, lui chuchoter une proposition ambiguë, ce qui lui aurait permis de laisser échapper sa fureur pour qu'il puisse justifier ses coups de poing contre son séducteur éventuel. Mais personne ne fit le geste.

Il avait dix-sept ans lorsqu'il me viola. Je savais qu'il était dangereux. Il avait déjà agressé mon amie Rachael. Lorsqu'elle raconta ce qu'il lui avait fait, elle ne cessait de pleurer encore et encore. Il l'avait bousculée au sol, avait arraché sa culotte et l'avait pénétrée brutalement. Ses grognements tenaient davantage de la colère que du plaisir.

— Pourquoi nous déteste-t-il autant ? avait-elle demandé d'un ton plaintif.

« À cause de ce qu'on lui a fait », aurais-je pu dire.

Mais je ne voulais pas offrir d'excuse pour la personne qu'il était devenue en raison de son enfance. Non, je répondis que je n'en savais rien. J'aidai mon amie à prendre un bain, lui versai de l'eau sur le corps en la faisant couler aux endroits qu'elle ne pouvait atteindre tandis qu'elle frottait pour se débarrasser de sa puanteur. Après, j'étalai de la pommade sur les nombreuses égratignures et les morsures qui marquaient sa peau.

— Nous devons le dire au directeur, dis-je. Il est assez âgé. N'importe qui est capable de voir ce qu'il est devenu.

Les viols étaient monnaie courante depuis mon arrivée à Haut-de-la-Garenne, mais celui-ci était différent. Il ne s'agissait pas de l'acte d'un homme qui appréciait de voir la peur sur le visage d'un enfant, ou d'une personne qui tirait parti de sa position pour soumettre une adolescente. Ce n'était pas plus une bravade où un camarade voyait dans le viol une initiation vers son statut d'homme. C'était un acte brutal de haine pure, non de désir. Le garçon avait frappé Rachael si fort qu'elle avait failli perdre connaissance. Elle était couverte de bleus sur le visage, le cou et les cuisses, ses seins arboraient les marques de ses dents, et ses lèvres étaient gonflées parce qu'il les avait aussi mordues.

— Le directeur va appeler la police si je lui en parle, dis-je.

Rachael protesta. Elle avait peur de ce qui se passerait.

— Et si on ne le renvoie pas et qu'il apprend que je l'ai dénoncé, que va-t-il faire ? demanda-t-elle.

D'ailleurs, elle ne voulait pas en parler du tout. Elle ne s'attendait pas à ce qu'on fasse preuve de compassion à son égard. Au foyer, on se serrait les coudes, et pas question de laisser le monde extérieur ou la police nous considérer comme des êtres inférieurs. Alors, nous ne dîmes rien et priâmes pour qu'il nous laisse tranquilles.

Nous espérions qu'il craignait que nous le dénoncions. Nous espérions aussi qu'il allait peut-être évacuer sa colère en exécutant ses exercices et se concentrer sur les muscles de son corps, se préparer aux combats qu'il devrait sans nul doute mener lorsqu'il sortirait du foyer.

Oui, c'est ce que je croyais. Au cours des semaines qui suivirent, je me mis à croire qu'il gardait profil bas et qu'il comptait les jours avant de franchir les portes de Haut-de-la-Garenne.

Un espoir qui s'effaça le jour où il me viola.

À seize ans, je pesais à peine cinquante kilos, et les techniques de défense que Frank m'avait apprises étaient inutiles face au garçon dans un corps d'homme qui me surprit par-derrière. Il avait mis le bras autour de ma gorge avant même que je sois consciente de sa présence. Il serrait si fort que je fus incapable de respirer, sans parler de crier. Son genou me donna un coup puissant dans les reins, et je m'affaissai si rapidement que l'air siffla hors de mes poumons. Il me retourna, et je vis son regard impassible. « Il n'y a personne là », pensai-je, une minute avant que son poing ne vienne frapper ma tempe et que le monde sombre dans l'obscurité. J'exploitai toute ma volonté pour ne pas perdre connaissance. Sa poitrine sur la mienne, il ne me laissa aucune place pour bouger les bras et le repousser. D'ailleurs, l'aurais-je fait que je ne pense pas qu'il aurait senti quoi que ce soit. Je poussai ce qui me paraissait être un mur d'acier. Je le suppliai d'arrêter, mais cela ne changea absolument rien. Lorsqu'il me pénétra, ses mains me tenaient si fort que je sentis les bleus se former sur mes jambes. Il me mordit les seins, recouvrit ma bouche de la sienne, non pour m'embrasser, mais pour m'empêcher de hurler. J'avais été violée à de nombreuses reprises par des hommes différents, mais ceci était pire. Il voulait me faire mal. C'était comme si chaque poussée était un geste de vengeance pour ce qu'on lui avait fait.

C'est lorsque je me sentis partir loin et que j'eus l'impression de perdre à nouveau connaissance qu'il se releva. Le son de ses pas qui s'éloignaient dans le couloir de granit froid m'annonça que mon épreuve était terminée, mais je ne pouvais toujours pas bouger. Je le voulais, mais mes membres ne m'obéissaient pas.

C'est Morag Jordan qui me découvrit. Elle n'eut pas besoin de demander ce qui s'était passé. Non, elle m'aida à me remettre sur pied, mit mon bras autour de ses épaules pour que je puisse m'appuyer sur elle et me conduisit à son bureau. Je l'entendis réclamer de l'eau chaude, du savon antibactérien et de la pommade antiseptique.

— Va faire du thé, commanda-t-elle à quelqu'un d'autre. Ajoute beaucoup de sucre et une goutte de cognac.

Trop choquée pour me demander pourquoi elle m'était venue en aide, je sirotai mon thé. Morag tamponna les morsures sur mes seins avec du désinfectant, ce qui me fit soupirer de douleur.

— Il le faut, Madeleine, dit-elle d'un ton ferme. La morsure humaine comporte bien plus de bactéries que n'importe quelle autre, et nous ne voulons pas que tu finisses à l'hôpital avec une septicémie, non ?

Si je n'avais pas été si assommée par la douleur, j'aurais compris pourquoi elle ne voulait pas que j'aille à l'hôpital. Les médecins ne sont pas toujours prêts à couvrir les délits et ils signalent souvent les incidents à la police.

Tandis qu'elle me soignait, je crus que, pour la première fois depuis que je la connaissais, elle se montrait gentille. C'était une illusion qui fut rapidement brisée par ce qu'elle dit ensuite :

— Je pense que, tous les deux, vous êtes allés trop loin.

— Il m'a violée, protestai-je en ayant du mal à en croire mes oreilles.

— Ne sois pas bête, Madeleine. Je sais comment vous, les adolescentes, vous êtes. Toujours en train d'allumer les garçons, notamment ceux qui ressemblent à des hommes. Oh oui, tu peux prendre ton air innocent, mais combien t'en es-tu tapé, hein ?

Je lui lançai un regard furieux de l'œil qui n'était pas fermé par les gonflements.

— Je ne suis pas la seule à laquelle il l'a fait !

— Eh bien, tu es la première à te plaindre.

— Je veux le signaler au directeur et à la police. Il faut l'arrêter. Il pourrait tuer quelqu'un, ajoutai-je d'un ton désespéré.

Je voulais que tout le monde me croie, je voulais qu'elle me croie. Ce viol atroce était trop barbare pour que je n'en parle pas.

— Tu devrais y réfléchir soigneusement avant de faire quoi que ce soit, Madeleine, dit-elle. Laisse-moi t'expliquer une chose. Lorsqu'une fille, notamment comme toi, va voir la police pour se plaindre d'un viol, ils commencent par douter de ce qu'elle dit, comme s'ils ne la croyaient pas.

— Mais vous pouvez voir mes bleus et les marques de morsure, coupai-je d'un ton furieux.

— Ils diront que tu aimes être brutalisée et que, peut-être, le garçon n'est plus intéressé par toi. Cela arrive souvent une fois qu'ils ont eu ce qu'ils voulaient. Pas très agréable, je sais, mais ce n'est pas illégal. La police va insinuer que tu veux te venger à cause de ça.

— Et que se passera-t-il si je leur dis que je veux porter plainte et que je refuse de me rétracter ?

— D'accord, tu finiras sans doute devant un tribunal, mais, si tu crois que la police est dure, attends de voir ce que le procureur va dire. Le procureur n'est pas soucieux de faire respecter la loi, je peux te l'assurer. Tout ce qu'il veut, c'est gagner son affaire. Il peut penser toutes sortes de choses, il ne s'en comportera pas moins comme si tu étais une petite salope qui fait tout ce qu'elle peut pour nuire au garçon et discréditer Haut-de-la-Garenne. Il insinuera que tu n'as pas envie d'être sous tutelle et que tu crois que tu vas t'en sortir comme ça. D'autant que tu as tenté de t'enfuir. C'est quelque chose qui reste dans les dossiers de la police.

Le procureur va ressortir le moindre détail sordide en ce qui te concerne. Ensuite, tu vas devoir aller témoigner et, alors, il te mettra en pièces en expliquant sa version des faits avec tous ceux qui seront là. Tu ne pourras pas te défendre contre un homme intelligent et instruit comme le procureur. Le fait que tu n'aies pas été vierge lors du viol sortira au grand jour. Les copains du garçon viendront témoigner pour dire qu'ils t'ont eue, eux aussi. Ils vont décrire avec de jolis détails comment tu les as incités à avoir des relations sexuelles avec eux. Comment tu les as attirés et les gémissements que tu as poussés au moment où tu as pris ton plaisir. Tu seras accusée d'aimer le sexe brutal, et la cour apprendra que tu as supplié le garçon de te frapper. Voilà ce qui va se passer, Madeleine. Est-ce vraiment ce que tu veux ? Est-ce ce que ta mère voudrait ? Elle sera assise dans la salle, à écouter toutes ces histoires au sujet de sa fille qui n'est qu'une allumeuse.

— C'est faux ! Je ne me suis jamais approchée de ses amis. Je n'ai jamais voulu avoir de relation sexuelle. J'ai été forcée, et vous savez par qui.

Elle me coupa avant que je ne puisse prononcer des noms :

— C'est ce que tu affirmes, Madeleine. Crois-tu que quelqu'un va croire ça ? Écoute, soyons franches ! As-tu déjà déposé plainte ? Je veux dire officiellement ?

— Non.

— Tu en as parlé aux nonnes ?

— Mais non !

— Ou aux travailleurs sociaux ? Et à ta mère ?… Je pensais bien que non, dit-elle d'un air triomphant lorsque je ne répondis pas. Pourquoi ne l'as-tu pas fait ?

Parce que j'avais peur qu'on ne me croie pas. Parce qu'on me menacerait si je le faisais. Parce que je serais accusée à la place des autres.

— Mais vous savez ce qui se passe ici. Vous pourriez en parler à ma place.

— J'ignore de quoi tu parles, Madeleine. Je n'ai aucune intention de perdre mon emploi en venant à ton aide. Alors, réfléchis bien à ce que je viens de te dire.

Cette nuit-là, je réprimai mes larmes. Pour la première fois depuis que je les connaissais, je sus que Morag et les autres membres du personnel du foyer avaient gagné la guerre. Ils avaient réussi à me briser.

Je ne signalai pas le viol.

Je ne peux même pas prononcer le nom du garçon. Cela le rendrait plus réel, plus humain que ce que mes souvenirs le permettent. Il est mort à présent, d'une overdose, et n'a même pas atteint l'âge de vingt et un ans. Il a quitté le foyer et, comme d'autres avant et après lui, croisé d'autres âmes perdues. Pour oublier ses démons, il avait choisi les comprimés et les aiguilles.

Lorsque j'appris son décès, je fis de mon mieux pour ne pas laisser une autre image s'installer dans mon esprit, celle d'un autre petit garçon, avec des larmes sur les joues et du sang sur son short. Il est plus facile de me le rappeler avec ses muscles puissants et ses yeux durs. Parfois, je me demande ce qui se serait passé si j'avais défié Morag Jordan pour parler de ce qui était arrivé. Comme il n'avait pas encore dix-huit ans, il aurait été jugé par le tribunal pour enfants. Aurait-il été puni si Morag avait parlé ou s'il avait raconté au juge ce qu'il avait subi par cette belle journée sur le yacht blanc ? L'aurait-on aidé ?

Le soir de mon viol, je demandai à Morag Jordan si elle me croyait.

Non, avait-elle répondu. Mais je savais que si.

46

Pendant les deux jours qui suivirent, je rasai les murs en évitant tout contact. Je me sentais vide, inutile. Je pensais que tous les efforts que j'avais faits étaient futiles et que les rêves que j'avais nourris quant à mon indépendance et mes accomplissements futurs étaient devenus poussière.

J'avais travaillé dur à l'école. Grâce à mon emploi d'été, je m'étais acheté des vêtements et quelques objets qui, pour moi, étaient un luxe, et je n'avais jamais laissé mon optimisme flancher. Mais cette dernière agression, ce viol sauvage, c'en était trop.

Je me faufilai dans le parc pour fumer, mais, en vérité, j'avais besoin d'un verre. N'importe quoi pour anesthésier la souffrance. L'alcool, comme je l'avais découvert lorsque Colin Tilbrook m'avait tendu ce liquide ambré, était parfait pour ça. Il n'y aurait pas d'avenir radieux pour moi. Je le savais. Je n'avais rien à attendre de la vie.

Mes années à Haut-de-la-Garenne surgirent devant mes yeux. La brutalité et l'humiliation. Il fallait que j'y échappe. Je me rendis dans le petit village de Gorey.

Je n'ai aucun souvenir de la manière dont j'y parvins, simplement que j'étais dans un bar où un juke-box jouait fort, comme s'il tentait de rivaliser avec les rires et les conversations. Je ne m'étais jamais sentie si seule. J'avalai d'une gorgée mon premier verre, puis le deuxième et le troisième.

— Vous ne croyez pas que ça suffit, ma belle ? demanda gentiment le serveur. Des ennuis avec votre copain, hein ? C'est pas grave… Une jolie fille comme vous !

Je n'attendis pas qu'il me dise que je trouverais vite à le remplacer.

— Oui, vous avez raison. Ça suffit comme ça.

Je marchai le long de la jetée, contemplai la mer qui reflétait à présent le noir du ciel nocturne. Je pensai à Geoffroy, grimpai sur le mur et sautai.

Deux pêcheurs me virent tomber dans l'eau et vinrent à ma rescousse. Ils appuyèrent sur ma poitrine jusqu'à ce que, dans un souffle, je vomisse de l'eau puant l'alcool. Une couverture fut étalée sur moi et, frissonnante de froid et à cause du choc, je fus emmenée sur un brancard dans une ambulance. Le cri de la sirène pénétra à peine ma conscience.

Le lendemain matin, j'eus la visite du psychiatre. Il prit place à côté de mon lit et me demanda les raisons de mon geste. Les pêcheurs avaient expliqué au chauffeur de l'ambulance que ce n'était pas un accident puisqu'ils m'avaient vue me précipiter dans l'eau.

Je n'avais aucune réponse à sa question, si ce n'était que je n'avais plus envie de vivre. Mais ce n'étaient pas les mots qu'il voulait entendre.

L'une des infirmières tenta de me parler :

— Lorsque vous avez sauté, avez-vous pensé à toutes les choses que vous ne ressentiriez plus ? demanda-t-elle.

« Oui, pensai-je en priant pour qu'elle se taise. La douleur et le désespoir. Voilà pourquoi j'ai fait ça. »

Loin de se décourager, elle entama la liste des choses qu'elle pensait susciter des regrets. « La chaleur du soleil sur la peau, une promenade sur la plage, le sable entre les orteils… », entendis-je avant de couper le son.

Comme je ne réagissais toujours pas, elle finit par s'en aller.

La visite suivante fut celle d'un responsable des services sociaux qui tenta de tirer une réponse de ma part. Je n'en avais aucune. Je n'avais même plus l'énergie de prétendre que, malgré les dires des pêcheurs, c'était parce que j'étais ivre et que ce n'était qu'un accident. Cela m'aurait permis de sortir et de faire les choses correctement la seconde fois. Ils me gardèrent encore un jour avant de me transférer à l'unité psychiatrique de l'hôpital Saint-Saviour.

L'après-midi même, un médecin différent, vêtu d'un pantalon en velours côtelé et d'une veste de tweed, vint s'asseoir à côté de mon lit.

— Vous êtes assez bien pour vous lever, Madeleine, commença-t-il. Voulez-vous que j'appelle une infirmière qui vous aidera à vous habiller ?

— Non, rétorquai-je en agrippant le drap.

La simple idée de quitter la sécurité du lit me donnait l'impression qu'une armée de papillons venait d'envahir mon ventre.

— Je veux rester ici, murmurai-je.

— Pourquoi ça ?

— C'est plus sûr.

— Vous ne vous sentez pas mieux ?

— Non.

D'une voix qui me parut très lointaine, il m'expliqua qu'il existait un traitement qu'il pouvait me prescrire. Il m'assura que cela me débarrasserait de ma dépression. Que le résultat était pratiquement immédiat alors que les médicaments exigeraient davantage de temps pour agir. Il voulait essayer une thérapie par électrochocs.

Il y avait des effets secondaires, bien sûr, et cela provoquait souvent des pertes de mémoire, mais seulement pour un bref laps de temps. C'est ce qui me décida : je voulais perdre la mémoire.

Il semblait que le foyer avait jugé que c'était la meilleure solution. On leur avait demandé leur avis !

Si Morag Jordan leur avait parlé du viol, expliqué que je souffrais probablement de troubles de stress post-traumatique, mon traitement aurait pu être très différent. J'aurais pu bénéficier d'une psychothérapie, comme on le propose généralement pour les TSPT. Dans ce cas, mes souvenirs seraient plus clairs. Mais elle n'avait rien dit.

47

Lorsqu'on jugea que j'étais capable de me débrouiller seule, les services sociaux me trouvèrent un logement à Camelot, une pension pour jeunes filles qui était dirigée par un couple totalement différent des surveillants de Haut-de-la-Garenne. Chaleureux et bienveillants, cette femme et cet homme voulaient s'assurer avant tout que les jeunes filles qu'ils accueillaient étaient heureuses et en sécurité. Quand je franchis le seuil de la pension, ce fut comme si j'entrais dans un monde de normalité. Ils n'ignoraient pas, bien sûr, que je sortais de l'hôpital psychiatrique, mais, dès le lendemain de mon arrivée, lorsqu'ils m'eurent offert du thé et des gâteaux en me disant que, si je voulais parler, leur porte serait toujours ouverte, ils n'y firent plus aucune allusion.

Peu après, je dénichai un emploi dans l'usine textile Summerland Knitwear Factory. Je devais coudre des poches sur les cardigans. Je remerciai en pensée sœur Xavier qui s'était donné tellement de mal pour m'enseigner à exécuter de minuscules points. Grâce à sa patience, on me félicita pour ma précision et ma rapidité. Les femmes avec lesquelles je travaillais étaient plutôt amicales, et deux d'entre elles avaient à peu près mon âge. Au départ, j'étais terrifiée à l'idée qu'elles puissent apprendre que j'étais passée par l'hôpital et la raison qui avait fait que j'avais dû y séjourner. Peu à peu, cependant, cette terreur s'amenuisa au moment où je compris que, s'il s'agit d'une jeune fille de dix-sept ans, les gens sont plus intéressés par son présent et son avenir que par son passé. On me posa des questions sur mes petits copains et on se moqua gentiment de moi parce que je n'en avais pas. Ces réflexions étaient toujours suivies de commentaires qui me faisaient frissonner : « Une jolie fille comme toi » ou, pire, « Une bonne petite fille comme toi ». Le traitement par électrochocs avait peut-être effacé certains de mes souvenirs et brouillé d'autres, mais il n'avait pas éliminé ce que ces mots faisaient surgir en moi.

C'est une collègue de travail qui, un an après mon entrée à Camelot, me présenta celui qui allait devenir mon mari. Elle me dit qu'un nouveau restaurant venait d'ouvrir et me proposa d'aller y dîner avec son petit ami à elle. À notre arrivée, mon cavalier était déjà là, et je dois avouer que ma première impression ne fut guère positive. Il avait les cheveux foncés et le teint brun… Un beau garçon, mais qui ne l'ignorait pas. En outre, comme je l'avais maintes fois répété à mon amie, je ne voulais pas de petit ami. Dans un anglais hésitant (il venait d'arriver à Jersey depuis le Portugal), il proposa de me raccompagner. Je refusai. Il me demanda si je voulais aller prendre un verre avec eux après le dîner. Je répliquai que je ne buvais pas. Il insista pour me raccompagner chez moi. Je refusai encore. Lorsque je quittai le restaurant, je ne voulais ni ne m'attendais à le revoir.

Quelques semaines plus tard, il avait découvert où j'habitais.

— Non, répondais-je chaque fois qu'il me demandait d'aller faire un tour avec lui, de prendre un verre ou de le rejoindre avec des amis pour aller dîner.

J'allai même jusqu'à refuser les invitations au cinéma.

Il s'écoula trois mois avant que je n'accepte d'aller voir un film et de dîner avec lui. Il m'était vraiment difficile de me fier à un homme, mais, peu à peu, je laissai tomber mes barrières.

Avant même que j'atteigne les vingt ans, j'étais mariée et j'avais un enfant. Et j'étais heureuse. Huit mois plus tard, j'ouvris la porte pour tomber sur la police.

Ma mère était morte. L'alcool avait fini par l'emporter, et elle s'était étouffée dans son propre vomi. Lorsque je me rendis à la chapelle mortuaire, je lui trouvai un air paisible, comme si la mort avait lissé ses rides de tristesse et de déception. Je lui adressai mes adieux à ce moment-là, plus qu'aux funérailles où, pour Alfie, je fis de mon mieux pour retenir mes larmes. Après ça, ma vie se déroula sans histoires. Pendant dix années, mon mari et moi acceptâmes les emplois qui nous étaient offerts : travail à la ferme, ménages... Je n'étais jamais trop fière pour refuser. La vie s'écoulait, et mes souvenirs de Haut-de-la-Garenne s'évanouissaient. Je faisais de mon mieux pour être une mère digne de ce nom pour mon fils. Je l'encourageais à travailler dur à l'école. L'instruction, affirmais-je, est la clé de tout.

À l'âge de trente-deux ans, j'eus un autre enfant, une fille. Je ne pensais pas avoir un deuxième enfant, mais elle était là et elle était si belle ! La vie n'était pas facile, mais nous avions largement de quoi nous réjouir. Je cessai de boire jusqu'en 2007, l'année où la police vint me voir. L'année où ma vie et celle de ma famille furent bouleversées.

Au fil du temps, alors que tous ceux qui avaient été brutalisés furent interrogés, j'eus l'impression que l'on retournait le couteau dans la plaie sans raison. Comme les autres, je sentais que la police mettait en doute la majeure partie de ce que nous lui racontions. Une opinion qui fut confortée lorsque certains de nos tortionnaires écopèrent de faibles condamnations et que la police considéra que l'affaire paraissait bouclée. Avoir déterré les souvenirs de ce qui s'était passé à Haut-de-la-Garenne pour voir le scepticisme sur le visage des gens à qui je me confiais fit remonter ma dépression à la surface. Et le besoin d'y échapper par l'alcool revint me hanter. Cinq ans après que l'affaire eut été oubliée de l'opinion publique, mais pas de nos esprits tourmentés, le service d'investigation indépendant de la Protection de l'enfance de Jersey rouvrit le dossier. Plus de deux cents personnes apportèrent leur témoignage et eurent, enfin, l'occasion de raconter leur histoire sans susciter des sourires moqueurs et des grimaces de scepticisme.

L'État de Jersey convint que chacun de ceux dont on avait broyé l'enfance brisée méritait une compensation financière. Divers montants furent annoncés, certes suffisants pour nous permettre de prendre un nouveau départ, mais, le plus important, ce fut que nous avions retrouvé une certaine dignité. Enfin, on avait cru ce que nous disions.

L'adulte en moi a appris à se contenter de ces petits bonheurs. J'ai décidé que le passé ne devait jamais avoir le droit de l'emporter. C'est le présent et l'avenir qui importent. Mes deux enfants, dont je suis si fière, m'ont soutenue plus que ce que je n'aurais pu espérer. Bien que je n'aie jamais trouvé facile de les aider pour leurs devoirs (parce que je n'ai jamais vraiment appris à lire), ils ont tous deux réussi leurs études. Mon fils parle trois langues et il a fréquenté une université espagnole, où il a étudié la théologie pour devenir prêtre, et ma fille envisage une excellente carrière. Grâce aux nonnes, qui m'ont appris que chacun est extraordinaire à sa manière, l'assurance que l'on m'avait auparavant volée m'est revenue.

Je n'ai pas quitté Jersey et, oui, les souvenirs surgissent souvent quand j'aperçois les bâtiments gris de Haut-de-la-Garenne ou de l'hôpital Saint-Saviour, mais aussi quand je croise le visage des autres âmes égarées. Ce n'est cependant que dans les heures sombres que mes cauchemars reviennent. Pendant la journée, je contemple les beautés de l'île, je pense à ma famille et à mes amis, et j'éprouve un certain degré de contentement.

Le Livre de Poche s'engage pour
l'environnement en réduisant
l'empreinte carbone de ses livres.
Celle de cet exemplaire est de :
300 g éq. CO_2
Rendez-vous sur
www.livredepoche-durable.fr

PAPIER À BASE DE
FIBRES CERTIFIÉES

Composition réalisée par MAURY-IMPRIMEUR

Imprimé en France par CPI
en août 2016
N° d'impression : 3018695
Dépôt légal 1re publication : août 2016
LIBRAIRIE GÉNÉRALE FRANÇAISE
21, rue du Montparnasse - 75298 Paris Cedex 06

73/0025/0